U0958148

贵州民族大学学术文库

内生性外汇储备增长与中国外汇储备有效管理

Endogenous Foreign Exchange Reserve Growth and China's Foreign Exchange Reserve Management Effectively

曾红艳 著

西南交通大学出版社
·成都·

图书在版编目（CIP）数据

内生性外汇储备增长与中国外汇储备有效管理 / 曾红艳著. —成都：西南交通大学出版社，2017.11
ISBN 978-7-5643-5881-5
Ⅰ. ①内… Ⅱ. ①曾… Ⅲ. ①外汇储备－研究－中国
Ⅳ. ①F822.2
中国版本图书馆 CIP 数据核字（2017）第 280477 号

内生性外汇储备增长与中国外汇储备有效管理　　曾红艳　著

责任编辑	罗爱林
封面设计	墨创文化
出版发行	西南交通大学出版社 （四川省成都市二环路北一段 111 号 西南交通大学创新大厦 21 楼）
发行部电话	028-87600564　028-87600533
邮政编码	610031
网址	http://www.xnjdcbs.com
印刷	成都中铁二局永经堂印务有限责任公司
成品尺寸	170 mm × 230 mm
印张	12.5　　字数　211 千
版次	2017 年 11 月第 1 版　　印次　2017 年 11 月第 1 次
书号	ISBN 978-7-5643-5881-5
定价	52.00 元

前　言

通过努力复习准备，本人于2011年9月如愿以偿成为厦门大学金融系一名博士研究生，在校攻读国际金融学专业博士学位。厦门大学经济学院对博士研究生培养有一套成熟的方案，通过系统的培养与导师的帮助，使博士生具备一定的学术研究水平：博士一年级，学院围绕提升学生经济学理论知识与研究方法水平统开与考核“七高”课程；博士二、三年级，进行专业方向课程学习，此阶段在导师的帮助下完成小论文与毕业论文的撰写任务。此次拟公开出版的专著是在博士论文基础上进行一些修订的成果。

在读博期间，参与导师教育部重大课题攻关项目“我国外汇储备的科学管理及运用战略问题研究”（12JZD027），国家社科基金项目结题“中国外汇储备风险测度与管理研究”（07BJY157）。在搜集与课题相关的大量文献中，挖掘出中国外汇储备长期高增长是管理面临困境的选择，深感对其机制原理的探究具有一定的理论与现实意义，因此将此作为博士论文的选题方向。日后对相关大量文献进行梳理、运用定性与定量研究方法厘清变量间的关系，在导师的帮助下，博士论文得以成形——采用经济事实、数理模型、实证方法三种论证方式对中国外汇储备管理面临困境的本质、如何形成、如何应对三个问题进行回答。今日在博士论文原有内容框架下进行修订，以专著形式公开出版，为从事经济学与金融学方向研究人员以及关注中国及世界宏观经济发展人士提供一本讲述中国外汇储备高增长下“美元陷阱”成因与如何改变的读物，但是，时至今日中国外汇储备增长趋势于2014年6月发生了很大的转变。在此对本书研究时间进行说明：探求中国外汇储备增长现象时间始于1994年止于2014年中旬。

在选题与撰写期间（2012年3月—2014年5月），中国外汇储备规模仍然延续了20世纪90年代以来的高增长趋势，高速与大规模的两大凸显特点使中国外汇储备长期备受国内外业界与理论界的关注，成为研究的热点和前沿问题，但关于中国外汇储备高增长的原因与如何管理课题众说纷纭，没有一个统一的研究结论。例如，高增长原因包括有意持有与被动持有之说，管理有适度与超规模之争等。基于此背景，在学者已达成共识基础（目前外汇储备管理的主流思想①）上，本书主要探讨中国如何应对外汇储备管理面临的“美元陷阱”困境。此研究目标分解为两大问题：①中国外汇储备管理为什么面临凸显的“美元陷阱”困境；②中国现阶段外汇储备管理该怎么办。根据“中心—外围”等相关理论，本书界定的内生性外汇储备为贯穿于对这两个大问题进行探讨的载体。围绕此研究目标，本研究的思路呈现为三个层次递进关系：中国外汇储备管理面临困境的本质是什么？是如何形成的？该怎么办？

第一，“外汇储备管理面临困境的本质是什么”。通过“中心—外围”等相关理论，辨识出：现阶段中国外汇储备管理面临的困境②实为中国在“复活的布雷顿森林体系”的后期症状——越来越不适应“外围”的角色。

第二，“如何形成”。此问题的探讨基于斯蒂格利茨（2001）、麦金农（2005）、美国财政部长劳伦斯·萨默斯（2007）、克鲁格曼（2009）依次提出的“资本流动怪圈”“美元本位下高储蓄两难”“金融恐怖均衡”和“美元陷阱”，根据经济事实，且结合“中心—外围”等理论，厘清其形成的因果机制：于20世纪90年代中国通过出口导向型经济参与到经济全球化的进程中，成为世界“中心—外围”经济体格局中“外围”的一员。时至今日，随着“中心”与“外围”国家之间的经济关系变化，尤其是美国（中心）与中国（外围）两者间的关系，致使中国“外围”的角色越来越不合适——中国持有大规模外汇储备的成本剧增。如何理解？众所周知，任何事物都有边际报酬递减规律，面对外汇储备持有的成本问题，中国可行策略应是减持外汇储备，但经济事实与理论推导结果相反——中国持有外汇储备并没有出现递减，而是快速递增。此经济现象，以上学者均从不同视角进行刻画，剖析致使中国呈现持有外汇储备成本剧增但规模仍扩大的原因。一番逻辑推理，本书认为：参与经济全球化进程中，中国经济在世界经济占比与位置呈现迅速增加与上升，原本在全球扮演“外围”角色带来的利弊格局随之发生改变（从利大于弊转为弊大于利），使中国处在外汇储备高增长与多元化投资受阻同时并存的均衡状态——“美元陷阱”。

---

① 外汇储备主流思想的另一种提法为外汇储备有效管理，围绕突出外汇储备“质”的管理这一核心。

② 作者根据已有的研究文献资料将目前中国外汇储备管理困境归结为：外汇储备高增长，高存量与其可行投资空间狭小同时并存的状态。

第三，“该怎么办”。文章以如何缓解中国外汇储备管理面临凸显“美元陷阱”困境的视角探讨“该怎么办”，作为探讨现阶段中国外汇储备如何进行有效管理的切入点，以此构建中国外汇储备有效管理的新内涵。

在以上研究思路安排下，本研究基本框架为：①以东亚经济体高储备的共同经济现象为探讨课题基点，基于全球产品内分工视角，运用博弈论等分析方法剖析东亚经济体高储备共同经济现象背后的机制原理，其目的是剖析出中国外汇储备长期高增长与高存量储备现状的深层次原因。剖析结论为：东亚经济体外汇储备长期高增长与高存量状态是由自身参与经济全球化的初始禀赋决定。所以本书认为中国及整个东亚经济体的高储备经济现象是具有合理性、必然性、内生性和阶段性的。结合日本经济学家青木昌彦对内生性概念的解读，本书提出内生性外汇储备概念。②从增量与存量视角探讨中国内生性外汇储备来源、现状、变动趋势以及带来的经济效应。结论为：在既定的经济环境下，中国内生外汇储备将呈继续增长趋势与存量仍然沿袭以往面临美国主权信用风险的处境，且风险在增加，中国持有外汇储备成本剧增的趋势没有发生改变。③以“中心—外围”、福利经济学第二定理等相关理论为理论依据，首先提出中国现阶段有效外汇储备管理新的内涵，在此基础上，构建缓解中国外汇储备管理面临“美元陷阱”困境的管理思路，结合国内外经济情形，最后提出相应的政策建议，为现阶段中国外汇储备管理提供新的视角、新的思路、新的管理内容。

本书最大的特点是通过囚徒困境和斯塔克伯格博弈分析方法一步一步穷尽与论证中国外汇储备的内生性，且提出内生性外汇储备概念，根据外汇储备内生性的属性构建中国外汇储备管理新的内涵：第一，根据经济事实提出一个假设——内生性外汇储备；第二，依据经济事实数据与数理模型对其进行论证；第三，用中国历年的经济数据进行实证分析；第四，根据相关理论提出如何缓解由于外汇储备高增长带来外汇储备面临“美元陷阱”的困境思路与管理内容。

本文主要的创新点有如下六点：第一，剖析出中国外汇储备管理面临凸显困境的本质——“外围”角色已不适合中国；第二，从内生性的视角剖析中国外汇储备高增长的原因；第三，提出内生性外汇储备概念；第四，从全球产品内分工视角出发，运用博弈论研究方法对中国外汇储备内生性进行论证；第五，采用协整、主成分与因子分析实证方法对中国外汇储备增长内生性进行实证检验；第六，提出现阶段中国外汇储备有效管理的新内涵。

搁笔之际，回想博士三学年求学之路，感慨颇多，但更多的感慨是对长期以来关心与支持我的人们的感谢、感激与感恩之情。从最初思想火花到以具体文字呈现的整个过程都曾得到了许多老师、同学和同门的指导与无私帮助。在这里，首先要衷心感谢我的导师朱孟楠教授，在学习上给予我无私的指导、帮助与鼓励，从论文选题、开题大纲、初稿、定稿均进行了悉心的指导，促成博士论文得以顺利按时完成。恩师为人平易但又不失锐志，鼓励创新同时也强调求实，既有高屋建瓴的学术研究思想，同时也有严谨踏实的治学态度。老师追求卓越的忘我工作精神时刻影响着我，使我受益终身。其次，要感谢厦门大学金融系全体老师们对我的谆谆教导以及叶芳小师姐、张雪鹿师妹、侯哲师弟、郭君默师弟、阎帅师弟、赵茜师妹、武晓利同学、奚晓军同学、刘黎平等班里同学的帮助与鼓励，他们在我的学习、论文的完成过程中提供了有力的帮助。最后，向心中的他们（妈妈、爸爸、爱人与乖宝、姐姐）道声“谢谢”，虽然任何语言无法表达出自己感激之情——历经任何困难，都曾有他们的陪伴与分担，琐琐碎碎的关心与帮助融合为被爱的感受，化成了顽强的力量，这种力量使我不忘初心。

著者

2017 年 5 月

目　录

第三，“该怎么办”。文章以如何缓解中国外汇储备管理面临凸显“美元陷阱”困境的视角探讨“该怎么办”，作为探讨现阶段中国外汇储备如何进行有效管理的切入点，以此构建中国外汇储备有效管理的新内涵。

在以上研究思路安排下，本研究基本框架为：①以东亚经济体高储备的共同经济现象为探讨课题基点，基于全球产品内分工视角，运用博弈论等分析方法剖析东亚经济体高储备共同经济现象背后的机制原理，其目的是剖析出中国外汇储备长期高增长与高存量储备现状的深层次原因。剖析结论为：东亚经济体外汇储备长期高增长与高存量状态是由自身参与经济全球化的初始禀赋决定。所以本书认为中国及整个东亚经济体的高储备经济现象是具有合理性、必然性、内生性和阶段性的。结合日本经济学家青木昌彦对内生性概念的解读，本书提出内生性外汇储备概念。②从增量与存量视角探讨中国内生性外汇储备来源、现状、变动趋势以及带来的经济效应。结论为：在既定的经济环境下，中国内生外汇储备将呈继续增长趋势与存量仍然沿袭以往面临美国主权信用风险的处境，且风险在增加，中国持有外汇储备成本剧增的趋势没有发生改变。③以“中心—外围”、福利经济学第二定理等相关理论为理论依据，首先提出中国现阶段有效外汇储备管理新的内涵，在此基础上，构建缓解中国外汇储备管理面临“美元陷阱”困境的管理思路，结合国内外经济情形，最后提出相应的政策建议，为现阶段中国外汇储备管理提供新的视角、新的思路、新的管理内容。

本书最大的特点是通过囚徒困境和斯塔克伯格博弈分析方法一步一步穷尽与论证中国外汇储备的内生性，且提出内生性外汇储备概念，根据外汇储备内生性的属性构建中国外汇储备管理新的内涵：第一，根据经济事实提出一个假设——内生性外汇储备；第二，依据经济事实数据与数理模型对其进行论证；第三，用中国历年的经济数据进行实证分析；第四，根据相关理论提出如何缓解由于外汇储备高增长带来外汇储备面临“美元陷阱”的困境思路与管理内容。

本文主要的创新点有如下六点：第一，剖析出中国外汇储备管理面临凸显困境的本质——“外围”角色已不适合中国；第二，从内生性的视角剖析中国外汇储备高增长的原因；第三，提出内生性外汇储备概念；第四，从全球产品内分工视角出发，运用博弈论研究方法对中国外汇储备内生性进行论证；第五，采用协整、主成分与因子分析实证方法对中国外汇储备增长内生性进行实证检验；第六，提出现阶段中国外汇储备有效管理的新内涵。

搁笔之际，回想博士三学年求学之路，感慨颇多，但更多的感慨是对长期以来关心与支持我的人们的感谢、感激与感恩之情。从最初思想火花到以具体文字呈现的整个过程都曾得到了许多老师、同学和同门的指导与无私帮助。在这里，首先要衷心感谢我的导师朱孟楠教授，在学习上给予我无私的指导、帮助与鼓励，从论文选题、开题大纲、初稿、定稿均进行了悉心的指导，促成博士论文得以顺利按时完成。恩师为人平易但又不失锐志，鼓励创新同时也强调求实，既有高屋建瓴的学术研究思想，同时也有严谨踏实的治学态度。老师追求卓越的忘我工作精神时刻影响着我，使我受益终身。其次，要感谢厦门大学金融系全体老师们对我的谆谆教导以及叶芳小师姐、张雪鹿师妹、侯哲师弟、郭君默师弟、阎帅师弟、赵茜师妹、武晓利同学、奚晓军同学、刘黎平等班里同学的帮助与鼓励，他们在我的学习、论文的完成过程中提供了有力的帮助。最后，向心中的他们（妈妈、爸爸、爱人与乖宝、姐姐）道声“谢谢”，虽然任何语言无法表达出自己感激之情——历经任何困难，都曾有他们的陪伴与分担，琐琐碎碎的关心与帮助融合为被爱的感受，化成了顽强的力量，这种力量使我不忘初心。

著者

2017 年 5 月

第一章　导论

首先阐述选题依据与研究思路，其次介绍篇章结构与研究方法，最后提出创新之处与未来的研究方向。

第一节　选题依据与研究思路

一、　选题背景

1. 中国外汇储备规模

20 世纪 90 年代末以来，世界整体呈现外汇储备高增长、大规模的格局，但进一步观察，在这一轮外汇储备高增长和大规模发展进程中，此经济现象在发展中国家尤为明显，尤其是亚洲的国家和地区，其中，中国表现得最为抢眼，具体表现为——从 1994 年开始，中国外汇储备规模出现持续、快速、大幅度增加，2001 年以后此现象更加凸显，从 2001 年的 1655. 74 亿美元激增至 2012 年的 33 115. 89 亿美元，年平均增加额约 2961 亿美元。此 11 年间中国外汇储备规模增长超过 20 倍，并且即使是在次贷危机发生的 2007 年，中国外汇储备规模仍然呈现快速增加趋势：2007 年外汇储备增加 4619. 05 亿美元，相当于每天增长 12. 65 亿美元。因此，在世界经济处于动荡的[①] 2013 年，不改以往增长趋势，中国外汇储备规模高达 3. 82 万亿美元，在 2012 年年末的基础上又增加了 5097 亿美元，其年增幅创出历史新高，规模同样再创历史新高，见图 1. 1。

2. 美国现阶段的政策选择与高储备东亚经济体的困扰

（1）美国与高储备东亚经济体的经济金融关系。

美国与高储备东亚经济体长期存在的经济金融关系，可以用美国前财政部长劳伦斯 · 萨默斯（2007）所提的“金融恐怖均衡”来概括。劳伦斯 · 萨

---

① 中国投资咨询网. http：//www. ocn. com. cn/info/201401/weihui160931. shtml.

默斯在2007年创造地性提出“金融恐怖均衡”一词，道出美国与中国之间历年金融与经济格局的内在联动机制为：美国巨大的进口需求助推中国巨额贸易顺差的形成，巨额的贸易顺差进而成就中国外汇储备的高增长与大规模；同时，中国绝大部分外汇储备的用途是购买美国国债，于是美元又回流到美国，回流的美元再次进一步助推美国对中国商品进口的需求。因此，该词刻画的联动机制清楚地呈现了美国与中国长期以来相辅相成的“共生”经济与金融关系。

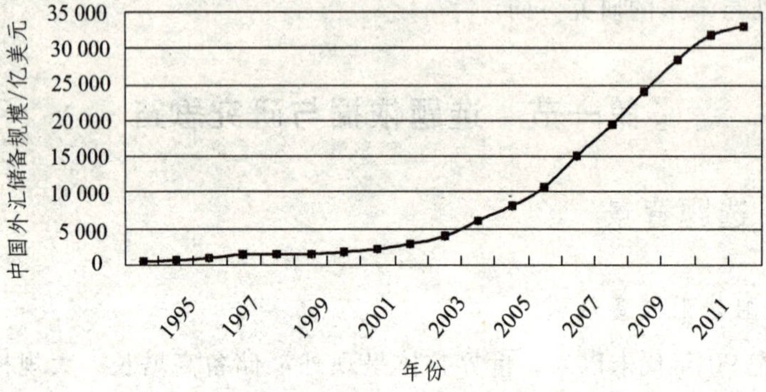

图 1.1 中国外汇储备规模

资料来源：国家统计局网站。

（2）危机后美国政策选择的方向。

2007年的美国次贷危机发生之后，美国经济出现下滑，美国政府采取一系列的救市政策，其中包括大幅度的财政赤字①和非传统的货币政策，如图1.2所示。但实施一系列的政策之后，美国经济并没有好于预期。在现有的经济理论和调控经济经验下，经济处于低迷时期，储备型经济体②最优的经济政策应是继续增发货币。因为采取这一政策一方面将会给经济体带来一定程度的事前与事后通货膨胀，利于该经济体的经济增长和解决政府财政赤字问题；另一方面在金融全球化的背景下，有利于储备型经济体利用金融领域的制高点将国内经济与金融风险转嫁给其他经济体。正如事实证明：在经济出现下滑情形下，美国从历史传统宽松货币政策发展到非传统货币政策——量化宽松货币政策，以推动本国经济增长。

① 2013年美国财政赤字累计为2923.7亿美元，比2012年赤字多859.7亿美元。

② 储备型经济体是指本币作为世界储备货币的经济体。

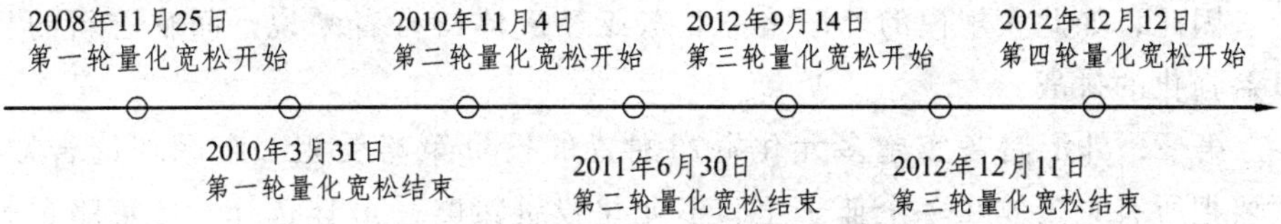

图 1.2 美国量化宽松货币政策的时间表

资料来源：财经新闻网站。

因此，在美国经济得不到根本性的好转前，基于美国本国利益，美国采取最可行的经济策略就是——提高财政赤字规模或者更甚者通过非传统的宽松货币政策实现增加流动性的宏观调控目的。但从已有经济发展历史和相关经济理论可知，该两个政策实施后，是否可以缓解目前美国经济面临下行的风险是具有不确定性的。而不管是同时实施这两个政策，还是实施其中一个政策，美元处于贬值的压力是确定的。处于贬值趋势的美元，非常有助于美国在解决经常账户失衡、还债压力①等方面的经济问题。因此，在经济处于下行或承受下行压力时，对美国政府如何进行经济宏观调控——提高财政赤字幅度与实施宽松货币政策是必然选择，具有很强的路径依赖性。

（3）现阶段高储备东亚经济体的困扰。

随着美国推行量化宽松货币政策，高储备经济体（中国等高储备东亚经济体）将必然继续处于外汇储备高增长的状态。同时，面对愈发增加的外汇储备，对持有国来说，外汇储备进行资产配置时，整个风险加大。

始于2000 年年初截至2014 年6 月，东亚经济体均出现外汇储备大规模增长的现象，其中，中国高增长、大规模的外汇储备状态更引起人们的关注②：在2006 年4 月中国外汇储备规模超过日本；2012 年年末，中国外汇储备规模超过30 000 亿美元，居全球第一；截止到2014 年6 月，中国外汇储备规模达到3. 99 万亿美元，创历史新高。诚然，拥有大规模的外汇储备彰显了以中国为代表的高储备东亚经济体经济实力的提升，但这一正向的观点被2007 年美国次贷危机演变为全球金融危机与全球经济衰退的现实情况逐渐掩埋，重重警醒了东亚经济体，即在现阶段，持有大规模外汇储备的经济体将承受巨大成本的挑战。因为现阶段的国际经济环境呈现为：2007 年美国次贷危机发生后至2014 年6 月，世界货币呈现的是美元量化、欧元动荡、日元贬值的景象，且储备货币国家的经济一个比一个脆弱，原本的资产避风港湾已不再安

① 美国现在是一个净债务国。

② 数据来源于国家外汇管理局网站。

全。因此，如此大规模的外汇储备对东亚经济体持有者来说，面临着新的且日益强化的挑战。

第一，外汇储备实施多元化资产配置的投资策略受阻。金融理论告知：不要把所有鸡蛋放在一个篮子里，多元化投资策略是最佳选择。此策略也曾是2007年前东亚高储备经济体所热衷的（当时美元类资产在中国外汇储备的占比曾滑落到65%），2007年次贷危机发生后，储备型国家的经济均处于比较脆弱的状态，非美元类资产风险愈发增加。因此，高储备持有者（东亚经济体）最后只能采取“两害相权取其轻”的策略——外汇储备资产配置的区域与对象又重回美国境内或美元资产（美元类资产在中国外汇储备的占比又回到90%）。

第二，大规模的外汇储备存量深受无形的损失。因为美元与人民币等其他货币的比值，从2005年至2014年6月一直处于贬值走势，如图1.3所示，人民币从8的时代进入6的时代，且在2007年到2014年期间，人民币升值速度大幅提高。外汇储备换成其他货币，出现大额汇兑损失。从成本与收益视角，这是需力求改变的局面：成本（人民币）—收益（美元）汇兑人民币（减少）。

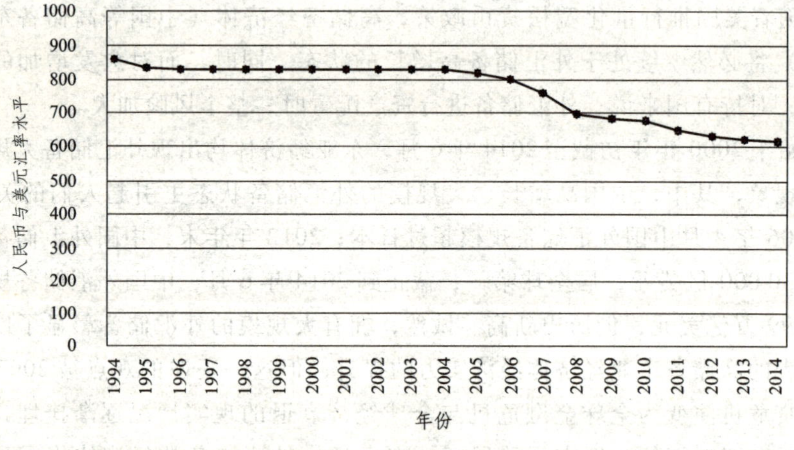

图1.3　人民币与美元汇率水平（1994—2014年）

数据来源：汇率网站。

第三，持续增长的外汇储备引发持有国本币币值悖论——对内贬值与对外面临升值压力同时并存的格局，即持有国本币国内货币购买力下降，但与美元等主要世界货币币值相比却显得愈发硬性。对此现象，美国经济学家克鲁格曼（2009）总结为：高储备东亚经济体的“美元陷阱”。

因此，现阶段高储备东亚经济体是处于急需重塑外汇储备有效管理[①]内涵的时刻[②]，尤其是中国——外汇储备高增长与外汇储备资产配置环境恶劣的“两难”问题显得更是紧迫[③]。

二、选题意义

众所周知，中国外汇储备长时间存在三大特点：第一，外汇储备规模大，增速快；第二，外汇储备币种以美元为主；第三，外汇储备资产中美元国债占比过高。中国外汇储备管理者也曾一直试图努力改变这一状态。资料显示：在2008年9月由雷曼兄弟破产引发全球金融危机之前，中国对外汇储备资产的管理实施积极的投资策略，即为资产多元化配置的策略，表现为：①投资区域的非美国化；②投资对象从美国国债逐渐转移美元公司债与美元股票。中国积极多元化的外汇储备管理的成绩并没有呈现理论中的数字组合[④]，这表明中国外汇储备的保值与增值问题仍没能得到很好的解决。究其原因，源于次贷危机以及之后演变为欧洲与世界的经济危机的发生，全球储备经济体经济增长出现下行，几大世界货币呈现为美元危机、欧元震荡、日元贬值的格局，导致全球资本市场上演的风险是一种系统性风险——通过多元化投资策略无法消除的风险。中国外汇储备在此国际投资环境下进行的多元化调整，其安全性、流动性、收益性均遭受严重的打击，投资结果并不理想，中国外汇储备保值与增值的管理目标均没能得到很好的实现。因此，在投资环境风险上升的背景下，避险成为外汇储备资产主要投资目的，中国外汇储备资产

---

① 外汇储备管理应该从量的管理快速进入到质的管理时代。

② 关于高储备国家的困扰，最早对其进行研究的是美国经济学家麦金农。麦金农（2005）用“美元本位下高储蓄两难”对高储备经济体面临的困境进行阐释。麦金农指出“两难”体现在：高储备经济体面临本币升值与不升值的困扰。并进一步剖析出“高储蓄两难”的原因是货币错配，因为高储蓄国家的经济运行机制是：保持经常账户顺差同时向外放贷美元。这样的循环机制会使债权国的美元储备增加，美元储备不断增加会使高储备经济体面临升值压力与升值预期，这会引起国外责难本国汇率水平的不公平性，认为人为低估；另外，本币升值预期增加，进一步导致新一轮本币升值，如此循环。在这两方面力量下，凸显出高储备经济体本币升值的必要性，为了改变此状态，需抛售美元，但抛售美元与购买本币的风潮一旦开始，首先将会使持有国的外汇储备资产出现大额汇兑损失，而且随着高储备经济体本币不断的升值，将会致使国内出现严重的通货紧缩（迅速升值导致出口骤然下降，外汇占款方式投放货币经济体流动性戛然中断），资产泡沫被刺破，资金流动性减少，经济步入通货紧缩通道，最后有可能导致高储备经济体发生金融或者经济危机，随后步入20世纪90年代日本的经济发展轨迹。

③ 中国是一个大国经济体，外汇储备规模排在世界第一。

④ 收益增加，风险降低。

配置对象又开始重返美国国债市场（非美元资产风险更大）。资料显示：在2008年9月后，中国外汇储备的资产配置中，美国国债比例显著上升，外汇储备管理重回“消极”管理①。

针对这一现象，国内外学者从不同的角度进行了大量的探讨，因此，此问题一直以来都是国内外学术界十分关注并研究的热点和前沿问题。至今，关于外汇储备管理的文献可以说是汗牛充栋，其观点之多，分歧之大，如关于外汇储备资产结构管理部分的文献，展现的是：均是在围绕外汇储备资产增值与保值的宗旨下，文章使用不同的模型与不同的计量方法，得出不同结论，进而提出不同甚至截然相反的外汇储备管理政策建议②。同样，关于现阶段的中国外汇储备如何进行管理，达到外汇储备增值与保值的目的，主张有很多，目前还没有达成共识，而且当下国际经济与金融环境与之前大不同，因此对现阶段下中国外汇储备高增长成因与如何管理的研究意义可归纳为以下两个方面：

（1）研究对象不同（大国）——虽然境外在外汇储备管理方面已有较为成功的经验，但研究对象均是小国（新加坡、韩国），但对中国这样一个大国经济体，其经验参考性在减弱③。

（2）外围环境不同（国际投资环境呈现的是系统性风险上升）——以往金融危机震源地是发展中国家，但2008年金融危机始于发达经济体，导致国际资本市场的风险演变成一种系统性风险上升。

亦即本书在已有研究基础上，从以上两个方面分析中国外汇储备高增长及其如何管理：在新的国际金融环境且缺乏有关大国外汇储备有效管理成熟经验的大背景下，试图以一种新的视角、新的理论依据首先剖析其高增长的原因，进一步来探讨现阶段中国外汇储备有效管理的内涵，提出逐步缓解中国目前外汇储备管理面临困境——“美元陷阱”的建议对策。因此，该研究丰富了关于外汇储备如何管理的文献资料：以往外汇储备管理更多是以小国经济体为假设条件，而本书阐述的对象为中国，将为高储备大国在世界系统

---

① 长期以来，达成一种共识：多元化的投资被界定为积极的外汇储备管理，集中投资于美国国债称其为消极的外汇储备管理。

② 其中争议较大的是：一种建议支持增加美元资产配置，另一种建议减少对美元资产的配置。

③ 因为中国的外汇储备规模巨大，且中国是世界上第二大的经济体，因此中国外汇储备资产配置的改变，会彻底改变资产供求格局，而已有做的较成功经济体的外汇储备资产配置对象发生改变，不会影响资产市场供求结构的格局。

性风险加大的背景下如何进行外汇储备有效管理提供新的篇章。

三、 研究思路

本书的研究思路围绕解答三个问题：①中国外汇储备管理凸显困境的本质是什么？②是如何形成的？③该怎么办？因此，全文具体研究步骤如下：

第一步，依据“中心—外围”理论诊断中国外汇储备管理凸显困境的实质是什么——中国扮演“外围”角色越来越不合适的症状。

第二步，采用博弈论等分析方法与全球产品内分工视角剖析东亚高储备形成机制（其用途是剖析中国外汇储备高增长的深层次原因）——参与全球分工的资源禀赋决定了比较优势。

第三步，依据福利经济学第二定理、外汇储备管理理论、主权财富基金经济效应研究文献和风险管理等理论构建现阶段中国外汇储备有效管理新内涵。提出缓解中国外汇储备管理面临凸显困境的具体思路，由此回答第③问题“该怎么办”，具体的论证逻辑为：以福利经济学第二定理理论为主线，把如何解决外汇储备管理面临的困境分解为可行性、客体、主体、渠道和目的五部分。思路逻辑如下：

（1）福利经济学第二定理运用的可行性——东亚高储备国家内生性外汇储备合理性与必然性（复活的布雷顿森林体系①）；

（2）福利经济学第二定理运用的客体——内生性外汇储备大幅增加引发外汇储备管理的“美元陷阱”难题；

（3）福利经济学第二定理运用的主体——多层次的外汇储备管理者（主权财富基金为代表）；

（4）福利经济学第二定理运用的渠道——以国际政府角色行使转移支付的功能；

（5）福利经济学第二定理运用的目的——改变中国在参与全球化的初始配置，形成能够达到更有效的帕累托配置，这一过程就是实现中国外围角色逐渐褪去，在淡去“外围”同时“中心”上升进程中，中国外汇储备管理面临凸显的“美元陷阱”困境就不再存在。本书研究思路如图 1.4 所示。

---

① 复活的布雷顿森林体系是由 Doiley，Folkers - LANDAU&Garber（2003，2004）提出的，也可称其为 BW2、新布雷顿森林体系、后布雷顿森立体系等。

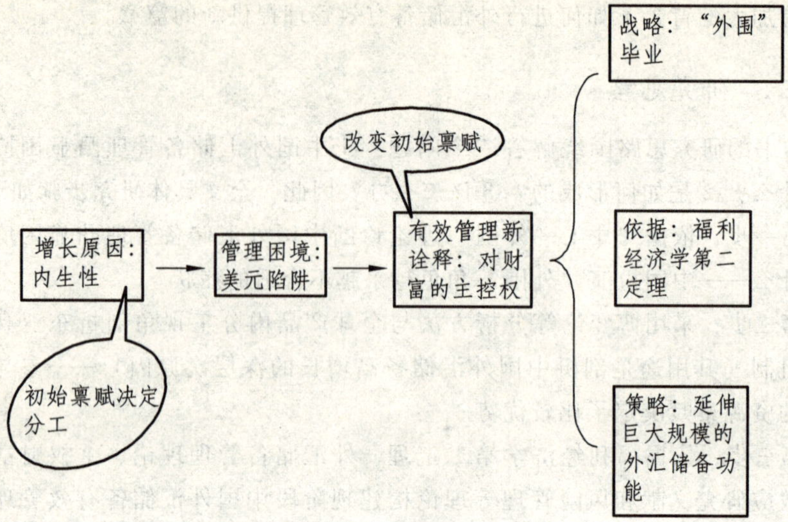

图 1.4　研究思路

第二节　篇章结构

本书分为七个篇章来回答中国外汇储备管理为什么面临凸显困境与中国现阶段外汇储备管理怎么办这两大问题。

其中第一章到第五章，主要围绕外汇储备的内生性界定、中国内生性外汇储备现状及其持续增长的经济效应分析这三大问题展开。

第一章，导论部分。首先对选题依据与研究思路、篇章结构进行介绍，其次，介绍研究方法、文章的创新之处与未来进一步研究方向。

第二章，研究的理论依据和文献梳理部分。首先，解释文章中的主要概念："中心—外围"模式、复活布雷顿森林体系、美元陷阱、高储蓄两难、外汇储备、福利经济学第二定理、金融恐怖均衡、国家财富、主权财富基金、外汇储备管理、主权财富基金的经济效应、风险管理等概念；其次，对外汇储备管理理论、主权财富基金的经济效应、风险管理的相关文献进行梳理，厘出文章采用的理论依据。

第三章，内生性外汇储备部分。首先，根据内生性变量的含义，归纳内生性变量的特征。其次，对东亚经济体外汇储备直观表象进行刻画，根据经济事实，提出假设：东亚经济体高储备是东亚经济体与美国"共生"经济与金融关系的表现，采用博弈论的分析方法与基于全球产业分工视角对假设进行论证，亦即厘清东亚经济体与美国“共生”的经济与金融关系的机制原理。结论为东亚经济体外汇储备是内生于经济的，且以制度经济学家青木昌彦（2003）在一篇名为“沿着均衡上演进的制度变迁”文中提出：“制度是博弈规则，亦是博弈均衡，而这博弈的均衡或博弈的规则是具有内生性的”为理论依据，本书创新性地提出内生性外汇储备的概念。最后，本书在剖析东亚经济体外汇储备形成机制的同时，依据外汇储备功能的演变逻辑，以福利经济学第二定理为理论依据，进一步延伸东亚经济体大规模外汇储备的功能——改善高储备持有国参与经济全球化的初始禀赋，最终实现优化高储备持有国帕累托配置，为后文提出中国现阶段外汇储备有效管理新内涵与管理对策做好铺垫。

第四章，中国外汇储备现状及持续增长的经济效应部分。本书从中国外汇储备增量（增长）和存量两个视角来梳理与分析中国外汇储备的现状，其中：第一，增量部分，分别从中国外汇储备的来源、增长的内生性、来源的稳定性、变动趋势以及持续增长对经济影响五个方面进行剖析。第二，存量部分，分别从中国外汇储备资产的结构演变、面临的外部风险、外部风险的成因、美国减少财政赤字和债务的措施有哪些以及美国采取的政策对中国外汇储备存量影响这五个方面进行刻画与分析，分析结论表明具有内生性增长的中国外汇储备，其管理面临成本上升的趋势——“美元陷阱”。

第五章，实证分析中国内生性外汇储备高增长因素。主要采用协整分析、主成分与因子实证分析方法，提炼出长期影响中国外汇储备增长的共同因素，验证前文提出中国外汇储备内生于经济的假设与推断。实证结果表明：①经济规模公因子对中国外汇储备增长具有明显的促进作用；②汇率公因子对中国外汇储备增长影响有减弱的趋势。假设与推断得以验证。

第六章，构建解决中国外汇储备管理面临“美元陷阱”困境的思路。首先，对外汇储备管理内容的演变进行梳理，探析外汇储备管理内容随着国内外环境的变化的路径，为本书提出现阶段外汇储备管理新内涵提供依据。第二，对境内外尤其是高储备经济体外汇储备管理的成功经验进行归纳，同时也梳理了中国目前借鉴他国成功经验的成效。资料显示，他国的成功经验实施在今天的中国，面临许多挑战，其中，最大挑战源于充当储备货币的币值极不稳定与今天的资本流动迅猛增加的国际经济环境并存，本书并对具体缘由一一进行探讨。此探讨凸显已有的外汇管理对在新的国际金融环境下中国进行外汇储备参考性不强。最后，本书依据福利经济学第二定理等理论提出现阶段中国外汇储备有效管理新的内涵，且从增量和存量两个视角来构建缓解中国外汇储备管理面临“美元陷阱”困境的管理内涵与思路。

第七章，结论与政策建议部分。第一，对全文的分析进行总结，归纳研究结论：①中国外汇储备增长是内生于经济的，且其内生性趋于强化；②中国高增长、高存量的外汇储备是一个必然、合理、内生和阶段的经济现象；③中国现在面临凸显的外汇储备管理“美元陷阱”的困境，是中国已经越来越不适应“外围”角色的表现；④中国现阶段外汇储备有效管理内涵应是发挥中国巨额的外汇储备潜在功能，来助推中国“外围”角色毕业。第二，提出缓解中国外汇储备管理面临的“美元陷阱”政策建议。

此部分内容以主体部分逻辑图呈现，具体如图 1.5 所示。

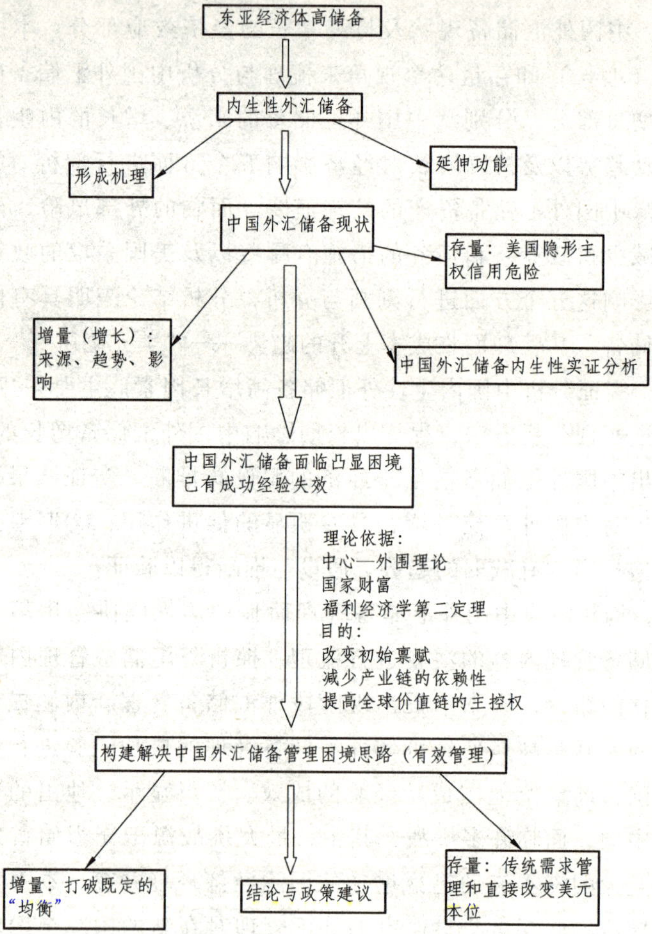

图 1.5 主体部分逻辑图

第三节　研究方法

一、 规范研究与实证研究相结合

①运用金融与经济学、投资学与博弈论等相关领域的理论，对高储备经济现象进行剖析与定义；②运用“中心—外围”理论、福利经济学第二定理、风险管理理论和外汇储备管理理论构建优化外汇储备质量管理内涵；③对东亚经济体钉住美元制、外汇占款情形、美国财政稳定性、中国热钱估算、中国外汇储备增长内生性进行实证分析。

二、 宏观分析与微观分析相结合

①从全球产品内分工的角度剖析中国外汇储备管理困境的本质所在；②从外汇储备供给角度剖析中国外汇储备发展趋势；③运用博弈论分析方法分析内生性外汇储备形成的深层原因；④运用福利经济学第二定理把巨大规模的内生性外汇储备转化为高储备经济体参与全球市场竞争的有利工具。

三、 比较研究

①剖析各国（尤其是高储备的经济体）是如何实现外汇储备资产质的管理；②国际货币应用的角色与美元货币的表现。

四、 梳理模型与逻辑推理:

①剖析外汇储备形成机理、外汇储备继续增长的影响等内容采用梳理模型来进行解释；②对中国外汇储备增长的持续性、美国财政赤字稳定性、中国外储备资产的外部风险的演变等问题采用逻辑推理进行探讨。

五、 历史演变视角

以历史演变视角，对外汇储备功能、外汇储备有效管理内涵、外汇储备管理困境、国家财富、福利经济学第二定理等概念进行解读，依据概念演变的逻辑思路提出现阶段的新内涵。

第四节　创新之处及未来研究方向

一、创新之处

（1）以“中心—外围”模式来解读中国外汇储备管理的被动性所在，即现阶段中国外汇储备管理面临凸显的困境是中国作为“外围”已不适应的症状，且本书从这个视角对中国现阶段外汇储备有效管理的内涵进行了新的诠释。

（2）运用博弈论等分析方法和基于全球产品内分工视角，剖析东亚经济体外汇储备形成的原因，得出东亚经济体高储备的必然性、合理性和内生性、阶段性的结论。其中本书在对东亚经济体外汇储备形成的内生性分为两个层次进行理论分析：第一层对东亚经济体外汇储备增长内生性的表现形式（金融恐怖均衡）进行剖析；第二层是对第一层东亚经济体外汇储备形成内生性的表现形式（金融恐怖均衡）存在的基础进行剖析，也即对东亚经济体外汇储备内生性形成机理理论分析的推进。

（3）以东亚经济体外汇储备形成机理的内生性为基础，根据内生性变量的解释和制度经济学家青木昌彦对内生性的阐释，本书界定内生性外汇储备的概念（内生于经济的外汇储备），其目的是为更好地刻画现阶段高储备给持有国带来的管理困境，与此同时为了阐释现阶段中国外汇储备有效管理新内涵指引方向。

（4）依据外汇储备功能的增加逻辑，本书延伸巨大规模外汇储备的功能——改变高储备经济体或“外围”经济体参与经济全球化的初始禀赋，进而形成有利于“外围”经济体的均衡配置，即帕累托改进。

（5）本书采用主成分与因子分析方法对影响中国外汇储备增长的因素进行实证分析。实证结果表明，汇率公因子对中国外汇储备增长显著性减弱，而规模经济公因子对中国外汇储备增长具有很强的正向作用，是主要影响因素。因而，本书通过逻辑推理和实证方式得出中国外汇储备增长不仅内生性于经济，而且内生性趋于强化的结论。

（6）通过对东亚经济体高储备增长原因的分析，且结合中国外汇储备的现状，本书提出中国现阶段高额外汇储备有效管理的新内涵：发挥巨额外汇储备延伸功能，以此减小中国在全球产业链的依赖，增强中国在全球价值链的主控权，最终改变目前由于持有外汇储备成本巨大而被迫去苦苦追求外汇储备资产不具有可行性的高收益管理转向外汇储备高流动性的管理，即恢复外汇储备高流动的属性。

二、　未来研究方向

（1）外汇储备规模与本币国际化。从本书分析得出，目前的储备型货币都是从高储备经济体的本币逐步转型而成的，但在目前几大储备型的国际货币中，其国际化的程度不一。因此，未来进一步探究外汇储备规模与本币国际化的关系，以期探寻出二者的关系：①互推；②互斥；③没关系。此研究对人民币国际化大战略背景下中国外汇储备如何有效管理提供一定的理论依据。

（2）资源型财富基金对出口型财富基金投资收益的影响。主权财富基金是高储备经济体的一种积极有效外汇储备管理方式。从本书分析得知：其特点是一种非美元型、非美国区域型、战略型与高收益型兼具的投资机构。其中，资源型的主权财富基金规模变化对出口型主权财富基金的投资收益有着直接与间接的影响。因此，未来进一步对资源型财富基金于出口型财富基金投资收益影响进行探讨，为量化与优化中国出口型主权财富基金经济效应提供一个分析视角。

第二章　主要概念与文献梳理

本书中的主要概念有：外汇储备、“中心—外围”模式、复活布雷顿森林体系、美元陷阱、高储蓄两难、斯蒂格利茨怪圈、福利经济学第二定理、金融恐怖均衡、国家财富、主权财富基金、外汇储备管理和风险管理；梳理的文献主要包括：外汇储备管理理论、主权财富基金的经济效应和风险管理三个领域。最后提炼出本书运用的主要理论依据。

第一节　主要概念

一、外汇储备

外汇储备的概念发展至今，具体的表达是有所差异的。一般来说，对外汇储备的界定为：由一国政府持有的在货币汇率波动或国际收支逆差时，可动用的储备货币和可随时转换成为这些储备货币的其他资产，且这些储备货币是具有可自由兑换的。长时间，在多数国家，外汇储备一直是一国国际储备的主体部分，所以有些学者经常把国际储备①概念等同于外汇储备概念去研究一些问题。理论界把扩大化的外汇储备称之为广义的外汇储备，内容没有扩大的外汇储备称之为狭义的外汇储备。随着国际国内经济金融环境的变化，广义的外汇储备发挥的功能与狭义的外汇储备发挥的功能越来越接近，所以在这种趋势下，目前很多文献对广义的外汇储备和狭义的外汇储备二者不加以区别。本书将采取这一观点。

---

① 国际储备的定义：它是以弥补一国国际收支赤字、保持一国汇率稳定和满足其他紧急支付的需要为目的的，一国政府持有所有的流动资产，且这些流动性资产是被国际间普遍接受的。它分为狭义的国际储备和广义的国际储备。狭义的国际储备体现在无条件的国际清偿力；广义的国际储备不仅包括无条件的国际清偿，还包括有条件的国际清偿。具体来看，狭义的国际清偿包括货币性黄金、外汇储备、在IMF的储备头寸和特别提款权；广义的国际储备除了包括狭义的国际储备的内容，还包括互惠信贷和支付协议、备用信贷、商业银行对外短期可兑换的货币资产。

二、“中心—外围”模式

目前，在学术界里，“中心—外围”模式有很多版本，但理论的源头都来自马克思中心——外围理论（Core and Periphery Theory）。本书采用 Eichengreen（2004）的观点：全球化时代的国与国之间的经济与金融关系存在着“中心”与“外围”的角色，发行储备货币国家是“中心”，被迫积累低收益的外汇储备的经济体是“外围”。回顾历史，不同时期，“中心”与“外围”间故事在以下两个方面发生变化：

第一，在不同时期，担当“中心”和“外围”角色的经济体有所不同。如在20世纪60年代，美国是“中心”，欧洲和日本是“外围”；现阶段，“中心”是储备货币国，“外围”是以出口为导向的经济体。

第二，不同时期“中心”与“外围”之间的经济关系有所差异①。Bordo（2005）比较第一次世界大战前和布雷顿森林体系崩溃后中心国家与外围国家的经济关系，其差异表现在：①在第一次世界大战前，当时的国际货币制度为金本位制度，中心国家角色是输出资本和商品，中心国家的国际收支表现的是资本项目逆差和经常项目顺差，外围经济体是资本项目为顺差，经常项目为逆差；②在布雷顿森林体系崩溃后，国际本位币为不兑现的信用货币，中心国家是同时输入资本和商品，表现为资本项目的顺差和经常项目的逆差，外围国家大多表现为经常项目顺差。其中，中国国际收支表现更突显：长期表现为经常项目和资本与金融项目双顺差。但不管哪种方式，都是全球经济与金融不平衡的“均衡”表现，或者部分学者称之为全球经济与金融的不平衡关系。

因此，在当下“外围”经济体高储备的固有经济现象背后，反映的是一种新形式的不平衡全球经济发展，经济活动具有潜在的不稳定性。因此，剧增的全球投资环境风险，体现的是一种加大的系统性风险，高储备经济体进行外汇储备管理面临的“美元陷阱”困境必将日益凸显。

三、复活布雷顿森林体系

“复活的布雷顿森林体系”是 Dooley（2003）提出的，其他学者称之为

① 殷剑峰：《储蓄不足、全球失衡与“中心—外围”模式》，载《经济研究》2013年。

BW2、后布雷顿森林体系或者新布雷顿森林体系等。该体系实质内容可概括为：①中国等发展中经济体为了实现充分就业的目标，经济增长类型选择出口导向型；②采取的政策是低估本国货币汇率、管制资本流动和积累外汇储备；③将大部分官方积累的外汇储备投入到美国境内或美元资产。能驱使①②③这些经济行为一环扣一环地顺利进行，固定汇率是关键环节，即各国货币与美元的固定汇率是长期以来美国与东亚经济体之间经济与金融关系的核心纽带。此经济运行的实质，且结合布雷顿森林体系的主要核心特征是固定汇率制，因此，许多学者采用与布雷顿森林体系有关的各种名称、国际货币制度来刻画目前国际货币体系的运行，具体运行如下：

Dooley（2003）认为，当前世界上存在的经济货币区主要有三个：①中心（美国）；②资本账户区（加拿大、欧洲和一些拉丁美洲）；③贸易账户区（亚洲）。在该体系中，作为这一体系的“中心”——美国，不需要关注汇率水平，也不需考虑积累外汇储备，只需关注美国自身的经济发展。资本账户区（加拿大、欧洲和一些拉美国家）是私人资本主导的经济，该地区采取浮动汇率制，所以外汇储备的变化很小，且该地区的私人投资者会考虑财务层面上的收益与成本。贸易区的经济体，以出口导向型发展经济，且该经济发展战略依附于美国的进口需求。因此，为了维系美国对本国的进口需求，贸易区官方积累的外汇储备必将购买大量的美国金融资产，以此实现美国对本国的进口需求不会出现下滑。Dooley（2003）认为，目前世界这一体系是稳定的且具有持续性的。

因此，身处目前既定的国际货币制度框架下，依据“中心”与“外围”间的金融与经济“共生”关系，可以推断出以中国为代表的东亚高储备经济体的外汇储备将继续增长。

四、美元陷阱

“美元陷阱”一词，是由美国经济学家克鲁格曼（2009）首次提出，用来描绘高储备东亚经济体在经济发展进程中面临的困境：持有大规模外汇储备的东亚经济体，外汇储备增值与保值的管理面临凸显困境。一方面，面临源源不断扩大的外汇储备规模；另一方面，处于外汇储备投资空间狭小的境况，尤其是2007年美国次贷危机的发生，国际经济环境呈现美元量化、欧元动荡、日元贬值的经济发展不稳定的格局，其投资空间愈发窘迫。因此，美国经济学家克鲁格曼（2009）用“美元陷阱”来概括高储备的东亚经济体面临互为悖论的经济困局：①本国货币币值对内贬值与对外升值同时并存；②外汇储备投资多元化受阻与储备资产价值缩水。

理论上关于高储备国家的困扰，麦金农（2005）也曾用“高储蓄两难”进行解释。在麦金农的“高储蓄两难”中“两难”是如此阐释的：高储备经济体面临本币升值与不升值的困扰。麦金农进一步剖析产生其困扰的背后原因，结论为货币错配①，具体的形成机制为：高储备经济体为了保持经常账户顺差来谋求经济发展，则与此伴随必须同时向外放贷美元（保持境外对本国的购买能力）。这样的循环机制会促使高储备经济体美元储备继续增加，不断增加的美元储备将使高储备经济体（经常账户顺差经济体）面临这样的状况：①国外责难本国汇率水平的不公平性，认为人为低估；②本币升值预期增加，进一步引致本币继续升值。在此状况下，为了释放高储备经济体本币升值压力，采取的策略为抛售美元与购买本币，但该行动一旦开始，短期中经济体将迅速步入美元大幅贬值与本币大幅升值的通道，致使高储备经济体持有的外汇储备资产资本受损（汇兑损失），更为严重的是中长期时间段，高储备经济体本币经过不断的升值后，经济体增加步入通货紧缩的可能性：本币升值，国内严重的通货紧缩②，经济体资金流动性减少，资产泡沫将会被刺破，经济运转随之进入通货紧缩轨道③。

因此，根据麦金农“高储蓄两难”理论，可预判：在既定的“中心—外围”经济格局与后布雷顿森林国际货币体系下，高储备东亚经济体中的典型代表中国，面临“两难”问题将会日趋紧迫④，亦即克鲁格曼界定“美元陷阱”困境愈发凸显。

五、 斯蒂格利茨怪圈

“斯蒂格利茨怪圈”是经济学家描述东亚经济体与发达国家之间一种资本流动的怪圈。此怪圈的运行机制是：东亚经济体以较高的成本从发达国家引

---

① 任何无法以本币提供信贷的国际债权国都将出现货币错配问题。

② 高储备国家货币发行中外汇占款的占比绝大，如中国外汇占款曾达到80% ~90%。

③ 一段时期后，最后有可能导致高储备经济体发生金融或者经济危机，随后步入20世纪90年代日本的经济发展轨迹。

④ 中国是一个大国经济体，外汇储备规模排在世界第一位。

进大量的资金后，但同时以低收益的投资方式（如购买美国国债）把资金倒流回到发达国家。学者对此经济现象专门提出“斯蒂格利茨怪圈”这一概念，其目的是为了凸显在复活布雷顿森林体系下东亚经济体与发达国家之间有悖于传统资本流动原理的国际资本流动现象。

因此，在目前的国际资金流动循环中，高储备经济体持有外汇储备的财务成本剧增是必然的。

六、 福利经济学第二定理

1. 定理内容

福利经济学理论体系是有关社会经济福利的研究，由经济学家霍布斯与庇古于20世纪20年代创立，他们认为：每一种具有帕累托效率的资源配置都可以通过市场机制来实现。庇古在《福利经济学》与《财政学研究》这两部著作中定义“经济福利”的概念，主张国民收入均等化。随后，学者提出福利经济学第二定理，思想主张为：通过竞争性市场可实现任何帕累托配置①，只需要将初始禀赋进行调整即可，即：任何具有帕累托效率的资源配置都可以首先通过调整初始禀赋，再让经济主体参与市场竞争运行，最后经济中形成的均衡就是一种具有帕累托效率的资源配置。

2. 定理解读

福利经济学第二定理认为任何具有帕累托效率的资源配置通过市场竞争均能达到，但要有一个相应的初始条件。换言之，可以分开来考虑分配与效率，即任何优化帕雷托配置都能通过市场机制来实现。因此，可以得出这样的结论：任何一种社会资源帕累托有效配置都可以实现，但实现的前提条件是存在相应的社会收入结构和所有权结构与之匹配，即：要想达到另一种有效率的资源配置，则需首先改变既定的社会收入分配结构和所有权结构。

因此，思考参与全球化经济进程中“外围”经济体，如何改变目前因持有巨额外汇储备而面临成本剧增的现状，本书以福利经济学第二定理的理论为理论依据，提出可行的应对策略是：首先得改变自身的初始禀赋，然后再参与到经济全球化进程中。

---

① 每一种具有帕累托效率的资源配置都可以通过市场机制来实现。

七、 金融恐怖均衡

金融恐怖均衡（Balance of Financial Terror）是美国前财政部长萨默斯（Summers）描述美国与东亚经济体间金融和经济共生的关系：①因为实行出口导向型经济的东亚经济体依赖美国对其的进口需求，所以东亚经济体努力维持本币对美元的汇率稳定；②美国利用东亚经济对自身的依赖，牵制着东亚经济体源源不断向自己输入资金。该“共生”关系体现了东亚经济体与美国经济与金融关系存在一种“均衡”。这种“均衡”实质体现为一对孪生经济行为：①东亚经济体实行钉住美元制；②东亚经济体经常项目盈余实现对美国经常项目赤字进行融资。正如许多学者描述的：“亚洲人看起来愿意对美国给予补贴”，其内在运行机制是：东亚经济体通过实物资源出口，积累了大量美元储备，资本又回流到美国境内，增加对东亚经济体实物资源进口需求。

因此，“金融恐怖均衡”是东亚经济体之间、东亚与美国之间博弈的结果。根据此经济现象，结合经济学家青木昌彦对经济均衡的理解，本书提出假设：东亚外汇储备增长是内生于经济的。

八、 国家财富

理论界，对国家财富的理解有许多界定。对已有界定进行归纳分析得知：对国家财富定义有一个分水岭——可持续发展思想（可持续发展指的是经济、社会、环境协调发展，经济因素只是其中一个方面）的提出。在“可持续发展”思想提出前，国家财富一般只局限于经济财富或物质财富；可持续发展思想提出后，世界银行（1995）提出新的国家财富的概念：国家财富是生产资产、自然资产、人力资源和社会资本四组要素的总和。具体表达为：国家财富 = 生产资产 + 自然资产 + 人力资源 + 社会资本。即扩展后的国家财富涵盖经济、社会、环境这三个领域。

本书对国家财富的理解基于后者（改良中国参与全球经济发展时自身条件环境），提出现阶段中国外汇储备管理的观点：对外汇储备进行管理的目标是——最大化助推中国对财富主控性，即助推中国“外围”角色的褪去。

九、 主权财富基金

主权财富基金概念由美国经济学家罗萨诺夫（2005）首次提出，在《谁拥有国家财富》书中他这样写道：在财政与外汇储备盈余出现累积的国家里，政府会成立专业投资机构来管理这部分累积的盈余资金，该投资机构就是“主权财富基金”。目前，学术界与业界对主权财富基金的定义有许多种，不同界定缘于这四方面构成的不同：①主权财富基金的资金来源；②主权财富基金的持有人；③主权财富基金的用途；④主权财富基金的类型，如美国财政部（2007）、福布斯数据公司（2008）、美国主权财富基金研究院（2009）。经济学家罗萨诺夫根据不同界定对世界各国成立主权财富基金的目的进行梳理，归纳为三种类型：第一，使国家的经济运转和财政预算隔绝世界经济的波动；第二，便于国家财富在代际间平滑配置；第三，促进本国经济和社会的可持续发展。

因此，本书对主权财富基金的理解是①：

（1）一国政府的投资工具，建立在充足的国家外汇储备资产基础上。

（2）由国家成立专门机构对外汇储备资产进行运作和管理的投资基金，具有四个特点：①主权性，即股权为本国政府；②资金来自是外国货币；③有较高的风险容忍度；④长期的投资视野，投资时限为五年以上。

由此，对主权财富基金定义为：为国家政府所拥有，被政府控制，主要服务于国家一系列目标的投资机构，其中目标分为：①提高外汇储备收益性；②稳定物价；③为子孙后代提供储备资产；④提升国家产业结构以及推进经济战略和政治目的等。

依据主权财富基金的界定与其发挥功能的演变逻辑，本书主张将主权财富基金作为行使主体——作为促使中国现阶段庞大规模外汇储备延伸功能发挥的主体。

十、 外汇储备管理

目前，世界各国对本国外汇储备如何管理都制定了相应的各种条文，但

① 主要参考学者范德胜（2012）对主权财富基金的界定。

所有国家外汇管理条文的最终思想均来自于2001年IMF的《外汇储备管理指南》(*Guidelines for Foreign Exchange Reserve Management*)。《外汇储备管理指南》(2001)指出:①外汇储备管理[①]应该确保持有充足的外汇储备;②以审慎的方式控制外汇储备管理中的流动性风险、信用风险和市场风险;③在中长期内追求合理的收益。随后,IMF在2003年、2005年、2013年对外汇储备管理内容进行相应的修订。纵观历次修改方向与内容,其修订的内容均是围绕外汇储备的安全性、流动性、收益性这三性间的权衡。这表明在不同时期,IMF对外汇储备的功能界定有所差异,外汇储备管理具体包含的内容随之也有所不同,但其最终目的为:使外汇储备能更好地服务于一国经济发展,社会福利得到改善,国际地位得到提升[②]。

因此,本书提出外汇储备的管理本质:在不同的经济发展背景下,不仅仅是引导一国外汇储备传统功能得以正常发挥,更为关键的是需结合国家经济发展阶段挖掘与之匹配的新功能。

十一、 风险管理

最初,风险管理概念主要出现在保险行业。保险学家C. A. William. Jr.和R. M. Heins(1985)在文献中指出:"风险管理是一种管理方法。其具体过程为:首先通过对风险的识别、控制和计量,然后以最少的成本使风险损失降到最低程度。"国内学者许国栋和李心丹(2001)将风险管理理论划分为:①萌芽期的风险管理思想;②早期的风险管理理论;③现代的风险管理论。严复海与党星等(2007)将风险管理思想发展划分为三个阶段:①传统风险管理阶段(20世纪50年代);②现代风险管理阶段(20世纪80年代末90年代初);③全面风险管理阶段(21世纪)。目前,学者们都强调全面风险管理是风险管理的未来趋势。

如上所述,不管哪个层次的风险管理思想,其具体内容都包括四个步骤:①风险识别;②风险度量;③风险评估;④风险防范等方式。最终的目的是对风险实施进行有效管理,实现最小化标的物的风险损失。

---

① 外汇储备管理内容包括两个方面:外汇储备规模管理和外汇储备结构管理。其中,外汇储备规模管理,主要涉及一国什么样的外汇储备规模,即适度的外汇储备规模方面的探讨;外汇储备结构管理,主要涉及外汇储备资产的配置方面的探讨。

② Guidelines for Foreign Exchange Management. Accompanying Document. IMF, 2003.

基于此，本书按照风险管理过程提出现阶段中国外汇储备有效管理内容：从分析东亚经济体高储备形成的机制原理来识别风险，从中国外汇储备增量与存量发展趋势评估风险，根据他国趋势结合理论提出风险防范思路与对策，最终形成完整的现阶段中国有效外汇储备管理内容。

第二节　文献梳理

一、外汇储备管理理论

以时间为标准，外汇储备管理理论发展到现在可分为传统的外汇储备管理理论和亚洲金融危机以来的外汇储备管理理论①；以研究内容划分，可以分为外汇储备数量管理理论与外汇储备质量管理理论；从国内外视角看，在该领域的研究文献中，国外的研究文献以理论创新为主，国内有关外汇储备管理问题的文献主要可以归纳为三点：①研究时间段集中在20世纪90年代至今；②实证研究方式较多；③理论创新方面较少。下面以研究内容为标准对外汇储备管理理论一一进行梳理和评述。

（一）外汇储备数量管理理论

外汇储备数量管理理论通常又称之为外汇储备规模管理，具体研究内容可归纳为：从持有外汇储备的成本与收益角度去思考一国应该持有的外汇储备规模，即探讨该国适度的外汇储备规模水平的问题。对此问题的探讨，主要从以下这两个方面展开：①有关适度规模定义；②适度规模的测算方法。

1. 适度规模的定义

J. M. Fleming（1964）首次对外汇储备的适度规模进行了定义，提出外汇储备增长率和库存量使一国的外汇储备的“缓解”程度达到最大化时，则该国外汇储备存量与增长率就是适度的；H. R. Heller（1978）基于弥补一国国际收支逆差的成本最小化视角对一国外汇储备适度的规模进行界定；J. P. Agarwal（1971）明确提出从持有外汇储备的成本与收益角度来衡量一国外汇储备规模是否适度，他认为外汇储备适度规模是处于使该国持有储备的成本与收益相等的规模水平。Laura Alfaro 和 Fabio Kanczuk（2007）认为测算

① 此研究对象主要是发展中国家。

一国外汇储备适度规模时，其考量的因素，要包括该国持有的外债，即将外债规模纳入分析该国适度规模的分析框架中；2008 年以后，大量研究文献强调外汇储备应该发挥抵抗危机的功能。比如 Romain Ranciere 和 Olivier Jeanne（2008）认为决定小型开放经济体外汇储备的适度规模的主要因素是：抵抗危机与外汇储备的持有成本两个因素；Barnichon（2008）构建了最优外汇储备水平的分析框架，提出外汇储备应该考虑作为缓解外部经济准备的观点；Joshua Aizenman，Yothin Jinjarak 和 Donghyun Park（2009，2011）从预防危机角度来探讨最优的外汇储备；Joshua Aizenman 和 Yi Sun（2012）从汇率变动与外汇储备变动的联动关系来探讨最优的外汇储备。

2．适度规模的测算

针对如何更加科学测算外汇储备适度规模，学者长期努力不断完善测算的方法，即努力使测算方法的准确性与可行性完美结合起来。学者最初主要运用经验比例法，如：①外汇储备/GDP；②外汇储备/货币供应量；③外汇储备/外债等。20 世纪 60 到 70 年代，学者从边际变量视角与回归方法进行测算，如 H. R. Heller（1966）、Clark（1970）及 J. P. Agarwal（1976 ）以持有外汇储备的边际成本与边际收益是否匹配作为衡量标准。J. A. Frenkol（1971）、M. A. Iyoha（1976）运用计量回归方法来测算经济体应持有的外汇储备规模。20 世纪 80 年代之后，学者们努力完善测算方法的准确性，且研究对象越来越集中于发展中经济体，如 Frankel 和 Edward（1984），Landell Mills（1989），Flood 和 Marion（2002），Bird 和 Rajan（2003），Aizenman、Joshua 和 Jaewoo Lee（2005，2006，2007）等，但这些研究均会涉及量化持有外汇储备成本和收益是比较难的共同话题。2012 年，Olivier Jeann 和 Romain Rancière 通过构建一个小型的开放经济模型，推导出外汇储备最佳水平的计算公式，其实证的结论能解释许多新兴市场国家的外汇储备量，但对中国高储备现象的解释力度不大。在欧洲主权债务危机发生的背景下，Linda Goldberg，Cindy E. Hull，Sarah Stein（2013）探讨了发达国家的外汇储备规模是否合适的问题，该模型与其他文章理论模型一样，测算的适度规模与持有国实际外汇储备规模有一定的差距。

梳理以上研究文献可知，通过本书中理论模型测算得到的最优适度规模的外汇储备与东亚经济体实际持有的外汇储备规模有一定的差距，并且 2000 年至 2014 年二者规模差距在扩大，从中可以推断：已有的理论模型对经济体解释力有待进一步修正（因理论模型测算规模只能解释经济体实际持有外汇储备的部分规模)。

3. 适度规模国内学者的研究

国内学者关于适度规模的研究多集中于运用国外学者的理论来进行实证验证与分析。比如钟伟（1995)、魏晓琴（2004)、李昌宝（2006)、余维彬（2007）等先后运用成本收益分析法；许承明（2001）运用比例分析法；王国林（2003）运用定性分析法；朱孟楠（2005）运用回归分析法；王丹（2004）综合使用多种方法；滕昕（2007）运用径向基神经网络法；谢泽林（2009)、宋娟（2010)、袁恩泽（2011)、喻海燕（2011，2013）等国内学者从不同的角度进行实证分析，实证结果均显示：中国外汇储备规模超过理论中适度规模的水平。

但近几年，国内学者也开始构建新的理论模型去探讨中国外汇储备适度性的问题，如国内学者姜波克、任飞（2014）从内外均衡新的视角理论探讨外汇储备适度性，以此来重新评测中国外汇储备规模的合理性。

因此，通过梳理以上文献可知：①已有的关于外汇储备规模方面的研究文献，对适度规模的定义在不同时期有不同的理解；②测算经济体最优外汇储备规模的方法，存在精准与可行性二者不可兼得的难题，存在许多挑战。

（二）外汇储备质量管理

外汇储备的质量管理，理论界也常称之为外汇储备的结构管理，其主要探讨外汇储备在资产类型和投资工具两个方面如何进行合理搭配的课题，即研究一国政府对所持有的官方外国货币如何进行组合投资管理。目前，该领域主要从四个方面进行探讨：币种结构、资产结构、地域结构和期限结构，其思路通过这四个方向的调整实现一国外汇储备资产的保值与增值的目的。因此，对此领域的研究文献可分为：结构管理、风险管理以及投资运用三个篇章。

1. 结构管理

第一，币种配置。

关于外汇储备币种如何进行选择研究文献中，多以 J. Tobin 和 H. M. Markowitz 的资产选择理论为理论依据，最早测量经济体外汇储备合理币种结构的方法以“均值—方差分析法”为主，比如 Harris 和 Chin（1991）运用该方法考察了韩国 1980 年—1987 年间的外汇储备币种构成；Ben - Bassat（1992）同样以此方法研究了以色列的外汇储备币种构成。随后，采用外汇储备币种结构的交易视角分析法，比如 Heller 和 Knight（1978），Michael. P. Dooley（1987），Dooley，Michael P. Dooley，J. Saul Lizondo 和 Donald J. Mathieson（1989），Barry Eichengreen 和 Donald J. Mathieson（2000），Pierre Cardon 和 Joachim Coche（2004），Pringle 和 Carver（2005）等。

2000 年后，部分学者依据干预视角分析和模糊决策理论来探讨互换协议在外汇储备结构管理中的作用，以此来估测经济体外汇储备的合理币种结构。这些学者分别是 Srichander（2000），Elias，Richard 和 Gregorios（2006），Roland Beek 和 Ebrahim Rahbari（2008），Joshua Aizenman，Yothin Jinjarak 和 Donghyun Park（2011），Lukas Menkhoff（2012）。其研究结果均表明，只有有限的一些互换品种可以替代储备。

第二，资产配置。

在有关一国外汇储备如何进行资产配置的研究文献中，均是基于这样一种逻辑进行探讨：首先明确外汇储的主要功能是什么，然后围绕如何促使外汇储备发挥该种功能来思考如何进行资产配置，且研究文献对外汇储备发挥什么样的功能，均是以 Paul Davidson（1982）将外汇储备资产分为三种类型为依据，其中：第一种类型为营运资产，满足日常的对外交易支付需要；第二种类型为储备资产，满足应付突发性对外支付需要；第三种类型为投资资产，满足资本增值与利益收益的需要。在实际运用中，虽都以此分类为基础，但学者对外汇储备发挥什么样的功能最为紧要的观点各不相同，如 Roland Beck 和 Ebrahim Rahbari（2011）把外汇储备功能重点放在第一类和第二类上，因此提出观点：央行外汇储备的最佳投资组合是能应对在资本流入突然停止的情况；而学者 Pierre - Olivier Gourinchas，Hélène Rey Kai Truempler（2011）主要突出外汇储备第三种功能，提出通过分析双边对外头寸权益的估值变化，来构建外汇储备资产投资组合。

伴随次贷危机对全球经济持续的影响，在近期，研究文献对外汇储备发挥什么样的功能开始出现一些新的解读。例如，Cindy E. Hull 和 Sarah Stein（2013）从主权信用危机角度来关注发达经济体持有的外汇储备的资产结构类型。

第三，结构管理国内学者的研究。

国内学者对外汇储备结构领域的探讨同样始于 20 世纪 90 年代，从定性与定量视角进行研究探讨，其主要贡献体现在：对一国外汇储备最优币种结构进行量化。比如学者李楚霖（1997）、马杰（2001）、朱淑珍（2002）运用

H. Markowitz 的组合投资理论对中国外汇储备币种安排进行探讨；后期国内学者开始量化研究中国外汇储备具体的结构现状，如李振勤（2003）测算中国外汇储备结构，得到的研究结论为：美元占比大约为70%，欧元占比约为15%，日元占比约为10%；张文政（2005）测算中国外汇储备币种权重，研究结果为：美元权重为63%，欧元权重为20%，日元权重为5%；李成、杜志斌（2006）测算权重后，得到的研究结论为：美元约占60%，欧元约占20%，日元约占13%。

2006年后，越来越多的国内学者从形成的原因角度来评测中国外汇储备资产结构的合理性。如王国林、牛晓健（2006）从年度和季度视角分析中国外汇储变化的情况及其原因；滕昕、李树民（2006）从中国外汇储备币种和资产结构的特点及其变动的原因角度进行分析；杨胜刚、谭卓（2007）从中国外汇储备货币结构管理思想进行原因分析。

次贷危机发生后，国内学者增加更多新的视角来探讨中国外汇储备资产的结构问题：从投资视角探讨中国外汇储备资产配置的问题，如杨胜刚、龙张红（2008）运用基于双投资基准和多风险制度的投资组合模型实证研究与分析中国外汇储备币种结构的配置；朱孟楠（2009）研究中国外汇储备资产结构的转化问题，提出如何将美元资产转化为其他资产是重点，而美元资产的转化主要涉及币种多元化和资产形式多元化；龙张红（2010）建立基于效用最大化下外汇储备币种结构理论模型，该模型用三次效用函数刻画外汇储备在安全性、流动性和收益性三性原则之间的权衡关系；喻海燕（2010）构建了中国外汇储备有效管理的体系；王荣（2011）则运用波士顿矩阵分析中国外汇储备的最优结构；王韬、何巍（2011）采用多层次外汇储备管理来探讨中国外汇储备的货币结构；杨艳林（2013）从中国外汇储备资产低收益的原因来探讨资产结构的调整。

2. 风险管理

在经济与金融全球化时代，各国金融市场面临的风险敞口日益加大，基于此，国内外学者和机构组织们围绕外汇储备如何进行风险管理进行大量的研究，其文献的研究框架均以 IMF（2001，2003，2005，2011）制定与修订外汇储备风险管理为基础，而且随着 IMF 的框架修订，研究文献对外汇储备风险管理的研究重点也随之改变①。

---

① IMF（2013）针对这次金融危机对外汇储备风险管理提出新的看法。

第一，国外的研究状况。

国外对这部分内容的研究，分为理论与实证研究两部分。①理论研究。理论研究包括测量风险和操作风险两个方面，且分别探讨在正常条件和极端情况下这两种情形。其中测量风险理论研究涉及两方面：正常情况下外汇储备市场风险的度量方法有修正久期法、VaR 分析法、历史模拟法、蒙特卡罗模拟技术等；非常态下的极端情况方法为压力测试，有 KMV 模型、McKinsey 模型等。针对操作风险理论研究有：内部衡量法、损失分布法（LDA）和极值理论的 POT 法。②实证研究。Bert 和 Han（2004）考虑外汇储备市场风险，运用资产平衡表模型，对央行资产面临的潜在收益和损失进行了估计和度量；Lev 和 Hyman（2004）在外汇储备的债券资产部分市场风险的管理中运用雷曼兄弟市场风险模型进行分析；D. Delgado，P. Martínez 和 E. Osorio（2004）在考虑外汇储备资产流动时间因素设计外汇储备流动性的危机模型，采用动态的分析法来剖析中央银行外汇储备流动性的危机发生的可能性；Calballero 和 Panageas（2008）构建一个基于外汇流入“骤停”的全球均衡模型，且用来讨论新兴经济国家和地区在外汇流入“骤停”时的应对机制；Lukas Menkhoff（2012）从汇率的角度来谈外汇储备的风险。

第二，国内研究状况。

关于外汇储备风险管理的内容，国内研究主要贡献在定性研究方面，且研究多集中于 2007 年后，如朱孟楠、喻海燕（2007）总结外汇储备风险管理内容为：风险的辨识、风险的度量、风险的控制以及风险管理效果评估；张丕强（2007）从外汇储备风险的静态与动态角度，总结外汇储备风险管理的演变过程，同时阐述了相应外汇储备风险管理的技术与方法；孔立平（2009）主张从金融资产和非金融资产两个角度对中国外汇储备的资产进行优化配置，来降低中国外汇储备的不确定；王侠（2010）提出一系列防范和化解中国巨额外汇储备规模的储备风险思路的对策建议；王硕、曾诗鸿（2010）给出降低中国外汇储备边际在险价值、增量在险价值和成分在险价值合理的建议；朱孟楠、胡潇云（2011）构建了主权财富基金投资风险三因素评估体系（CSC Assessment System），其思路为：把主权财富基金作为降低中国外汇储备风险的一个方向，重点研究中国主权财富基金的投资风险的规避；朱孟楠、赵茜（2012）从外汇占款的角度探讨外汇储备的风险；邱冬阳、姚雅、王全意（2013）采用实证与定性研究方法剖析了中国外汇储备的形成带来的风险。

总之，基于风险视角探讨储备资产的配置，目前还没有形成统一的结论，而呈现的是：采用不同实证分析方法，有不同的实证结果，就有不同的资产配置建议。但是，进行多元化资产配置是降低外汇储备风险的主流声音。

3. 投资与运用

国外关于外汇储备投资与运用的研究始于在20世纪初，国内对这方面的研究探讨多出现在2007年后。

第一，国外研究状况。

学者Putnam（2003）首次提出一国中央银行外汇储备投资的指导意见，建议将外汇储备资产分为用于应付流动性短期需求与用于应对流动性长期需求的两部分；Fisher和Lie（2004）提倡一国的外汇储备应多投向新的信用工具。他认为，传统外汇储备投资策略过度限制外汇储备的资产组合，新的信用工具可以优化传统的外汇储备投资组合，因此，有助于外汇储备投资组合的风险与收益进行较好的配置优化，以此达到提高外汇储备的投资效率的目的；Yonnian Zheng和Jingtao Yi（2007）提出四种思路解决持有大规模外汇储备的风险：①提高外汇储备对外投资的效率与通过增加商品进口来提升国内的消费水平；②藏汇于民；③资本项目逐步自由化；④外汇储备实行资产配置多样化，并且他认为这些措施是可以相互促进，相互推进。

第二，国内研究现状。

由于中国外汇储备大规模、高增长的现状，国内学者在该领域研究的文献比较多，且从不同的角度提出了许多如何进行外汇储备管理的建议与想法，如国内学者孔立平（2007）提出：①中国应减少对美国国债的持有，且在美元资产中应根据债券久期进行结构和期限的调整；②增加黄金储备份额，建立战略物资储备；③一方面要充分利用大规模的外汇储备来引进国外先进技术和关键设备，另一方面则扩大中国的对外直接投资和海外收购；严启发、张国君、牛利剑、侯晋、李强、李超（2007）等学者均建议：应以国家战略储备视角考虑外汇储备投资的方向，建立实物型储备，如石油储备等；或者建立非实物型的战略储备，如购买他国资源类企业股票、参股他国的资源矿藏等，且进一步提出他国股权投资是中国政府外汇储备投资主攻的方向的建议；陈荣、谢平（2007）建议利用巨大的外汇储备来加速提升人力资源，实现提高中国外汇储备资产投资效率的目的；冯晓华（2008）建议一方面可通过扩大对外投资来提高外汇储备投资收益率，另一方面通过国内运用来提高外汇储备资产的效益，比如运用外汇储备资产建设有利于提升国计民生的软的与硬的基础设施，达到助推中国对外贸易结构的优化的战略。罗航（2009）借鉴日本外汇储备成功的管理经验，提出中国外汇储备管理应该加大藏汇于民的力度，以此增加外汇的私人持有量，进而化解央行因大量持有外汇储备而面临巨大的外汇储备投资风险与汇率风险，同时也实现了一国外汇使用形式的多元化，提高了外汇资金的使用效率的目标。近几年，关于外汇储备的投资与运用的研究结论偏重于长期化、多元化和战略型，如丁志诚（2011）提出中国外汇储备运用一方面注重对石油、天然气、高新技术和先进设备的购买，另一方面通过加大力度鼓励中国企业走出去的方式，来扩大外汇资金的境外商业性投资。易纲（2012）提出中国的外汇储备投资方向应将继续转移至欧元区与欧洲的市场的建议。

另外，有学者主张成立主权财富基金来化解中国外汇储备投资与运用面临的困境，进而达到提升中国外汇储备资产的投资效率的目的。如国内学者任永力（2007）研究了主权财富基金长期最优的资产组合和最优的货币组合；喻海燕（2008）对中国投资有限公司资金运用、投资品种、投资渠道等进行研究；朱孟楠（2009）分析了美国2007年次贷危机后全球主权财富基金的投资新动向；李海闻（2010）则以投资组合理论为基础，建立模拟资产池，对中国主权财富基金的投资风险管理进行模拟分析，得出主权财富基金投资组合应为石油、美国股市、黄金、美国国债，且其相应的占比依次加大的结论；谢平（2010）从微观角度对主权财富基金的资产配置、公司治理、透明度和信誉度进行了探讨；陆黎雪（2011）借鉴国际资产投资理论，来研究中国主权财富基金的全球资产配置模式与操作策略，通过组合效果检验来构造适合中国主权财富基金的全球资产的基本配置；马放、陈伟忠（2013）通过梳理各国的主权财富基金的状况，提出与以上学者相应的政策建议。

梳理与分析以上文献内容表明：长期以来，有关外汇储备如何进行管理的探讨，观点之多，对策之不同，均源于外汇储备功能演变，亦即在不同时期，外汇储备功能发生变化，因而构成每个经济阶段外汇储备有效管理的内容也随之不同。由此，本书基于已有的研究文献基础与研究逻辑，根据国内外经济环境变化，延伸了巨额外汇储备功能，以此为基点来探讨现阶段中国外汇储备有效管理新的内涵、新的内容。

二、 主权财富基金（SWFs）的经济效应

目前，主权财富基金（SWFs）是引人注目的一个投资机构类型。在全球金融市场上，其投资风格属于追求高收益和接受高风险的类型。至今，学者已从不同视角去研究该投资机构。在众多的研究主题中，其中，主权财富基金（SWFs）多元化投资策略将会产生什么样的经济效应是多数学者研究的对象。目前该领域研究结论表明：随着主权财富基金（SWFs）的资产规模的壮大，它将势必改变全球目前“中心”与“外围”的经济与金融的格局，亦即影响目前呈现的发达经济体与发展中经济体、发达与发达经济体、发展中与发展中经济体彼此之间的经济与金融关系，进一步而言，研究结论一致认为：外汇储备的投资策略或者投资战略将影响汇率水平、全球资产价格水平与波动、国与国之间的资金流动，最终将影响世界经济发展的格局。下面将从金融市场稳定性、金融市场主体与结构、资产价格以及全球储备结构四个维度来梳理主权财富基金投资策略产生的经济效应的研究文献。

（一）金融市场稳定性

关于主权财富基金是否有利于金融市场的稳定性，研究文献结论有着决然不同的观点，分为：①对维稳金融市场具有正向力量的作用；②对维稳金融市场具有反向力量的作用。如学者 Johnson（2007）认为主权财富基金（SWFs）有利于全球金融系统的稳定，其理由是：主权财富基金的投资期限是长期型，采取的策略一般是“购买并持有”，并且资产价格在下跌时主权财富基金会进入市场，因此主权财富基金对维稳金融系统起到正向的作用。Lowery（2007）明确提出，主权财富基金的资产配置对全球金融市场的稳定性起到积极的作用，缘由是：主权财富基金是一种官方性质的投资机构，其资金来源是一国的多余储备，而资金投资的对象多为需要平衡预算的经济体以及需要资金的经济体。Devlin（2007）的观点则很中性，他的研究结论是：主权财富基金对全球金融市场稳定性没有带来直接威胁。Gieve（2008）的观点很正向，指出由于主权财富基金给接受资金的经济体提供了持续性的资金支持。因此，他认为该行为有助于全球资产配置效率的提高与全球金融市场功能的提升。Gomes（2008）的研究结论表明：主权财富基金在国际金融市场上的角色是维稳的。他认为，作为长期投资者的主权财富基金是一个具有

优质流动性的资金供给者，能减缓金融市场剧烈的波动。由此提出，主权财富基金在金融市场上是一个稳定角色。学者谢平（2009）也持同样的观点，认为主权财富是为金融市场提供稳定的力量①。

但是也有许多的学者持相反的观点，认为主权财富基金规模的壮大会加大全球金融市场的波动。持有该观点的研究文献在2007年后开始大量涌现。如学者Portes（2007）认为主权财富基金是不利于金融市场稳定的，因为巨大规模的主权财富基金瞬间转移资金的行为，将会导致金融市场面临巨大的不确定性；Griffin（2007）也持有相同的观点，指出规模巨大的主权财富基金，已经超过国际金融市场上的超谨慎性类型与保持流动性类型的投资主体的规模，因此，这样将会导致国际金融市场的经济活动多以短期型、高收益型为主，造成国际金融市场不平稳性剧增；Lowery（2007）认为主权财富基金不利于金融市场的稳定性，本书提及的原因为：主权财富基金投资策略的不透明性，将造成市场上细小的谣言与评论都将可能引起市场的恐慌，致使金融市场的强烈震动；Weisman（2007）持有相同的观点，认为主权财富基金的资产出售会造成资金抽逃，最后引起恐慌和危机；但Jen（2007）和Shabbir（2009）的观点不是很明确，Jen只是提出主权财富基金的出现与规模的壮大将彻底改变全球的资金运作轨迹，随之而来金融市场将会面临新的风险；Shabbir则从三个层面②探讨主权财富基金对金融市场的影响，文献的观点为：主权财富基金对国际金融市场既有维稳也有破坏的作用。

（二）金融市场主体与结构

学者不仅只关注主权财富基金对国际金融市场稳定的探讨，还进一步关注其对全球资本市场主体、结构架构以及资产价格水平等方面的影响。对该领域关注较早的是国际货币基金组织（IMF）。国际货币基金组织在2007年提出主权财富基金在资本跨国界的流动与全球资产配置的经济活动里已扮演了主角；Johnson、Garten和Kern（2007）也表明同样的观点：在21世纪，主权财富基金将越来越成为具有非常大影响力的投资者，并且由于主权财富基

---

① 谢平等学者的研究结论为，它从三个方面稳定全球金融市场：第一，投资期限的偏好是长期的，起到改善全球收支失衡的作用；第二，提高发展中经济体的资金配置效率，因为主权财富基金是一种跨区域很大的投资主体，增强资金有效率的流动性；第三，对金融市场的起到“稳定器”的作用，因为主权财富基金是“逆周期”投资策略。但主权财富基金以上的功能得以发挥，相应的监管是关键因素。

② 母国、东道国和全球金融系统。

金是一个官方性质的投资者，这将势必改变目前以私人投资者为主的全球金融市场的市场主体格局；Kambayashi（2007）的观点更是明朗，他认为，在不久的将来，全球债券和股票市场里主权财富基金将扮演影响巨大的购买者，未来将会呈现，最大的公司均是官方持有的经济现象。因此，同年美国经济学家 Summers 明确指出，规模越来越大的主权财富基金将动摇目前的资本主义体系①，世界在 21 世纪后期将会掀起国有经济的浪潮。

因此，以上学者一致认为：在全球金融市场里，主权财富基金的地位将越来越不可忽视，它将改变目前全球金融市场的经济主体与金融市场的结构，并且进一步指出全球金融市场将会进入“国有经济”的时代。

（三）资产价格

目前，大部分研究文献以定性的研究方法来探讨主权财富基金对资产价格水平的影响，其研究与探讨的思路：通过分析主权财富基金与影响全球资产价格的其他因素之间关系，最终逻辑推理得出主权财富基金对全球资产价格的影响传导机制。近年，开始有少数学者运用实证方法量化主权财富基金对资产价格水平的关系与影响程度。

1. 国外研究现状

Plender、Tassell（2007）的研究结论表明：主权财富基金将提高安全资产的未来价格，如国债等有价证券。Brooks（2007）明确提出主权财富基金将降低全球股票价格以及其他的风险资产价格。Miles（2007）测算出随着主权财富基金规模的扩大将提高全球金融市场整体的风险容忍度。Park（2008）与 Shabbir（2009）提出主权财富基金对全球金融市场的资产价格一定产生影响。Bernstein（2009）、Lerner 采用市盈率指标，来探讨在不同时期主权财富基金对整体产业市盈率（P/E）的影响，认为其对不同阶段市盈率的影响是不同的。

部分研究文献则是从主权财富基金股权投资的经济行为来研究和探讨其对资产价格的影响：Raymond（2008）的结论是：当主权财富基金宣布投资某只股票时，该股票价格将受到短期的且积极的影响，但其影响不持久；Kotter（2008）、Bortolotti 和 Fotak（2009）通过分析 235 个主权财富基金以入股方式进行投资的案例，研究结论是：在主权财富基金持股的持续期内，主权

① 本书理解为：现在的资本主义体系表现的是私有制盛行。

财富基金入股行为对公司的影响路径是，从改良公司的经营状况到不利于公司发展的变化。Dewenter 和 Han（2009）同样也得出类似 Kotter 的研究结论，提出主权财富基金投资行为将带来两种显著的截然不同的回报：积极的或者是消极的。

2．国内研究现状

国内学者也从 2007 年开始关注主权财富基金兴起对资产价格的影响。娄刚（2007）、宋玉华（2009）以及谢平和柳子君（2009）预测了主权财富基金规模增加对全球资产价格的影响，研究结论表明：不断扩大的主权财富基金规模，会导致全球金融市场的风险厌恶系数总体呈逐年下降的趋势，影响全球金融与非金融资产的长期收益率。李锋（2009）的研究发现：①主权财富基金对所有资产的回报率影响是同向的；②无风险资产回报率对主权财富基金规模壮大的影响更为敏感；③对市盈率与风险溢价的影响是同方向的。谢平（2009）还具体指出主权财富基金对资产价格有显著影响的时间，提出在 20 年后主权财富基金会对资产价格有显著的影响。李锋、宋玉华（2012）对中国主权财富基金的投资绩效进行了研究。

（四）全球储备结构

有关主权财富基金是如何影响美元世界地位与目前全球储备结构的探讨，多数文献均基于主权财富基金的全球资产配置与传统外汇储备资产配置有着的巨大差异①的视角来展开讨论，研究观点为：随着主权财富基金规模扩大，必将会削弱目前美元的世界“中心”地位，进而必将影响全球储备结构改变的结论，具体演变逻辑为：主权财富基金的投资领域不仅会在美国，还将会更多涉及到日本、欧元区和新兴市场经济体等其他地区，投资地域的改变一方面必将降低美国一直享受全球融资的便利性，即削弱了美元的“中心”地位，另一方面将促进新兴经济体间的经济往来与投资合作，进一步优化新兴经济体内部资源优化与整合。因此，本书认为，国际经济动态的该种变化，有利于区域货币一体化或者货币联盟的诞生，为进一步推进今天国际货币体系（或称为复活布雷顿森林体系）的改革提供利好条件，实现降低长期以来全球经济发展不平衡程度的目的，正如学者提出的如下观点：①主权财富基金的壮大必将影响美元的国际“中心”地位；②非储备经济体甚至储备经济

① 这种差异包括储备币种结构的差异、金融品种的差异和资产配置地域的差异。

体的外汇储备结构均将呈现非美元化的调整趋势。

1. 国外研究现状

学者 Lyons（2007）指出，发达经济体的保护主义，造就更多的主权财富基金的投资流向新兴经济体的金融市场。该经济行为首先会促成新兴经济体的外汇储备资产的货币多元化格局的形成，其次提升新兴经济体与主权财富基金的经济效应。这两方面的作用将进一步提高新兴经济体金融市场的投资地位，同时削弱美元及美国资产的投资吸引力，最终将会降低美元和美国在世界的“中心”地位。Portes 和 Turner（2007）等也认为，由于主权财富基金采取的是一种较传统投资策略更为积极的投资策略，意味着将有比以往更多的美元资产退出储备资产配置结构中，此经济行为必将会影响美元对外的币值以及美元在全球的对外经贸与金融活动中目前的“不可撼动”的地位。Portman（2008）认为，从主权财富基金规模的壮大长远来看必将破坏美元全球重要储备货币的地位，美元地位将越来越被弱化①。

当然也有些学者观点相对谨慎，如 Jen（2007）认为，尽管随着主权财富基金规模的扩大，将有助于提升欧盟的欧元、英国的英镑和日本日元等国际货币地位，但是在此过程中是不会发生大量抛售美元的现象，由此该经济行为对美元目前的世界“中心”地位不会构成很大的冲击。

2. 国内研究现状

国内学者宋国友（2007，2010，2013）认为，主权财富基金规模的壮大必将导致的外汇储备投资多元化，将破坏目前美国与发展中经济体现有的“金融恐怖均衡”的经济与金融关系。这将不利于美国经济的增长与可持续发展，由此：①将会危及美元币值的稳定；②长期以来的美国金融霸权也将面临挑战；③最终改变美元的中心地位和目前的各国的储备结构。范德胜（2012）、张冬（2013）也得出同样的结论。

在定性研究文献的基础上，近些年，部分学者采用数量与计量模型和其他实证分析方法来定量测度主权财富基金是如何影响美国的资产吸引力、美

---

① Portman（2008）认为新兴市场逐渐认识到，美国的美元如果继续呈贬值的趋势，将会给该国的经济带来更大的通货膨胀压力和加剧该经济体国际收支更不平衡。这些新兴经济体将会放弃钉住美元的汇率制度，这意味着原本以维持本币与美元汇率的稳定性为目的的美元将从该经济体的外汇储备资产中被转移走，即这些经济体将会调整本国的外汇储备的货币结构。这些国家的外汇储备结构的调整，将会引起美元在国际货币体制中的“中心”地位，即意味着美元将会出现长时期的走弱，因为目前新兴经济体的外汇储备占全球外汇储备的70%或者80%的份额。

国货币币值的稳定、美国对外负债等的影响程度，因此，这些研究者可誉为：主权财富基金是如何改变国际上既定储备货币结构的定量研究先驱者。但不管是定性还是定量研究，研究结论均表明：主权财富基金的出现将会改变世界长期以来既定的经济与金融格局。

三、 风险管理的理论研究

目前对风险管理的认识已经遍布各行各业，但“风险管理”的概念直到20世纪50年代才被格拉尔首次提出，且在60年代成为比较系统的研究理论①。随后，从70年代开始，发达的经济体的各行各业进一步探讨如何进行风险管理，形成内容比较详细的风险管理理论。80年代后，世界进入了风险管理的高潮，理论界对其进行更深入的研究与探讨。在研究与探讨过程中，风险管理领域出现了许多的风险管理理论。下面将梳理几个重要的风险管理核心理论。

1. 投资组合理论

投资组合理论，研究的对象是金融资产在不确定条件下如何进行配置与组合的问题，投资组合理论被称之为风险管理理论的基石。该理论是Markowitz在《资产组合选择》（1952）一书中提出的，随后他和他学生及其他学者不停地致力去完善与丰富该理论，如在1959年Markowitz出版《投资组合：有效的分散化》一书，对投资组合理论进一步完善；在1963年William. F. Sharpe②提出简化的单指数模型。在William F. Sharpe的单指数模型提出后，继而被进一步丰富与完善，推广到多因素模型。这些理论将一步一步地深入探讨金融资产在不确定条件下如何进行配置与组合的权衡。

但该理论只适用于非系统性的风险，所以高储备多元化投资受挫是必然的。因为“中心—外围”的世界经济格局中，美国经济不好，其他经济体的经济发展也将出现问题，甚至更为严重，即目前国际金融市场上演的是一种系统性的风险，采用多元化投资策略对外汇储备资产进行管理，其投机效率当然不是理论中的成绩。

2. 博弈理论

博弈论，人们经常称之为对策论（Game Theory）。博弈论的实质是把激励

① 以梅尔与赫斯奇的《企业的风险管理》和威廉的《风险管理和保险》这两本书为标志。

② William. F. Sharpe是Markowitz的学生。

结构公式化，研究主体间的相互作用。目前，这种相互作用可分为冲突和合作的两个方向，也就是形成目前博弈论的两种类型：合作型博弈和非合作型博弈。在20世纪80年代中期，博弈理论被大量应用到经济学领域的研究中，用来刻画经济中经济主体间的关系，深入探讨经济主体间的行为以及经济主体行为的相互影响，并且将博弈理论运用到经济研究领域中，非合作型博弈是主要的研究方向。目前，非合作博弈理论可分为动态非合作博弈理论和静态非合作博弈理论，且这两者又可进一步分为动态或者静态的完全信息博弈动态或静态的不完全信息的博弈。博弈理论发展的支撑文献如下：

在1950年和1951年，Nash相继发表了两篇文章，一篇名为“博弈中的均衡点”，另一篇名为“非合作博弈”。在文中他谈及了两种不同类型的博弈，即合作博弈和非合作博弈。文章分别对这两类型的博弈进行介绍并加以比较，且在文章中提出“纳什均衡”① 的概念，这是非合作博弈理论的基石。以后的学者比较关注非合作博弈理论的进一步探讨，在1982年，Kreps与Wilson合作发表了一篇有关动态不完全信息博弈的论文，提出了序贯均衡的概念，这是对不完全信息条件下动态类型博弈的均衡概念的全新解释；在1982年，Milgrom提出了声誉模型（Reputation Model），他将不完全信息这个条件引入重复博弈，其目的是探讨合作行为是否会在有限次重复博弈中出现。

因此，将博弈理论运用到经济研究领域中，有利于分析既定的经济格局背后形成的原因及其将来的趋势。所以，在长期既定“中心—外围”经济格局中，本书将借鉴这一理论或者这一分析工具来剖析东亚经济体高储备深层次原因，亦为探明始于20世纪末到2014年6月中国为代表东亚经济体外汇储备高增长的形成机理。

本章小结

首先对外汇储备、“中心—外围”模式、复活布雷顿森林体系、美元陷阱、高储蓄两难、斯蒂格利茨怪圈、福利经济学第二定理、金融恐怖均衡、国家财富、主权财富基金、外汇储备管理、风险管理关键概念进行阐释，为本书剖析始于20世纪末至2014年6月东亚经济体高储备现象，认识该经济现象本质提供理论支撑；其次，梳理国内外外汇储备管理的相关研究文献，

① “纳什均衡”阐释主体间相互作用的一般情形，不限于两人的简单零和博弈。

对已有研究文献进行分类，并在此基础上评析研究结论对中国现阶段进行外汇储备管理的借鉴性，分析得知：已有的外汇储备管理理论及策略对于经济总量处于世界第二的中国来说，其参考性、可行性较弱；最后，梳理关于主权财富基金的经济效应、风险管理领域的相关研究文献，为本书从内生性视角构建有效管理中国巨大规模外汇储备而呈现的新思路、新策略、新内涵提供理论依据。

其具体的逻辑思路为：本书依据“中心—外围”理论，剖析出中国外汇储备管理面临凸显困境的实质，通过梳理与评述外汇储备有效管理内涵、国家财富、风险管理、主权财富基金以及主权财富基金的经济效应和其他相关的文献，且结合福利经济学第二定理的运用，为本书厘出理论依据——作为构建解决中国外汇储备管理面临困境而提出的思路与建议对策的理论支撑，如图 2.1 所示（图为本书理论依据与文献梳理的逻辑图）。其中，图 2.1 的左边文本框是表述文章内容框架的思路，右边文本框内容是服务于文章内容每部分的关键概念或是理论依据。

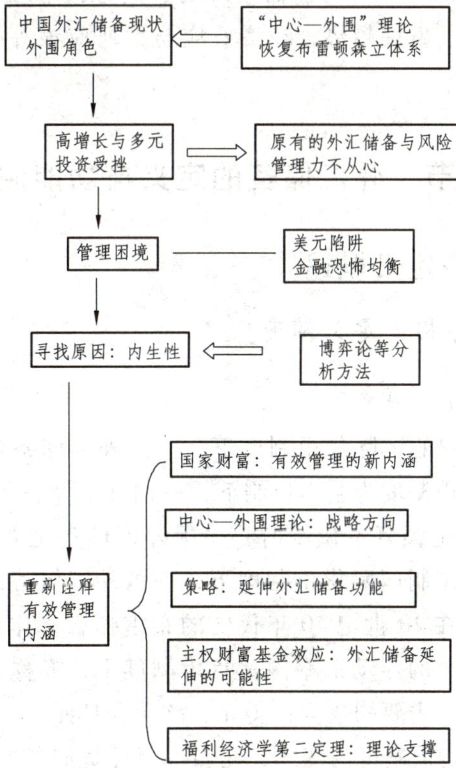

图 2.1　理论依据与文献梳理的逻辑图

第三章 内生性外汇储备

2003年，制度经济学家青木昌彦在一篇名为“沿着均衡上演进的制度变迁”的文中提出：“制度是博弈规则，亦是博弈均衡，而这博弈的均衡或博弈的规则是具有内生性的。”本书以制度经济学家青木昌彦对博弈均衡的理解，结合内生性变量的特征与运用博弈分析方法剖析东亚经济体外汇储备现象而勾勒出的形成机理，提出东亚经济体的外汇储备具有内生性的结论。为了更加形象地刻画目前高储备经济体尤其是中国在外汇储备管理上面临凸显的困境，本书创新性地提出内生性外汇储备的概念：内生于经济的外汇储备，其内生性是以经济主体间博弈的均衡而呈现的。同时，本书以它作为剖析中国高储备背后具体原因、发展趋势、经济效应与如何应该等问题的载体，并贯穿于全书之中。

第一节 外汇储备的定义与功能演变

一、 外汇储备定义概述

（一）外汇储备相关定义演变

1. 外汇储备客体的演变

回顾历史，在不同的国际货币制度下，一国外汇储备包含的具体对象也随之不同：在国际货币制度为金本位制下，一国外汇储备主要是以黄金构成；到了国际货币制度为金银复本位制时，一国外汇储备主要包括黄金和白银；紧随其后的金汇兑本位制国际货币制度下，一国外汇储备的客体构成除了黄金还有英镑和美元；在20世纪70年代前的布雷顿森林体系下，各国的外汇储备主要是美元；如今的浮动汇率国际货币制度下，亦称之为多元外汇储备时代下，各国外汇储备主要构成为：美元、欧元和日元。

因此，伴随国际货币制度的变迁，充当一国外货储备的客体也随之变化。发展至今，外汇储备的客体是主要世界大国经济的本位货币。

2. 外汇储备与国际储备的趋同

以往学术界的观点，非常明确外汇储备是一国国际储备中的一种储备资产。即外汇储备与国际储备是严格区分的，毫不含糊的。缘于国际货币基金组织（IMF）出版的第五版《国际收支手册》。在这本手册中对外汇储备与国际储备资产进行严格的区分，其中，在手册中详细列举了国际储备资产包括的对象有：①外汇储备；②特别提款权（SDRs）；③货币黄金；④在 IMF 的储备头寸等其他债权[①]。

目前，理论界许多学者对外汇储备与国际储备不加以区分，或者把之前称之为国际储备和外汇储备相应改名为广义外汇储备[②]与狭义外汇储备。这种等同的趋势到来，本书归结为四个主要原因：第一，来自目前国际经济与金融市场的深度与广度的发展，国际储备中的各种资产功能呈趋同性。第二，IMF 在 2008 年发布第六版的《国际收支和国际投资头寸手册》，在这 2008 年版的手册中，对国际储备与外汇储备的界定模糊，更进一步加深二者的等同感[③]。第三，对国际储备价值本质的认识。因为在今天的货币经济时代，各种储备资产价值最后都以外国货币来计价；第四，外汇储备在各国的国际储备中的占比都很大，均达到 80% 以上的份额。

在表 3.1 中，列出第六版的《国际收支和国际投资头寸手册》中国际储备的科目。结合表 3.1 进一步分析可知：第一，黄金在国际金融市场上是以美元来计价和结算；第二，特别提款权（SDRs）的价值最终是以美元来表示的；第三，在 IMF 的储备头寸是成员国的可用的储备份额[④]，具体来看，其价值也以外国货币形式来表示；第四，其他储备资产的科目均用外币表示。

因此，可以理解在 IMF 第六版《国际收支和国际投资头寸手册》中国际储备中的各科目或者各类资产实质均属于外汇资产。所以在本书中，在探讨

---

① IMF 出版的第五版《国际收支手册》。

② 对广义外汇储备的一般定义：货币当局可以获得且可以加以控制的可兑换外币的资产，资产的功能是满足该国不时之需，如满足国际收支支付的需求。

③ 因为在第六版的手册中，国际储备资产的定义为：由货币当局所控制并随时可利用的外部资产，且这些外部资产的功能是，满足国际收支的融资需求、干预外汇市场以及提升公众对该经济体信心。这与外汇储备功能的描述一致。且随着国际金融市场的发展，各种金融资产与狭义资产的功能越趋同。

④ 储备份额是国际货币基金组织成员国从基金组织以融资的方式支取的外币金额。当成员国是购买行为时，成员国将增加外汇，同时该国的储备头寸将减少；当成员国是回购行为时，成员国的外汇将减少，其储备头寸将增加，进一步而言，储备份额购买也被称为“黄金份额”，因为其实质就是外币或者外币计价的资产。

相关问题时也不对国际储备与外汇储备做严格的区分。

表 3.1　一国国际储备构成

1	货币黄金	金块
		未分配的黄金
2	特别提款权	在国际货币基金组织的储备头寸
3	外汇储备	外币以及外币存款
4	其他储备资产	对货币管理者的债权
		对其他实体的债权
		外国货币证券
		金融衍生品
		其他的外国货币债权

资料来源：参考 IMF 第六版《国际收支和国际投资头寸手册》。

（二）外汇储备的性质及内涵

1．外汇储备的性质

根据以上对外汇储备的界定，外汇储备的性质可归纳为：

第一，外汇储备必须由一国货币当局控制。在实际中，一国的货币当局是不同机构，因为在不同的经济体中，执行此功能的主体会有所不同，比如常见的有该国的货币委员、中央银行、财政部和商业银行等。

第二，外汇储备要具备一定的流动性，即外汇储备兑换为另外一种货币时，外汇储备的价值不会出现过大的损失。

第三，外汇储备是对外资产，是货币当局对该国非居民的债权。这意味着对该国居民的债权不属于外汇储备。

第四，外汇储备是一种存在的实际资产，因此属于或有债权的外汇资源不是外汇储备，比如，通过互换协议或者可支取的信用头寸而获得的外汇资源就不是理论中界定的外汇储备。

第五，外汇储备是一种可自由兑换的外币资产。

2．外汇储备的内涵

根据上文梳理外汇储备的五大性质，其内涵可以理解为：外汇储备是一种特殊货币，具有货币的一般功能，但同时又具有一定的特殊属性。

具体而言，外汇储备是可自由兑换的货币资产。在货币经济中，它具有一般货币的性质与功能①，体现为：①外汇储备具有交换媒介；②外汇储备是

① 因为货币的定义是：在商品或者劳务的支付中或债务的偿还中被经济体主体普遍接受的东西，且具有广泛接受性、标准化、携带性以及保质性的性质。

一种支付与流通手段；③外汇储备具有价值标准；④外汇储备具有贮藏价值；⑤外汇储备具有世界货币的职能。但与此同时，外汇储备又具有特殊的货币属性：它是一种必须被各国政府承认且同时被各国政府持有的货币。

所以本书用托马斯·A. 普格尔（2009）对国际储备的解读来概括外汇储备的内涵："一国国际储备是被该国政府接受和该国政府所持有的，且它可以作为该国与他国彼此之间的支付工具，是各国政府完全接受的一种类似货币的资产。"

二、外汇储备功能演变

到目前，关于外汇储备的功能或者作用已有较多的研究与探讨，相关研究结论表明：在不同的经济背景下，外汇储备所包含的客体发生了变化，外汇储备的内涵将也随之会发生改变。具体而言之，在不同时期，经济体赋予外汇储备的功能随之发生改变，其功能演变路径可归纳为：从最早的交易功能变迁到现在的稳定功能。因此，结合已有学者的观点，本书提出对现阶段以中国为代表的高储备东亚经济体外汇储备功能的界定。

（一）代表性的观点

美国经济学家保罗·克鲁格曼曾指出：官方的外汇储备是该国中央银行持有的一种外部资产。当该国经济出现不利情形时，该国外汇储备是可以充当舒缓该国经济这种不利情形的缓冲器。IMF 对外汇储备功能的阐释是：外汇储备是一国在国际收支出现逆差时可以使用的一种债权，这种债权还包括该国与他国中央银行之间、该国与他国政府之间的协议债券①。

对此问题探讨至今，理论界和业界对外汇储备的功能达成一定的共识：对于一个开放的经济体外汇储备是至关重要的。具体体现在以下几个方面：①其起到满足该经济体的对外支付；②提高该经济体的国际信用；③稳定该经济体的汇率水平；④预防该国发生金融与经济危机的发生；⑤外汇储备是可以充当该经济体政府借入外债的保证；⑥外汇储备可以作为管理该经济体代际储蓄与财富的工具。

---

① 这种协议的债券是不在市场上流通的，它既可以债权国货币来表示，也可以以债务国的货币来表示。

（二）外汇储备功能的归纳

以国际清算银行在2006年对外汇储备功能的总结作为本书对外汇储备应发挥的功能，具体归纳如下：

第一，外汇储备通过对外汇市场的干预发挥稳定经济体的汇率水平和市场的功能。

第二，满足经济体对外支付劳务和商品的需求，尤其是在该经济体没有外部资金流入时。

第三，外汇储备可为经济体提供紧急的流动性。

第四，外汇储备具有提升经济体的国际信用，起到向其他经济体筹资时可以降低融资成本的作用，与此同时还可以降低该经济体金融或者经济体危机发生的概率。

第五，满足经济体政府的对外采购的需求。

第六，有助于经济体流动性的管理①。

因此，在不同的经济背景下外汇储备功能演变逻辑可归纳为：伴随外汇储备所包含的客体及对其的界定会发生改变，经济体赋予外汇储备的功能、核心功能也会随之改变——就正如上文所梳理的外汇储备功能的数量以及功能重要次序均会有所不同。从过去至今，外汇储备功能呈现出：最早时期经济体注重外汇储备交易功能，而现代经济主体更注重外汇储备稳定功能——汇率稳定、宏观经济稳定②。

由此，依据外汇储备功能的发展逻辑，结合现阶段中国及整个东亚经济体外汇储备现状及其面对的国际经济环境，本书提出高储备外汇储备重点功能——缓解高储备带来"美元陷阱"的管理困境。

第二节　外汇储备的内生性

本节首先对内生变量的定义进行解读，对内生性变量特征进行归纳；其次列举中国及整个东亚经济体外汇储备直观的经济现象，依据内生性变量特征并结合相关经济理论的推断，提出中国及整个东亚经济体的外汇储备增长

① 经济体一般采取的措施有：外汇互换或者用外汇要求权作为抵押品。

② 经济与金融全球化的今天，对发展中国家而言，外汇储备功能从满足"支付短期外债、支付进口需求"等交易需求逐渐转变为以满足"吸收货币危机、提高国内货币信心、应付可能的金融风险以及应对灾难"等稳定性需求的功能。

具有内生性的假设。其中，东亚经济体外汇储备内生性的论证过程将在本章第三节深入探讨——外汇储备内生性形成机理分析。

一、 内生变量的定义

（一）常规的定义

目前，理论界对内生变量（endogenous variables）的定义没有一个严密且统一的定义。许多学者对内生变量的定义均是围绕与外生变量（exogenous variables）的不同点展开阐释，其阐释的内容概括为：①内生变量为模型要解释的变量；②外生变量着决定内生变量；③外生变量的变化是回应内生变量的变化。经济学领域对内生与外生变量的解释是：在一个经济模型中，内生变量是一种经济理论内所要解释的变量，是由模型决定的；外生变量是由模型以外的因素所决定，为已知变量，它是模型建立的外部条件。

（二）本书归纳的定义及特征

参考以上列举的对内生变量的解读，本书界定的内生性变量定义为：由经济机制内部的纯粹的经济因素所决定的变量，不为政策所左右，亦即在既定的经济环境，它的状态政策是无从控制的。由此本书内生性变量的特征归纳为以下几点：

第一，不为政府政策所控制。

第二，它表现的是一种“均衡”。

第三，变量的内生性不是一成不变的，它可以强化，也可以减退。

由此，在既定的经济环境下，内生变量是政策不可直达操控的对象，但如果能剖析出影响该变量的传导渠道或机制，对传导的渠道或机制进行相应的政策干预，则是可以对内生性变量的发展趋势进行一定的限制，最终达到有效管控内生性变量的目的。所以，以此思路，假设中国外汇储备是一个内生性变量得以成立，构建中国现阶段外汇储备有效管理内涵的整体思路——就是改变既定的国内外经济环境，促使变量间传导机制发生转变，中国外汇储备以高增长趋势自动减缓，管理所面临的“美元陷阱”困境也得以松解。

二、 东亚经济体外汇储备的内生性

（一）东亚经济体外汇储备内生性的直接表象

20 世纪末至 2014 年 6 月这段时期，中国及整个东亚经济体外汇储备规模均出现长时期持续的增加的景象，针对该经济现象，围绕中国及整个东亚经济体外汇储备规模是否合适涌现出大量的研究文献，其研究结论均是：经济体实际持有的外汇储备与模型测算的最优外汇储备规模存在差距，且这两者的差距呈现越来越大的趋势。经济事实现象与研究结论结合思考，本书认为：从2000年到2014年，中国及整个东亚经济体外汇储备的规模是一种自我强化的扩大趋势，具有不可控性，呈现内生性变量的特点，如图3.1、图3.2①所示。

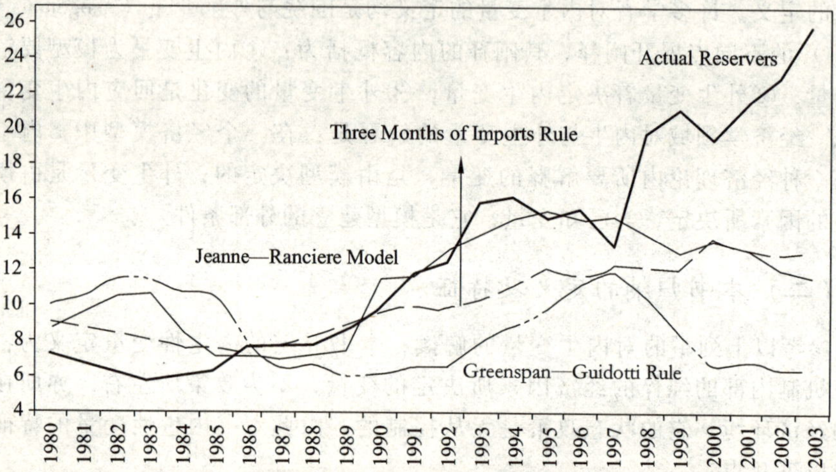

图3.1　1980—2003年东亚外汇储备规模与各种标准下最优规模

资料来源：Aizenman, Joshua. Large hoarding of international reserves and the emerging global economic architecture, 2007.

在东亚高储备经济体中，中国外汇储备增长地内生性直接表象更为突显。近些年，除了上文提到的中国实际持有外汇储备规模与最优外汇储备规模的差距在增大之外，中国外汇储备增长与人民币汇率水平同向变动的紧密关系也呈现逐弱化的发展势头。因为依据经典的国际金融理论，非储备型开放经济体的汇率水平（直接标价法）与外汇储备增长的关系应是同向变动的，即汇率水平上升，经济体的外汇储备增量应为正数，亦即汇率水平下降，经济体的外汇储备增量应为负数。但中国的现象是：始于2005年7月的中国外汇体制改革，到2008年，中国人民币累计升值幅度已达到16%（汇率水平下

① 这是根据传统的外汇储备的功能来测量东亚经济体和中国合适外汇的储备规模与实际持有外汇储备规模的比较图，从图3.1和图3.2可知，东亚经济体以及中国的实际与最优的外汇储备规模差距越来越大，外汇储备增长呈现自我强化的内生性变量的特征。

降），可是中国外汇储备从2006到2008年这一期间依然保持着快速增长，其中，2006年外汇储备增加2474亿美元，2007年与2008年两年年均增加额均超过4000亿美元。人民币币值升值趋势一直延续到2013年，但2013年中国外汇储备增加额更是创历史新高。由此揭示出中国外汇储备增长存在着较大的刚性，具有不为政府政策所控的内生性特征，且自我强化的趋势在增强。

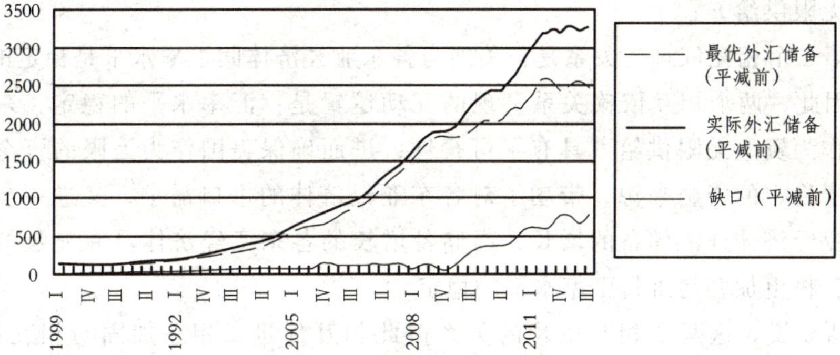

图3.2　1999—2012年中国外汇储备规模与最优规模

资料来源：作者基于需求动机测算的中国最优的外汇储备规模。

（二）东亚经济体外汇储备形成机理的内生性

这是本书的重点，具体内容将在本章第三节全面展开。

第三节　外汇储备内生性形成机理分析

“制度本质是博弈的规则，同时也是博弈的均衡，且这均衡和规则是内生的。”① 本节以此为理论依据对东亚经济体外汇储备具有内生性的假设进行论证：运用博弈论等分析方法和基于全球产品内分工视角来剖析东亚高储备经济体外汇储备内生性形成的机理，即使用数理模型逻辑推理东亚经济体高储备的内生性增长的过程，同时为本书提出内生性外汇储备概念提供理论依据。

一、外汇储备内生性形成机理分析一：金融恐怖均衡

金融恐怖均衡这个概念首次由美国前财政部长萨默斯在2007年提出来，

① 制度经济学家青木昌彦（2003）的观点。

被用来刻画美国与东亚经济体之间的金融与经济共生的关系。探究该共生关系的本质为：它是通过美国与东亚经济体①间资金供给与资金需求的循环来实现的。进一步剖析“共生”关系，表明这共生的经济与金融关系中，包含两个相互依赖关系：

第一个相互依赖的关系是：美国是资金的无限需求方，东亚经济体是资金的无限供给方；

第二个相互依赖的关系是：美国与各东亚经济体间汇率水平是稳定的。

因此，两个相互依赖关系呈现的互动逻辑是：汇率水平的稳定，东亚经济体作为资金无限供给方具有了可行性，进而确保美国作为无限的资金需求方有了稳定的资金来源，带动了对各东亚经济体的进口需求，又进一步助推各东亚经济体外汇储备的增长，高储备增长的各东亚经济体具有充足的外汇储备，将更加容易维持汇率水平的稳定。

所以说，这两个相互依赖的关系彼此相互促进、相互加固与相互依赖。三个相互依赖最终演变为美国与各东亚经济体间经济与金融关系的常态，形成了美国与东亚经济体之间相互依存的共生“均衡”的状态。

（一）金融恐怖均衡的形成及其东亚经济体的困境

东亚经济体与美国之间的经济与金融共生关系不是一蹴而就的，它是通过逐步演变而形成的：①首先有存在的基础；②促成共生关系得以产生与维持的推力。

具体而言：东亚经济体与美国之间的经济与金融共生关系是得益于20世纪40、50年代布雷顿森林体系的建立。因为布雷顿森林体系的建立，加速了世界经济的美元化，为如今美国和东亚经济体之间的“金融恐怖均衡”形成做了坚实的铺垫。对“金融恐怖均衡”的形成起到桥梁与催化剂作用的是：20世纪90年代经济全球化迎来了高峰时期，东亚经济体此时均加入了全球经济发展这一进程中。美国与东亚经济体间的“金融恐怖均衡”才得以真正形成，且一直延续至今。

这种看似美好的“共生”关系，为什么要用“恐怖”进行刻画呢？因为“共生”背后是一种脆弱的国际经济金融关系，尤其是2007年美国次贷危机的发生后，深刻暴露了美国与东亚经济体间“金融恐怖均衡”的脆弱性——

---

① 本书的东亚经济体主要是：中国、中国香港、中国台湾、韩国、新加坡、马来西亚、泰国、菲律宾、印尼。

高储备经济体面临凸显的外汇储备管理困境，其传统管理思路不具有可持续性。

1. 金融恐怖均衡的基本事实

（1）美国的财政赤字与经常项目赤字。

金融恐怖均衡的表现形式就是资金的供给与需求循环。美国回顾历史，作为此循环的资金需求方，早在20世纪40、50年代，就出现巨额的经常项目和财政赤字。尤其是从上世纪的90年代至今，美国经常项目和财政赤字呈快速增长的趋势。数据显示：2001年至2007年，美国政府年均财政赤字约为3700亿美元；2008年之后，该赤字额大幅上升，在2008年该赤字额上升至8450亿美元；2009年至2012年赤字依次为1.42万亿美元、1.471万亿美元、1.3万亿美元和1万亿美元。美国长期以来的经常项目赤字具体走势如图3.3所示。

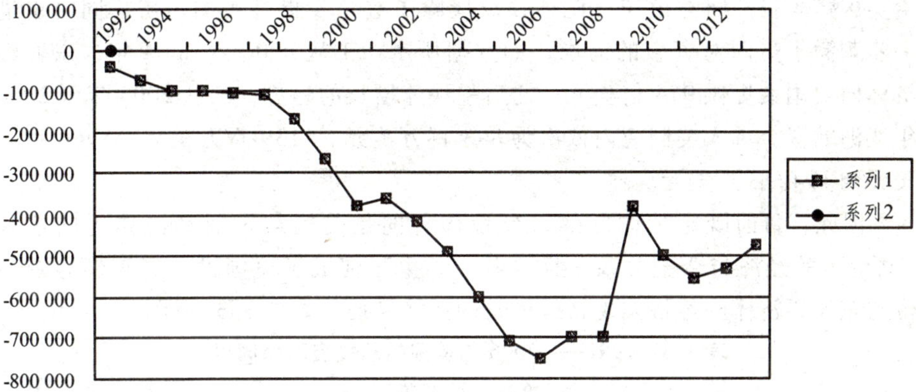

图3.3　1992—2013年美国经常项目赤字　单位：百万美元

资料来源：美国经济分析局. http://bea.gov/newsreleases/international.

（2）东亚经济体的外汇储备增长与外汇储备资产的配置。

作为共生关系的资金供给方东亚经济体，以强大的外汇储备作为后盾。尤其是进入2000年，东亚经济体外汇储备更是呈快速增长趋势，在全球外汇储备的占比一直在攀升，如表3.2所示，并且，各东亚经济体以美元资产作为本国外汇储备资产配置的主要对象。数据显示：从2002年开始，弥补美国经常项目赤字与财政赤字的资金来源从之前以国际私人资本为主转为现在以东亚经济体的官方资本为主。其中，2004年，东亚经济体的中央银行为美国外部赤字提供了近43%的融资（Beams，2004）。

表 3.2 2010—2013 年全球与亚洲发展中经济体的外汇储备

单位：百万 SDRs

时间	2010	2011	2012	2013
全球	6 016 042	6 647 424	7 126 187	7 586 889
亚洲发展中经济体	2 338 381	2 602 138	2 698 264	3 013 270

数据来源：国际货币基金组织的国际金融统计（IFS）。

（3）美国与东亚经济体“共生”强化。

进一步深入分析高储备东亚经济体以美国金融资产作为主要配置本国外汇储备的投资对象的行为，可知该经济行为将会更加强化美国与东亚经济体之间资金需求与供给的循环，因为：东亚经济体将从美国赚来的钱借给美国，该行为不仅为美国弥补经常项目赤字与财政赤字提供了稳定资金来源，满足美国不断增长对东亚经济体的进口需求，而且还拉低了美国资金利率水平，给美国带来资产财富效应，此连锁反应除了进一步提升美国消费，同时也进一步刺激了美国对资金的需求，如数据所示：①从 2000 到 2004 年，东亚经济体向美国共提供 974 亿美元，之后呈快速增长的趋势；②从 2003 年到 2006 年亚洲的资金流入美国境内依次为 893 百万美元、1139 百万美元、1966 百万美元和 1942 百万美元。

因此，目前既定的国际经济环境体现的是美国与东亚经济体之间这种“共生”的经济与金融关系，且两者“共生”促成了美国世界经济领导者地位与东亚经济体的经济实现持续增长的经济格局，如表 3.3 所示。

表 3.3 1992——2006 年美国的总投资和外国投资

单位：百万美元

时间	1992	1993	1994	1995	1996	1997	1998	
总投资	15 333	26 229	45 626	57 195	79 929	69 708	215 256	
外国投资	4 058	6 720	13 628	11 927	32 230	13 899	120 828	
时间	1999	2000	2001	2002	2003	2004	2005	2006
总投资	274 956	335 629	147 109	54 519	63 591	86 219	91 390	161 533
外国投资	120 878	105 151	23 134	13 650	27 866	34 184	40 304	50 906

资料来源：美国经济分析局. http://bea.gov/newsreleases/international.

2. 东亚经济体钉住美元汇率事实

国际金融理论表明，一个开放的经济体可以使用汇率这一工具改善外部失衡状况。但对于现实中的中国及整个东亚经济体，理论中理想工具没有如期进行运用，基于此经济背景下，本书提出中国及整个东亚经济体长期实行钉住美元汇率制（IMF，2001）的假设。下面将从几个方面来对该假设进行验证。

（1）外汇储备的波动。

Calvo（2000）提出东亚经济体倾向使用利率和外汇储备的变动来平抑东亚经济体汇率的波动的观点。这观点提出之后，许多学者采用实证的方法进行验证。目前，检验东亚经济体实际实行汇率制度的两种方法有：①检测官方外汇储备的变动和利率水平的变动；②检测汇率水平的波动[①]。这两种检验方法的结果均表明：截至目前，占绝对多数的东亚经济体实际采用的汇率制度是钉住单一美元制，个别东亚经济体实行钉住货币篮子汇率制度，而且在货币篮子中美元占绝大比重。

第一，外汇储备的规模。

东亚经济体外汇储备规模的增长是全球这一轮外汇储备增长中最让人关注的经济现象。数据显示，20 世纪 90 年代九个东亚[②]经济体的总外汇储备不到 20 000 亿美元，其中，在 1997 为 4000 多亿美元，呈持续增加趋势；1999 年其规模约达到 6000 亿美元；2000 年后，其外汇储备的规模呈迅速增加态势，2005 年，外汇储备规模为 16 992 亿美元，占当时全球总外汇储备存量 64% 的份额。以表 3. 2 为例，显示了即使在 2007 年发生次贷危机后，其后演变为全球经济危机的情形下，亚洲经济体外汇储备从 2010 年—2013 年仍继续呈现高增长的势头。据此，许多学者提出东亚经济体害怕汇率浮动的观点，东亚经济体采取的是以外汇储备的波动来实现外部均衡的目标。基于经济事实与学者观点，因此，本书提出东亚经济体实际实行的汇率制度是钉住美元制的假设。

第二，外汇储备的波动。

本书采用月度数据考察东亚经济体外汇储备规模的波动性。

研究的对象分为两组：第一组是中国内地、中国台湾、中国香港和韩国、新加坡与泰国、马来西亚与菲律宾以及印度尼西亚，第二组是美国、日本和德国[③]。

样本时间分为两个时段[④]：1990 年 1 月到 1997 年 7 月和 1999 年 1 月到

① 最早运用此检测方法的学者是 Benassy - Quere. Benassy - Quere. Exchange Rate Regimes and Policies in Asia. 1996.

② 九个东亚经济体：中国、中国台湾、中国香港、韩国、新加坡、泰国、马来西亚、菲律宾和印尼。

③ 因为理论界把美国、日本和德国这三国划分为完全自由浮动的经济体。

④ 本书考虑到始于 1997 年终于 1998 年的东南亚金融危机的影响。

2006年9月。

指标有两个：①外汇储备变动百分比的平均值；②外汇储备变动的平均百分比的标准差。表3.5为各国的外汇储备增长率的平均值与标准差。

统计结果显示：①在1990年1月到1997年6月期间，东亚经济体外汇储备规模变动的平均值与其标准差均大于美国的这两个指标；②与德国相应的指标相比，东亚经济体外汇储备规模变化的均值都超过德国的该指标数值；③与日本这两个指标相比，绝大多数的东亚经济体的指标均大于日本的相应指标。

因此，统计结果充分说明：①东亚经济体在1990年—2006年这期间为维持本国汇率水平的稳定，在外汇市场上进行干预的情形较频繁；②在1999年1月到2006年9月期间，东亚经济体的两指标都有下降的趋势，但均高于美国和德国的相应指标，说明在这段时期，东亚经济体在外汇市场上进行干预的情形较之前有所下降；③在此段时期，东亚各经济体的汇率水平的波动性相应增加了。实证结果与实际经济表现数据相符。

表3.4　各经济体外汇储备波动情形

单位：平均值（%）

时间	1990年1月—1996年12月		1999年1月—2006年12月	
	平均值	标准差	平均值	标准差
东亚经济体				
中国	2.38	6.01	2.07	1.47
中国台湾	—	—	0.25	2.04
中国香港	3.39	4.93	0.40	1.24
韩国	1.03	3.38	1.55	1.71
新加坡	1.48	1.56	0.61	1.54
马来西亚	1.33	7.05	1.20	2.65
泰国	1.22	2.68	0.70	2.19
菲律宾	3.39	13.68	0.71	3.19
印度尼西亚	1.64	5.06	0.78	4.54
发达经济体				
美国	-0.12	3.06	-0.20	2.60
日本	1.14	2.88	1.51	2.54
德国	0.73	0.38	-0.30	2.35

数据来源：IFS。

（2）利率水平的波动。

依据Hernandez（2003）的观点：在同一时间内，公信度效应的冲击在各经济体间是对称时，则一国经济体可采用利率工具来干预经济体内的证券市场，实现稳定该经济体汇率水平的目标。此观点得到许多学者的赞同。目前，学者对该观点进行量化操作，采用利率百分比变化的均值与利率百分比变化的标准差这两个指标来检测一国的利率水平波动情况，来判断一国实际实行什么样的汇率制度。

本书同样也借鉴该指标体系来观测东亚经济体的利率波动情况。样本期间同样分为两个时段：1990 年 1 月到 1997 年 7 月和 1999 年 1 月到 2006 年 9 月。研究对象：第一组与前文第一组包括对象相同；第二组，美国、德国。研究数据为月度数据。统计分析结果如表 3.5 所示。

统计计算的结果显示：①除了中国，且其他八个东亚经济体的相应指标水平及前后的变化有所差异，但总体来看，大部分东亚经济体的指标数值均超过德国和美国的指标数值。因此，本书认为其他八个东亚经济体除了采用外汇储备的变动来稳定本国汇率稳定，同时也利用利率水平的变动来维持本币汇率的稳定。②中国两个指标均小于美国和德国相应的指标，且中国指标数值呈下降的趋势。对此统计计算的结果，本书认为是中国实行利率管制所致。且结合中国的外汇储备波动的指标结果，验证了在这两个时期内中国主要采用外汇储备规模的变动来稳定人民币汇率水平的假设。

表 3.5　各经济体利率变动情形

单位：平均值（%）

时间	1990 年 1 月—1996 年 12 月		1999 年 1 月—2006 年 12 月	
	平均值	标准差	平均值	标准差
东亚经济体				
中国	-0.07	3.06	-0.02	1.56
中国台湾	/	/	1.48	0.16
中国香港	1.55	10.72	17.91	127.07
韩国	0.36	9.04	-0.41	2.76
新加坡	1.35	21.22	1.96	16.3
马来西亚	1.51	10.44	-0.32	4.34
泰国	4.17	28.43	1.41	12.43
菲律宾	6.62	39.59	0.09	10.22
印度尼西亚	1.31	13.1	1.52	27.47
发达经济体				
美国	-0.35	3.99	0.37	6.826
德国	-0.9	2.69	0.06	4.54

数据来源：IFS。

（3）对美元的双边汇率的波动。

国内学者丁剑平（2003）提出：一国货币是否实行钉住美元制的最直观

方法就是观测该国本币对美元汇率的波动性。因为实行钉住汇率制的经济体会非常严密监视该国汇率的波动情况，一旦汇率水平的变化幅度超过一定范围，该国央行将会干预，稳定该国汇率水平。本书以此为理论依据来判断东亚经济体实际实行的何种汇率制度，且结合 Hernandez（2003），Reinhart（2004）的研究结论作为评判的标准：①实行浮动汇率经济体的本币与美元间的汇率波动幅度等于或者超过 10%；②实行钉住汇率制度经济体的本币与美元间的汇率波动将会在正负 2.25% 之间；③Reinhart（2004）进一步量化判断的标准，汇率水平的波动为 1% 或者超过 80% 时间汇率水平的波动为 1%，即为钉住汇率制。

本书仍将研究样本期间同样分为两个时段：1990 年 1 月到 1997 年 7 月和 1999 年 1 月到 2006 年 12 月。研究对象为中国、中国台湾、中国香港、韩国、新加坡、泰国、马来西亚、菲律宾、印尼，日本、德国①。数据为月度数据。统计结果如表 3.6 所示。统计结果显示：

表 3.6　各经济体对美元双边汇率波动情形　单位：平均值（%）

时间	1990 年 1 月—1997 年 6 月		1999 年 1 月—2006 年 12 月	
	平均值	标准差	平均值	标准差
东亚经济体				
中国	95	91	100	98
中国台湾	96	82	90	75
中国香港	100	100	100	100
韩国	96	81	80	49
新加坡	97	74	95	73
马来西亚	94	77	100	98
泰国	100	97	80	61
菲律宾	86	70	84	64
印尼	100	97	54	30
发达经济体				
日本	59	32	66	30
德国	72	30	65	30

资料来源：美联储官方网站。

注：1999 年 1 月后的德国马克由欧元代替。

第一，在 1990 年 1 月到 1997 年 6 月时段，所有东亚经济体的本币与美元

① 在 1999 年 1 月之前，德国马克与美元的双边汇率水平，1999 年 1 月后是欧元与美元的双边汇率水平。

间的汇率水平波动维持在正负2.25%区间的时间占比均超过80%。

第二，在1999年1月到2006年12月时段，东亚经济体的指标表现各异，其中，①印尼卢波动性增加，因为印尼在这期间的汇率水平波动维持在正负2.25%区间的时间占比权54%，比日元与欧元货币占比时间还少。本书解释此现象产生的原因是：①印尼在这一时期还没有走出金融危机；②韩国和泰国的本币与美元间汇率水平的波动也增加了；③中国和马来西亚对美元的汇率几乎没有波动；④其他东亚经济体与美元汇率的波动与之前相比几乎不变。

因此，此实证结果再次验证了绝大多数的东亚经济体在样本期间内实行的汇率制度是钉住美元制的假设。

（4）汇率水平高频的波动。

对评测一国是否实行钉住汇率制，在理论界许多学者还采取观察汇率水平的高频波动，其具体采用的方法是Frankel（1994）的模型，思路是将要估测的目标货币与各种锚货币间汇率水平的波动来进行评判。下面将梳理关于东亚经济体本币对美元汇率的高频波动①的情形。

第一，模型解读。

采用计算公式②为：

$$\frac{aim}{chf}=\partial_0+\partial_1\frac{usd}{chf}+\partial_2\frac{jpy}{chf}+\partial_3\frac{dem}{chf}+\varepsilon \tag{3.1}$$

其中，usd 是美元，jpy 是日元，dem 是德国马克，aim 为将要被评测的货币；系数∂_i（$i=0, 1, 2, 3$）代表要被评测的货币盯住货币篮子中各种锚货币在篮子中的比重，∂_0 为常数；回归的标准差可估测被评测货币国货币当局对汇率波动的接受程度，即意味着回归的估计标准差数值越小表明该国政府能接受该国货币汇率波动的程度越小，表明被评测货币国的货币当局是努力稳定该国汇率水平处于稳定的状态。

第二，研究的结论。

国外学者Frankel在1994年采用Frankel（1994）的模型，研究东亚经济体钉住货币篮子中的组成。其研究样本期间为1972到1992年，研究结果呈现的是美国的美元的回归系数几乎为1，说明东亚经济体钉住的货币篮子中美元占比将接近100%。河合正弘在2000年同样采用此方法，研究155个发展中经济体的汇率波动情形。其研究样本时间从1990年1月到1996年12月，

---

① 汇率水平的数据为日数据。

② 加入瑞士法郎（chf），因为瑞士经济体较独立，且比值很稳定。

结果表明绝大部分东亚经济体的钉住货币篮子中美元占到50%以上。学者McKinnon（2005）用同样的方法观测这9个东亚经济体的汇率水平波动情况，样本时段分为东南亚危机前、危机中和危机后，其实证结果表明：在东南亚金融危机后东亚这九个经济体恢复了钉住单一美元制，极少数东亚经济体实行钉住美元为主的货币篮子，且日元在货币篮子中的占比很小。

国内学者杜晓蓉（2007）同样采用此方法，研究2000年后的东亚经济体的汇率水平波动情形，时间为1999年1月1日至2006年12月30日。表3.7为其实证的结果，实证结果表明东亚经济体汇率水平波动的情形有所差异：①人民币、台币、菲律宾的比索和港元对美元的相关系数都为1；②马来西亚林的吉特对美元的相关系数约为1；③其他东亚经济体本币对美元的回归系数相对小一些；④几乎所有东亚经济体本币对美元的回归系数大于0.5。由此，国内学者杜晓蓉（2007）与其他国外学者研究结论是一致的：东亚经济体实际实行的是钉住美元制。

表3.7 1999—2006年东亚经济体钉住的篮子货币结构

	美元	日元	欧元
人民币	1.0051	-0.005	-0.002
台币	1.0146	0.0716	-0.0675
港币	1.0007	0.0032	-0.0041
新元	0.8861	0.23	-0.1017
林吉特	0.999	0.0078	-0.0043
泰铢	0.8675	0.2173	-0.0636
比索	1.051	0.0095	-0.0229
卢比	0.4718	0.3393	0.2803

3. 东亚经济体的困境

（1）金融恐怖均衡的实质。

“金融恐怖均衡”的实质，是依托美国经常项目赤字与东亚经济体经常项目盈余这一框架形成的美国与东亚经济体之间的资金循环圈。一位名叫穆罕默德·埃里安的基金管理员把此资金循环定义为“稳定的不平衡”。该词形象地刻画了东亚经济体一方面在接受美国巨额债务的不断增长，同时另一方面时刻处于外汇储备资产面临巨大损失风险的困局。

（2）东亚经济体的困境。

“金融恐怖均衡”中的东亚经济体是处于一个被动的角色，也即“金融恐怖均衡”对于东亚经济体来说它是一个次优的选择。因为：①在目前既定的“共生”资金循环中，东亚经济体巨大规模的外汇储备资产面临凸显的外部风险；②在未来的发展趋势中，美国既定的财政赤字政策不能持续，将会采取削减赤字或提高利率的经济政策，美国金融资产价格必将陷入恶化的通道，政策溢出效应将会波及世界其他经济主体，最终将提升未来全球经济增长不确定性的概率。所以，在这样的现状及未来的经济发展趋势背景下，对于持有巨大规模外汇储备的东亚经济体来说这是一个巨大的威胁，但同时又不得不持有此规模的外汇储备。

第一，因为东亚经济体最初以稳定本币与美元货币对的汇率水平为目的而持有外汇储备的策略将会失效，美元币值不稳或者贬值都会使东亚经济体面临本国货币价值的重估来应对外部环境的变化，这将会给东亚经济体经济发展带来重大的冲击。

第二，外汇储备资产面临受损的价值效应结果。因为东亚经济体持有大量的美元资产的外汇储备①，美元贬值，东亚经济体的外汇储备资产将会遭受巨大的汇兑损失。根据测算，在2004年，人民币如果对美元升值10%，中国外汇储备资产将遭受的资本损失约等于中国当年国内生产总值3%的数额。

由此，本书采用英国《经济学家》杂志在2005年的一段评论来概括“金融恐怖均衡”中东亚高储备经济体的困境。该评论为：“东亚经济体为避免本币对美元汇率的升值，东亚经济体货币当局采取的策略是，积累巨大的以美元表示的外汇储备资产。然而，持有持续增长外汇储备的东亚经济体今天将陷入两难的困境：①如果东亚经济体继续朝着这条路走下去，他们必将会面临更大的资本汇兑损失；②如果东亚经济体通过外汇储备资产的多元化策略，比如持有更多以欧元表示的外汇储备资产来克服由美元贬值带来的巨大的资本损失后果，但多元化策略必将带来美元更快的崩溃。”

（二）金融恐怖均衡的数理模型分析

依据博弈理论，目前美国和东亚经济体之间的金融恐怖均衡是一个完全信息条件下动态博弈的均衡解，且在该动态博弈中又包含完全信息条件下的静态博弈。具体而言，该完全信息条件下的动态博弈属于Stackelberg博弈，局中人为美国和东亚经济体整个集团，且美国为领导者，东亚经济体为追随

① 数据显示：在2004年，东亚经济体持有约1.89万亿美元的外汇储备，而且大部分是美元货币或美元资产。

者；完全信息条件下的静态博弈属于非合作博弈的“囚徒困境”[①]，局中人为东亚经济体。

整个博弈的具体思路：美国及整个东亚经济体都知道东亚经济体之间的经济政策博弈是一种完全信息下的静态非合作博弈——囚徒困境，也即意味着东亚经济体的经济政策协调是失败的，因而集体采取钉住美元制的经济政策是东亚经济体各自的最优经济政策。由此在美国与东亚经济体整个集团的Stackelberg博弈中，美国可以采取“先发制人”的行动（巨大的赤字），以实现美国最优的收益。

所以为了求出东亚经济体与美国间经济金融关系的博弈均衡解，首先得分析第一个的次博弈——东亚九个经济体间典型不合作的经济政策博弈，紧随其后再分析的次博弈——东亚九个经济体作为一个整体与美国的完全信息条件下动态博弈。

1. 第一个次博弈：东亚经济体间的“囚徒困境”

20世纪90年代，东亚经济体以出口导向型经济战略相继加入经济全球化的进程。且整个东亚经济体在参与经济全球化时具有许多的相同属性，其具体表现在：①经济发展的战略相同；②经济结构相同；③对外贸易商品结构相似度很高。因而有如此程度同质性的东亚经济体，在参与经济全球化的进程中，东亚经济体间必将面临非常激烈的竞争，根据已有的经济与金融理论可知，在经济领域相似很大的经济体一定将会实行相同的汇率制度。因为汇率制度的差异将会造成经济体间的竞争力发生很大的变化，不利于各自经济的稳定增长。由此导致东亚经济体间的经济关系的相互作用属于典型的完全信息条件下的非合作“囚徒困境”博弈，且本书中人为东亚9个经济体。

（1）模型构造。

为了更好地模拟东亚经济体的对外贸易格局，本书构建的模型中有四个国家，其具体模型构建[②]为：第一，在该模型中两个国家都是小国，小国a国和小国b国，且两国的汇率政策是相互作用的。第二，在模型中还假设世界上有两个大国，大国A国，它的本币为A元；大国B国，它的本币为B元。第三，a小国和b小国分别同A大国、B大国进行贸易活动，且a小国与b小

① 根据博弈论理论，在博弈中，参与方之间相互知道其对手的偏好、策略空间及其效用，而且参与方同时进行行动以最大化自身效用，那么这种博弈叫作完全信息条件下静态的非合作博弈。

② 模型构建参考杜晓蓉（2007）。

国间同样也进行贸易活动。所以，a小国与b小国在国际市场上是竞争对手。第四，为了与目前东亚经济体的对外贸易格局更贴切，再假设a、b两小国都是在给定另一国汇率政策不变的情况下，实现本国经常项目的稳定。第五，a小国、b小国两国的目标函数为公式（3.2），即：

$$M = \frac{1}{2}\ (C - \overline{C})^{-2} \tag{3.2}$$

其中，M代表经济体实际经常项目余额与该经济体经常项目合理值的差；C代表经济体的实际经常项目余额；$\overline{C}$代表经济体经常项目余额的合理值。其含义是a小国、b小国两国政府的政策目标是最小化本国实际经常项目余额与本国经常项目余额合理值之差的平方。

根据Benassy（1996），一国经常项目可表达为（3.3）式。令该国为a小国，则

$$Ca = \eta_a \delta_a e_a + C_{a0} \tag{3.3}$$

其中，η_a为a小国出口占a小国GDP的比重；δ为a小国出口价格弹性的数值，为常数；e_a为a小国对外贸易的真实有效的汇率，取对数值，即

$$e_a = \varepsilon_{aA} S_{aA} + \varepsilon_{aB} S_{aB} + (1 - \varepsilon_{aA} - \varepsilon_{aB}) S_{ab} \tag{3.4}$$

其中，S_{ai}表示与a小国对i国（i=A，B，b）双边汇率；ε_{ai}是i国作为a小国贸易伙伴，在a小国对外贸易中的比重，且模型假设世界上只有a小国、b小国、A大国和B大国，因此，$\sum \varepsilon_{aj} = 1$。同时，模型假设A大国和B大国是两个大国，a小国、b小国是两个小国。对a小国、b小国这两个小国而言，A大国和B大国汇率的变动是外生变量。因此，a小国和b小国的钉住货币篮子的确定主要受A元和B元变动的影响。根据现实情况，a小国和b小国的货币篮子权重之和应为1①，即：

$$w_a S_{aA} + (1 - w_a) S_{aB} = 0 \tag{3.5}$$

$$w_b S_{bA} + (1 - w_b) S_{bB} = 0 \tag{3.6}$$

其中w_a、w_b分别是A国货币在a小国和b小国货币篮子中的比重。且汇率以对数形式表达，有：

$$S_{aB} = S_{aA} - S_{BA} \tag{3.7}$$

$$S_{ab} = S_{aA} - S_{bA} \tag{3.8}$$

将（3.7）式、（3.8）式代入（3.5）式、（3.6）式并整理得（3.9）

---

① Ogawa: *On the desirability of a reginal basket currency arrangement*. 2000.

式、(3.10) 式、(3.11) 式。

$$S_{aA} = (1 - w_a) S_{BA} \quad (3.9)$$

$$S_{BA} = - w_a S_{BA} \quad (3.10)$$

$$S_{ab} = (2 - w_a - w_b) S_{BA} \quad (3.11)$$

将 (3.3) 式、(3.4) 式、(3.9) 式、(3.10) 式和 (3.11) 式代入 (3.2) 式并整理得 a 小国的目标函数表达式：

$$Ma = \frac{1}{2}\{\eta_a \delta_a [\varepsilon_{aA}(1 - w_a) - \varepsilon_{aB} w_a + (1 - \varepsilon_{aA} - \varepsilon_{aB})(2 - w_a - w_b)] S_{BA} + C_{a0} - \bar{C}_{a0}\}^2 \quad (3.12)$$

同理 b 小国的目标函数表达式为 (3.13) 式：

$$M_b = \frac{1}{2}\{\eta_b \delta_b [\varepsilon_{bA}(1 - w_b) - \varepsilon_{bB} w_b + (1 - \varepsilon_{bA} - \varepsilon_{bB})(2 - w_b - w)] S_{BA} + C_{b0} - \bar{C}_{b0}\}^2 \quad (3.13)$$

最小化目标函数 (3.12)、(3.13) 的方法，即对 (3.12)、(3.13) 分别对 S_{BA} 一阶求导并令其等于 0，这样得到纳什均衡点的存在条件：

$$\varepsilon_{aA}(1 - w_a) - \varepsilon_{aB} w_a + (1 - \varepsilon_{aA} - \varepsilon_{aB})(2 - w_a - w_b) = 0 \quad (3.14)$$

$$\varepsilon_{bA}(1 - w_b) - \varepsilon_{bB} w_b + (1 - \varepsilon_{bA} - \varepsilon_{bB})(2 - w_b - w_a) = 0 \quad (3.15)$$

联立解二元一次方程组，解得各国货币篮子中 A 国的货币的权重为：

$$w_a = 1$$

$$w_b = 1 \quad (3.16)$$

(2) 模型结论。

(3.16) 式说明：a 小国和 b 小国，在给定对方的汇率政策的前提下，要使本国目标函数最小化，以实现本国福利最大化，a 小国和 b 小国都会将本国钉住的货币篮子中的 A 大国的货币赋予 100% 的权重，即 (3.16) 式为该模型的解，为经济体 a 小国和 b 小国间囚徒困境博弈的最优选择。因此，模型的解 (3.16) 亦可理解，当 a 小国与 b 小国在不合作的前提下，a 小国 、b 小国这两小国最大化自身利益的策略——就是 a 小国 、b 小国均实行钉住 A 国货币的汇率制度。

根据囚徒困境理论模型结论可知：东亚九个经济体完全信息条件下的非合作静态博弈，集体钉住美元是这九个东亚经济体间博弈的均衡，即为东亚九个经济体间囚徒困境博弈的解。对该模型均衡解进行解释的理论依据为：如果东亚某个经济体的本币相对其他经济体升值，就会导致该经济体在共同竞争的市场上的出口量减少，因此，东亚经济体都选择本币钉住美元的汇率制度，避免本国担当本币升值的角色。国外学者 Mann（2005）也曾表达过同样的看法：如果东亚经济体中某一个经济体单边打破这种博弈既定的格局，该经济体必须得承担来自东亚经济体地区外部平衡调整的冲击。

由此，由于东亚经济体间的经济相互作用属于“囚徒困境”的博弈，从而导致东亚这九个经济体的各自的最优经济政策选择是钉住美元的汇率制度。即东亚经济体间的经济活动状态呈现的是一种实现个体理性但集体非理性的均衡。

2. 第二个次博弈：“东亚经济体集团”与美国间的 Stackelberg 博弈

以下内容为探讨“金融恐怖均衡”的第二个次博弈——美国与东亚经济体整体之间博弈的均衡解。根据以上分析的内容，可知这是一个完全信息下的非合作的 Stackelberg 博弈，其中美国是先行者，东亚经济体整体是追随者。具体而言，在该 Stackelberg 博弈中，局中人为美国和“东亚九个经济体集团”，美国是该博弈中的领导者，它先行动，率先采取赤字政策，“东亚九个经济体集团”是追随者，即在美国采取行动之后再选择能使自身利益最大化的策略。

其逻辑为：美国清楚知道美国的经常项目赤字如果没有资金流入来支持，将造成美元面临贬值的压力或者美国经济将会崩溃，这些最终将引起严重依赖美国市场的“东亚九个经济体集团”的恐慌，所以美国满怀信心采取先发制人行动——赤字，根据第一个次博弈的均衡解，“东亚九个经济体集团”将以钉住美元制度的策略跟进，致使最终实现美国与“东亚九个经济体集团”的资金循环圈：“东亚九个经济体集团”通过出口换来的美元再输入美国，美国赤字得到资金支持，美国的进口需求得到满足，与此同时，在美国向东亚经济体进口时，美元又流回“东亚九个经济体集团”。

(1) 模型构建。

下面将以 Blanchard 等（2005）建立的资产平衡模型为基础，来构建美国和“东亚九个经济体集团”之间 Stackelberg 博弈。在该模型中：第一，假设世界由两个国家组成，其中一个国家是 A 国和 B 国，且 A 国本位币为 A 元，B 国本位币为 B 元；第二，X_A 为以 A 国商品衡量的 A 资产，X_B 是以 B 国商品衡量的 B 国资产；第三，W_A 为以 A 国商品衡量的 A 国财富，W_B 为以 B 国商品衡量的 B 国财富；第四，E 为 A 国与 B 国的双边汇率（B 元/A 元）。

在上述的假设条件下，世界的财富等于世界的资产，即：

$$X_A + X_B/E = W_A + W_B/E \tag{3.17}$$

设A国对B国的净债务以A国货币A元来表示，计为F_A，则有：

$$F_A \equiv X_A - W_A = W_B/E - X_B/E \tag{3.18}$$

给定A国资产的A元总回报率为 $(1+r_A)$，相应地B国资产的以B国货币B元表示的总回报率为 $(1+r_B)$，那么相对于持有B国资产，持有A国资产的相对回报率为：

$$R = \frac{1+r_A}{1+r_B}\Delta E \tag{3.19}$$

其中 ΔE 为汇率的变动，在该模型中假设A国与B国的利率相等，即 $r_A = r_B$，依据方程（3.19）式，可得 $R=\Delta E$。

现假设A国投资者将其财富分配到A国资产的比例是 a_A，则分配到B国资产的比例是 $(1-a_A)$。同理，B国投资者将其财富以 a_B 的比例持有B国资产，以 $(1-a_B)$ 的比例持有A国资产。并且根据以上假设及经济理论可知，

$$a_A = a_A(R) = a_A(\Delta E)$$
$$a_B = a_B(R) = a_B(\Delta E) \tag{3.20}$$

且 a_A 关于 R 的一阶导大于0，a_B 关于 R 的一阶导小于0。在现实中，由于一国投资者总表现出对本国资产的偏好，所以：$a_A + a_B > 1$。

当A国资产市场平衡与B国资产市场各自平衡时，有：

$$X_A = a_A(R)W_A + [1 - a_B(R)]W_B/E$$
$$X_B = a_B(R)W_B + [1 - a_B(R)]W_A E \tag{3.21}$$

将（3.20）代入（3.21），得到A国净债务 F_A 和汇率变化 ΔE 之间的资产平衡关系，即：

$$X_A = a_A(\Delta E)(X_A - F_A) + [1 - a_B(\Delta E)]\left(\frac{X_B}{E} + F_B\right) \tag{3.22}$$

假设A国货物贸易赤字是汇率E和使货物贸易赤字恶化的因素Q的线性函数，即

$$D_A = D(E,Q) = \theta E + Q_A \tag{3.23}$$

其中 D_A 是A国货物贸易赤字水平。且 E 对 D 的一阶导为正，即 E 对A国来说是间接标价法，Q 对 D 的一阶导为正。因此，A国下一期的净债务 $F_A/+1$ 为：

$$F_A/+1 = [1 - a_B(R)]\frac{W_B}{E}(1+r_A) - [1 - a_A(R)W_A(1+r_A)\Delta E + D(E/+1)] \tag{3.24}$$

（3.24）式即经常项目平衡关系。在稳定时期，（3.24）式可以简化为：

$$-r_A F_A = D(E,Q) \tag{3.25}$$

$$F_A = -\frac{1}{r_A}D(E,Q) = -\frac{1}{r_A}(\theta E + Q_A) \tag{3.26}$$

（3.26）式为博弈的特征函数。A 国的目标是以经常项目赤字来达到使用来自 B 国廉价的进口品和便宜的资金。B 国是追随者，即在 A 国采取赤字行动后，制定以钉住 A 国货币汇率来维持对 A 国较大的经常项目盈余的目标，且钉住 A 国货币 A 元的策略是事先给定的，则 B 国的目标函数是最小化其净债务或者是最大化对 A 国贸易盈余，即最大化持有 A 国资产①。

$$Lim(F_B)^2 = \frac{1}{2}\left[-\frac{1}{r_B}\left(\frac{\theta}{E} - Q_A\right)\right]^2 \tag{3.27}$$

对式（3.27）关于 r_B 求一阶导数，得：

$$E = \frac{\theta}{Q_A} \tag{3.28}$$

将式（3.28）代入式（3.26），并对 r_A 进行一阶求导，得出 A 国的最优策略是选择（3.29）式：

$$Q_A = -\theta \tag{3.29}$$

（2）模型结论。

（3.29）式的经济含义是：A 国放任赤字而 B 国继续为 A 国融资是该博弈的纳什均衡。模型中 A 国就是现实中的美国，B 国就是现实中的“东亚九个经济体集团”。模型的均衡解解释了经济中美国与“东亚九个经济体集团”的经济与金融的共生现象：

首先，东亚经济体大量的便宜的资金输入美国，支撑美国大量的赤字，与此同时大量的资金流入美国，进一步降低美国资金利率水平，这又将继续推动美国的投资与消费，促使美国赤字水平的提高。

其次，东亚经济体钉住美元制的汇率制度确保了在美国市场上的竞争力，进一步支持东亚经济体的出口导向型经济继续增长。

因此，美国与东亚经济体整个集团间呈现了一种相互依赖且相互促进的经济与金融关系，或称之为经济相互作用的“均衡”。国外学者 Symbiosis felipe（2006）也曾用“经济全球化的发展创造了独一无二的共生现象”来刻画目前美国与“东亚九个经济体集团 ”间的经济与金融关系。

---

① B 国目标函数参考杜晓蓉（2007）。

因此，外汇储备内生性形成机理分析结论一：金融恐怖金融这部分主要完成如下内容：厘清了东亚经济体高储备经济现象的实质——在既定的经济条件下，东亚经济体与美国间进行博弈的均衡解（东亚经济体采取钉住美元汇率制度，实现出口导向型经济发展；配合进出口经济顺利进行，东亚经济挣到的美元又贷方给美国，实现美国对本国商品的购买能力），且从经济事实与理论模型两个视角对此进行一一对论证。外汇储备内生性形成机理分析结论二：产品内国际分工视角这部分内容主要探析东亚经济体与美国长期所处的既定经济环境是如何形成的。

二、外汇储备内生性形成机理分析二：产品内国际分工视角

外汇储备内生性形成机理分析二其实为上文机理分析一的进一步剖析，也即金融恐怖均衡存在的充分条件①——各经济体在产品内国际分工格局中扮演的角色。

（一）金融恐怖均衡存在的充分条件

在这一轮的全球外汇储备增长趋势中，整个东亚经济体的增长表现最为突出，且许多文献研究结论均表明：自20世纪90年代以来中国及东亚经济体外汇储备的大规模存量与高增长的现象与目前全球分工格局有着极为密切的联系。本书以此为理论依据，将从全球分工的视角进一步探寻中国及整个东亚经济体高储备的进一步深层次原因——也即探寻目前东亚经济体与美国之间“金融恐怖均衡”存在的充分条件。

1. 产品内分工与美国及东亚经济体的位置

(1) 产品内分工的演变。

产品内分工是经济全球化的一个阶段。在经济全球化的时代，经济主体以自身利益最大化为目的而跨国界进行要素和资源的配置。经济主体在全球化经济的循环圈中选择自己最优的位置，随之扮演着不同的角色。近20年来，全球化进程剧增。全球经济的发展阶段从产业间分工、产业内分工演变到始于20世纪90年代至今的产品内国际分工的阶段。

---

① 即回答了为什么美国是领导者，而东亚经济体是追随者的问题。

具体而言，产品内国际分工的阶段——分工的标的从产业到产品，即进一步深入到生产产品的工序环节。其发展演变过程是：始于20世纪60年代，在20世纪的70与80年代发展与成长，至20世纪90年代产品内国际分工成为了全球一种主要分工模式，也即从20世纪90年代至今全球经济处于产品内分工的阶段。

（2）产品内分工的本质与美国及东亚经济体的位置。

产品内的国际分工实质：以发达国家的跨国公司为主体，在全球范围内把产品内部的工序与流程配置到全球范围的一种经济运作机制。在这种全球经济运行机制下，促成了各经济体的经济增长，且在经济增长中经济体彼此间形成相互依存的“共生”经济关系。

在目前的产品内国际分工背景下，美国等发达经济体的跨国公司具有优先主导权。该优先主导权表现在：第一，发达经济体的跨国公司通过已有的技术、资本优势巩固其在技术与资本密集型行业的优势；第二，发达经济体的跨国公司通过品牌和全球销售网络优势掌握劳动密集型产业的主控权。因而在发达经济体优先主导权下，形成了包括东亚经济体在内的发展中经济体对发达经济体的依附格局①。这就是目前美国与东亚经济体间“金融恐怖均衡”的资金循环关系存在的充分条件。由于东亚经济体参与这一轮始于20世纪90年代的全球化经济进程是由美国为代表的发达经济体的跨国公司主导的。由此，为美国与东亚经济体在博弈中的角色铺上了强有力的基础：美国为领导者，东亚经济体扮演追随者，且东亚经济体间还面临的“囚徒困境”的境地。

2. 产品内分工与外汇储备格局的变动

纵观历史，国际分工方式改变国际外汇储备格局的机制为：国际贸易模式的改变、国际贸易格局的改变或者二者的改变，均会致使各国在国际贸易中的原有利益格局发生改变，最终会改变既定的世界外汇储备的格局。

正如始于20世纪60年代的产品内国际分工的出现与扩大，它彻底改变了原有的全球范围的生产方式与生产格局，与此同时，也改变已有的全球外汇储备格局。其表现为：目前的发达国家，尤其是美国，实体产品的生产越来越少，而大量依赖进口。由此，美国呈现大规模的贸易逆差；而包括东亚经

① 这种依附关系具体表现在：在目前的产品内分工的全球经济运行机制下，包括东亚经济体在内的发展中经济体国内在许多产业上并未形成完整的产业链，他们只是作为发达国家跨国公司全球产业链的一个构成部分，即只是成为全球工业品的制造基地。

济体在内的发展中经济体，主要从事实体产品的生产与制造，成为国际收支持续顺差的经济体，最后成为这一轮全球外汇储备增长中增长速度最快且规模数字最大的经济体，改变了过去发达经济体拥有全球外汇储备最多的外汇储备格局。

在这轮改变中，中国的现象尤为突出。因为中国具有非常大的人口资源优势，所以在全球的产品内国际分工中，不仅承接了来自以美国为代表的发达经济体劳动密集型生产环节，而且还接收来自其他东亚发展中经济体的相对偏向劳动密集型的经济活动，由此造就目前世界上最大的产品加工和制造的经济体，中国成为这段时期最令人关注的出口大国、顺差大国、高储备的大国。

下面具体来厘清由美国跨国公司主导的产品内分工对东亚经济体外汇储备增长传导过程的影响。

（1）贸易顺差。

在产品内国际分工方式下，美国跨国公司根据要素禀赋的比较优势原则，在全球范围内进行生产环节的配置，即把东亚经济体作为劳动密集或者技术简单的生产环节的主要配置地。美国境内作为知识与技术等要素密集型生产环节的配置地。由此可以说，该经济活动等同于美国国内一次产业结构的优化，即美国国内从制造业向服务业迈进，以期实现美国在全球层面的利益最大化。与此同时，美国通过 FDI 形式，东亚经济体成为美国跨国公司分工体系中主要成员，且该分工体系是在产品内进行的，因此，成就了东亚经济体加工出口贸易的模式。

因此，随着在美国跨国公司的全球市场扩大，东亚经济体的生产与贸易规模也会不断扩大，东亚经济体的经常账户也将会一直呈现持续顺差的态势。这样贸易顺差成为东亚经济体外汇储备增加的一个重要来源。

（2）利益分配

第一，优势要素决定角色。

产品内国际分工是由美国跨国公司主导的，美国具有优先权。其优先权体现在：美国拥有的资金、知识、技术等优势要素。其这些要素的优势体现在：①稀缺性和垄断性；②在全球范围流动的便利性。所以，目前全球化的经济运行机制是：美国的资金与技术的流向，是完全从属于美国跨国公司根据自身的全球经营战略与利益最大化原则的。

东亚经济体的优势要素是劳动力。劳动力要素的特征：在世界范围内不能自由流动，它不仅没有稀缺性，而且也没有垄断性。这些特征决定了东亚经济体的经济增长对美国跨国公司的资本与技术等优势要素的依附性。不仅如此，在东亚经济体经济增长的强烈愿望下，促使东亚经济体想谋求更多机会加入到产品内全球分工的进程中，且在拥有同质性优势资源的情形下，在参与全球产品内分工进程中东亚经济体间存在强大的竞争性。

第二，产品内分工收入效应与东亚经济体外汇储备增长。

通过以上美国与东亚经济体优势资源的分析可以得出这样的结论：由美国跨国公司主导的产品内国际分工，虽然为东亚经济体的经济发展提供了重要的机会，但这种国际产品内的分工其本质更加符合美国的利益。因此由美国与东亚经济体不同的优势资源而形成的全球生产链条，赋予了美国的跨国公司在全球利益链条上具有分配的主导权，且这种国际产品内的分工模式进一步提升了美国在世界利益分配格局中的优势地位，也将意味着，在此产品内国际分工的模式下，美国国内居民的收入进一步得到提升，继而进一步提升美国国内投资与消费需求，最后带动东亚经济体的加工工业品出口与东亚经济体外汇储备进一步增加。

而与此同时，东亚经济体在世界利益分配格局中处于劣势，不利于各国国内居民收入的增长，自然无力支撑其国内需求的提升。由此为避免由于消费需求不足而对国内经济增长产生不利的影响，东亚经济体又将进一步提升本国的出口需求，最终导致东亚经济体长时期呈现持续的且不断扩大的贸易顺差与外汇储备持续增长并存的现象。

（3）金融业。

美国跨国公司主导的产品内国际分工模式，其本质就是美国国内的一次产业升级。具体而言，产业配置的区域为全球，而美国境内留下具有比较优势的生产环节，这样美国国内实现了产业结构优化调整，提升服务业尤其是金融服务业在全球的强势地位。

其具体事实：20 世纪 90 年代以来，美国国内金融业在世界 IT 行业取得巨大发展的背景下，迅速提升美国金融服务业在全球的竞争力。竞争力具体体现在：完备的金融制度、开放的金融市场和成熟与发达的金融体系。这样强大的金融服务基础为美国金融服务企业开辟了广阔的市场。比如美国的共同基金、养老基金和对冲基金以及保险公司等金融服务机构，通过在全球范围内进行资产配置，获得巨大的利益，与此同时，金融机构巨大的盈利能力吸引世界各地的资金持有者涌入美国，当然也包括东亚经济体出口换来的大量美元。这就是目前美国与东亚经济体间“金融恐怖均衡”资金循环的推动力，是“均衡”存在的充分条件之一。

因此，美国在全球金融领域的强势地位，不仅是美国与东亚经济体“金融恐怖均衡”的推动力，而且还是“金融恐怖均衡”的增强力，其表现如下：

第一，美国凭借其在全球金融业的强势地位与东亚经济体参与经济与金融全球化进程的推进，扩大了美国在全球范围内的利润。这样美国国民财富得到进一步增长，进而进一步提升美国国内的消费，与此同时，带动了东亚经济体的出口增长，东亚经济体的经常账户顺差额和外汇储备增长也将进一步增加。

第二，美国金融的强势地位，对东亚经济体形成了巨大的威胁，促使东亚经济体为预防危机而提高外汇储备规模的持有。

第三，美国金融强势地位，进一步增强美元的国际货币的“中心”地位。资料显示，美元资产在全球的储备资产中所占的比例一路攀升，从1995年的59%到2001年的71.5%份额，所占比例达到历史高位。随后其份额占比呈下降趋势，但在所有储备货币中美元的份额一直是最大的。根据IFS的数据，2013年美元在全球储备货币中的份额仍没有低于60%。

总之，由美国跨国公司主导的产品内国际分工，由于美国与东亚经济体初始禀赋不同，造就了美国与东亚经济体在全球生产链和价值链的“主控”与“从属”的角色，造就了美国与东亚经济体之间的“共生”关系——“金融恐怖均衡”。

第一，东亚经济体的“从属”角色。跨国公司的FDI使东亚经济体成为商品生产的基地，制造业为东亚经济体国内的主导产业，带动东亚经济体加工工业制成品的出口增长，从而呈现东亚经济体经常账户持续顺差与外汇储备一直增加的经济现象。

第二，美国的“主控”角色。美国跨国公司以全球为产业链的配置区域，将生产环节配置到美国国外，而美国国内的跨国公司总部则专事知识、资本密集型的环节，从而达到对全球产业链与全球营销渠道管控的目的。由此，美国成为以服务业为主的经济体，而需求的实体产品更多地以进口方式得以满足，进而逐渐成为世界商品的进口国，致使美国贸易项目长期处于较大的逆差状态。

第三，金融业。金融服务业是东亚经济体的“从属”角色与美国的“主控”角色互动的桥梁。产品内的分工，提升了美国的金融服务业的全球地位。

为“从属”东亚经济体的大规模外汇储备流向“主控”角色美国提供了可行的桥梁作用，且通过利益分配的收益效应进一步强化“从属”与“主控”的角色。

（二）数理模型解读内生性

1．模型的理论依据

本书将以储蓄与投资缺口的模型来解读上面关于东亚经济体外汇储备形成内生性的逻辑推理。理论依据为：经济体资源禀赋不同，在参与经济全球化过程中实施的经济政策不同，最后经济体呈现的状态也不同，刻画其内在的因果关系，其中，原因就是结果的决定因素，即结果存在的充分条件。下面将结合开放经济条件下的经济体国民收入恒等的原理①，通过此模型原理来解读东亚经济体外汇储备形成的内生性二②。

2．模型的构造

模型③构造为：

第一，存在 a 国与 b 国，实体产品生产甲与乙两种，生产要素有资本（或技术）与劳动这两种。

第二，其中 a 国的比较优势生产要素为技术或者资本，b 国比较生产要素为劳动力。

第三，实体产品的生产与加工逐步地转移到了拥有劳动力要素优势的 b 国，最后实体产品的生产完全由 b 国进行，a 国不生产任何实体产品，但涉及甲、乙实体产品的所有技术、设计、广告、营销等均是由 a 国完成。

第四，a 国对甲产品和乙产品这两种实体产品的需求均需要从 b 国进口来满足；

第五，设定 $M^{a}_{甲乙}$ 为 a 国的进口规模，且假设 a 国的服务产品在甲与乙两种产品的价值中占比为 ∂，$0<\partial<1$，则 a 国的出口规模为 $\partial M^{a}_{甲乙}$，b 国情形正好相反。

下面为 a、b 两国的国内均衡等式如下：

① 开放经济体国民收入恒等式：当其国内投资小于国内储蓄时，该经济体的国际收支将为经常项目顺差的状态；反之，该国的经常项目将出现逆差。

② 其思路是：通过对一国的储蓄与投资缺口形成原因进行分析，来探求一国的经常项目顺差和逆差的深层次原因，即通过模型来解读上面关于东亚经济体外汇储备形成的内生性。

③ 模型构建参考申宏丽（2009）。

$$a国：S^a - I^a + (1-\partial)M^a_{甲乙} = 0 \quad (3.30)$$

$$b国：S^b - I^b - (1-\partial)M^a_{甲乙} = 0 \quad (3.31)$$

由于 $0<\partial<1$，故 $(\partial M^a_{甲乙} - M^a_{甲乙})<0$，a国经常项目为逆差，$(M^a_{甲乙} - \partial M^a_{甲乙})>0$，b国经常项目为顺差。

3. 模型的解读

考察a、b两个国家国内的均衡机制的变化。

（1）a国国内均衡机制。

对于a国，由式（3.30）可以推导出a国国内宏观均衡等式：

$$S^a + (1-\partial)M^a_{甲乙} = I^a \quad (3.32)$$

由（3.32）等式可知，a国经济增长的三架马车中，要依靠更多的国内投资来实现，才能使（3.32）等式成立，但（3.32）等式的成立，面临两个方面的挑战：

第一，在全球产品内国际分工的背景下，比较优势原理，a国实体产品生产环节逐步转移至b国，即意味着a国投资的规模在不断减少，I^a 在数值上不断变小；

第二，与此同时，生产实体产品的经济活动的对外转移又促使a国的净进口的增加，即等式左边的在增大。所以要使a国国内均衡得以继续存在，根据（3.32）等式，唯一的选择是减小S，即扩大a国国内消费需求。

因此，对于a国，经济增长依靠a国的消费，不断提高消费，或者说降低a国的储蓄S，a国经济才能避免经济下滑①。

（2）b国国内均衡机制。

对b国来说，由式（3.31）同样可以得到该国国内宏观均衡等式：

$$S^b = I^b + (1-\partial)M^a_{甲乙} \quad (3.33)$$

（3.33）式表明b国要促进国内经济均衡增长，需要有更高的储蓄。因为储蓄要满足国内投资需求和a国的部分需求。亦即b国要实现b国国内经济均衡增长，就必须提b国国内的 S，即提高储蓄。由此需求不足是b国经济增长的相伴的经济现象。因为b国的经济增长依靠b国的国内投资和向a国的出口。

---

① 根据国民恒等式，储蓄等于总支出才能达到一国国内经济均衡发展，如果储蓄大于总支出，将会造成该国国内经济面临通缩，或者储蓄小于支出，将会造成该国国内经济面临通胀压力。

最后，从外部均衡角度观察，a 国为产品内分工下的经常项目逆差国，为了弥补经常项目逆差，就必须向外融资，导致其外债增加，a 为净债务国；而 b 国为目前分工下的经常项目顺差国，资金流向需求方 a 国，b 为净债权国。

4. 模型的小结

模型中的 a 国与 b 国分别代表现实经济中的美国与东亚经济体。根据模型推导的结果表明：东亚经济体在参与由美国为代表的发达经济体跨国公司主导的全球产品内分工进程时，由于东亚经济体与美国各自的资源禀赋不同，决定其选择不同战略，随之扮演不同的角色，决定分享不同的利益。a 国（美国）为经常项目逆差与净债务国，而 b 国（东亚经济体）为经常项目顺差国与净债权国。并且由于美国（a 国）的优势资源具有垄断性[①]，决定了美国（a 国）与东亚经济体（b 国）间的经济活动不具有对称性——美国（a 国）在整个全球产业链与全球价值链具有主控权，东亚经济体（b 国）属于从属地位。此格局决定美国（a 国）赤字行动先行，东亚经济体（b 国）经济活动在后，即为“中心－外围”的经济关系。

因此，本书认为：①美国与东亚经济体的“金融恐怖”均衡是各自经济体参与经济全球化过程中追求经济增长必然导致的一个结果；②东亚经济体外汇储备的高增长具有合理性、必然性、内生性和阶段性。

在已有的探讨内容基础上，本书把这种内生于经济的外汇储备界定为内生性外汇储备，且其内生性是以博弈“均衡”来表现的。本书界定内生性外汇储备的目的是为了更好地刻画现阶段高储备经济体的管理困境，为本书阐释现阶段中国外汇储备有效管理新内涵提供新的视角。

第四节　内生性外汇储备延伸功能探讨

本节依据外汇储备功能的演变逻辑，以缓解高储备经济体外汇储备管理面临凸显的困境（高储备与多元化投资受阻并存）为目的，且依据福利经济学定理以及“中心－外围”思想等理论对现阶段大规模的外汇储备功能做出延伸的探讨。

---

① 美国的主控权或者优先权是来自于这场全球产品内分工的主导者是美国的跨国公司，因其拥有具有垄断性和流动性的知识、技术等优势资源，而东亚经济体的优势资源是既不具有垄断性同时也不具有流动性的劳动力，决定其是追随者的角色。

一、 福利经济学第二定理

（一）福利经济学的基本内容

目前，西方经济学家对福利经济学定义尚未达成一致。将学者认同的内容进行归纳后本书对其定义为：福利经济学是从社会福利的角度来评价市场经济体制的优缺点的一个理论体系。可以说，福利经济体学的研究是为围绕克服市场经济制度的缺陷且同时谋求社会经济福利最大化所应该采取何种政策与措施的内容，所以福利经济学理论一直试图回答这几个问题：第一，在竞争性市场经济中，资源的配置能否达到最优；第二，要想达到收入分配的共同利益是通过市场机制还是废除市场机制；第三，符合个人利益的分配方式是否有利于真正的社会利益分配。学者们对这三个问题的答复，构成今天福利经济学的三个最基本定理。

第一定理内容为：在经济主体都是价格接受者的经济中，通过市场竞争达到的均衡是否为帕累托最优效率的配置；

第二定理内容为：在经济主体都是价格接受者的市场经济中，政府预先采取适当的综合税收和转移支付的政策，然后再通过市场竞争的机制是否可以实现资源的帕累托最优；

第三定理内容为：同时能满足帕累托相容性、普遍性的社会福利函数是肯定不存在的，所以不能借助于这个函数来判断最好的分配。

可以说，福利经济学的研究表明：①目前还没有存在一个无懈可击的方式来解决收入分配问题；②学者均认同通过社会相应的制度安排可以实现提高资源配置状况、减少社会不公平和增进社会福利的目的。

1．早期福利经济学

最早的福利经济学思想是：自由竞争的经济制度可实现个人与社会整体福利的最大化，因为自由放任的市场能实现社会资源的最优配置，国民收入最终获得提升，其思想的本质是亚当·斯密的主张：利用市场机制来配置资源和产品，可同时实现个人利益最大化与社会福利最大化。后期有许多学者完善该思想，比如边际学派的法国学者巴斯夏提出了“社会和谐论”，对社会福利从满足感视角进行解释。

2．旧福利经济学

旧福利经济学强调政府对资源配置的作用。在理论界中，经济学家庇古的《福利经济学》（1920）被看作是福利经济学理论体系正式形成的标志。他的观点是以完全竞争为前提，但强调政府的作用。以下为这本书论述的几个方面：第一，福利分为广义的“社会福利”和狭义的“经济福利”[①]；第二，提倡基数效用论，即效用是物的效用，可用商品的价格来进行估测；第三，经济福利可由国民收入的概念代替；第四，支持收入的均等化，因为收入具有边际效用递减的效应，所以将富人部分货币转移到相对贫困的群体，效用的总变动为正，即意味着社会经济福利增加了；第五，自由竞争经济制度可以达到最适度的配置资源，但如果出现资源没有实现“合理”配置的情况，政府应该通过税收或者补贴政策来进行调整，最终使社会福利增加。

3. 新福利经济学

新福利经济学是对旧福利经济学的再思考，修正已有的命题，其中，以罗宾斯“价值中立”为代表，主张福利经济学是一种不带任何价值判断的理论。随后帕累托、费雪和埃奇渥斯放弃基数效用，建立序数效用论，引入帕累托标准，提出了帕累托适度，认为消费者追求效用最大化应该是一种最高的满足水平。还有一些学者从补偿角度去完善帕累托的标准，如卡尔多提出的“虚拟补偿原理”，他认为在某项社会变革中，只有受益者在补偿大于受损者的损失时，这项变革才是可取的，因为变革提高了社会福利。

此后，学者把社会福利函数作为主要的研究对象，代表人物为伯格森和萨缪尔森。他们构建了一个社会福利函数，$C=C(A_1, A_2, \cdots, A_n)$，其中$W$为社会福利值，$A_i$（$i=1, 2, \cdots, N$）为影响福利的变量。他们认为，社会福利的大小与收入分配有直接的相关性，即没有合理的分配，即使生产与交换都满足最优条件，社会福利也不可能达到最优状态。

（二）福利经济学第二定理解读

结合以上福利经济学的发展历程的观点，本书将对福利经济学的第二定理进一步解读。

福利经济学第二定理：任何帕累托有效的配置都可以通过竞争性市场来完成，但前提条件是需要将初始禀赋进行调整，即任何一个帕累托有效的配置都可以通过调整初始条件，然后通过竞争的制度来实现。

这一原理告诉我们，不同的初始配置条件下，通过市场竞争就有不同的

① 狭义的经济福利含义是可以用货币进行衡量的福利。

有效结果。回到现实中，今天是一个经济与金融全球化的时代，各国通过开放经济政策加入到国际市场中，但各国经济发展历程不同，导致国际市场参与主体先天有很大差异，可归纳为：①成熟经济体；②新兴市场经济体；③其他经济体。以此时状态为初始条件，遵从市场竞争的丛林法则，会出现两极分化的演变，即发达的经济体变得更发达，不发达的经济体变得更不发达，发展趋势违背经济全球化倡导的宗旨。如何改变此趋势，福利经济学以及福利经济学第二定理给出的答案是：自由竞争经济制度可以达到最适度地配置资源，且如果目前既定资源的配置下，出现不“合理”的情况，政府应该通过税收或者补贴政策来进行调整。亦即改变市场参与主体初始条件可以实现任何条件下的有效结果。因此，改变世界各国初始条件，可以改变经济全球化两极分化的格局。

但在全球层面上，行使改变初始禀赋来达到弥补受损经济体的损失，阻止两极分化的发生，这样的一个跨主权的政府，天然是不存在的。因此，初始禀赋不好的经济体可行办法只能是在参与国际市场竞争中通过自身力量实现达到相对好的资源禀赋位置，实现最大化自身或者全球福利的目的。

观察东亚经济体参与经济全球化进程中，均出现一个共同结果——东亚经济体持有规模巨大的外汇储备。持有巨大外汇储备代表着东亚经济体经济实力的提高，应是一个改变自身在全球经济价值链很好的工具。因此，本书认为，在一定的条件下，巨大规模的外汇储备是改善东亚经济体初始禀赋且进一步优化东亚经济体在全球经济利益的有利工具。

二、东亚经济体外汇储备规模的演变及其发展趋势

（一）东亚经济体外汇储备规模的演变

始于20世纪90年代的全球外汇储备增长，东亚经济的外汇储备增长尤为凸出，如图3.4至图3.13所示：东亚经济体从1998—2009年外汇储备年平均增长为10%以上。数据显示：在2009年，在全世界外汇储备最多的国家和地区中，东亚经济体占据六席，其外汇储备总额高达414万亿美元，占到全球外汇储备总额的一半以上。目前，这一趋势在当今世界国际储备中仍没改变。根据IFS数据，在2013年全球外汇储备规模约为7.6兆SDRs，其中亚洲经济体为3.1兆SDRs的外汇储备规模。由此可以说，东亚经济体是全球这一轮外汇储备增长中的新星，且中国是东亚经济体中最耀眼的那一颗。

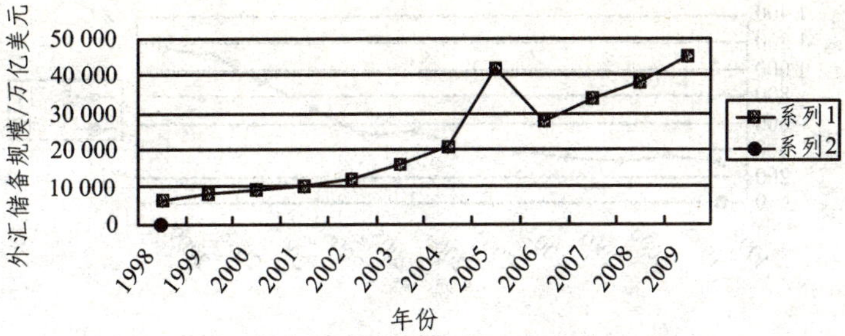

图 3.4　东亚经济体外汇储备规模

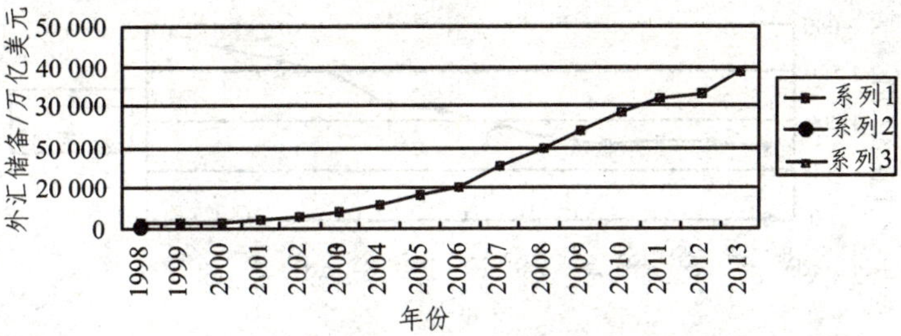

图 3.5　中国外汇储备规模

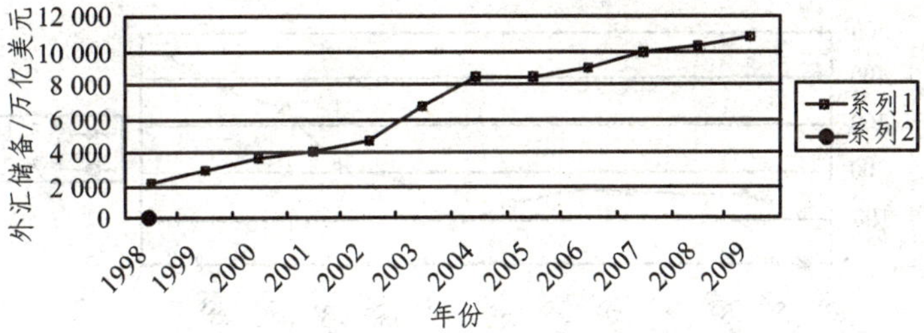

图 3.6　中国台湾外汇储备规模

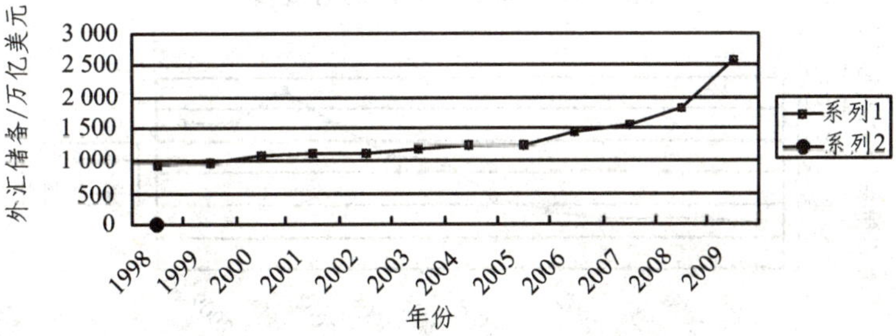

图 3.7　中国香港外汇储备规模

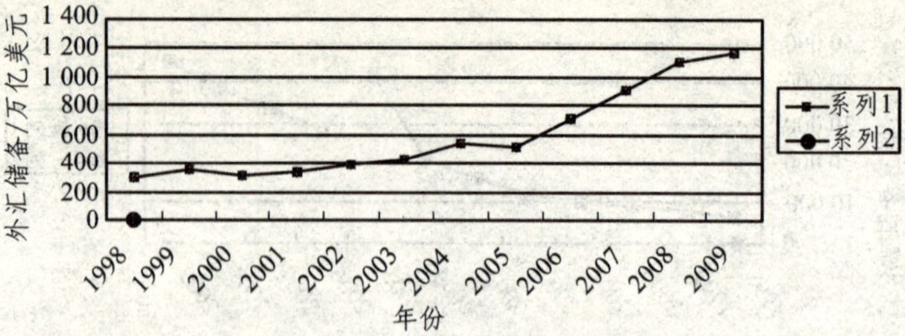

图 3.8　泰国外汇储备规模

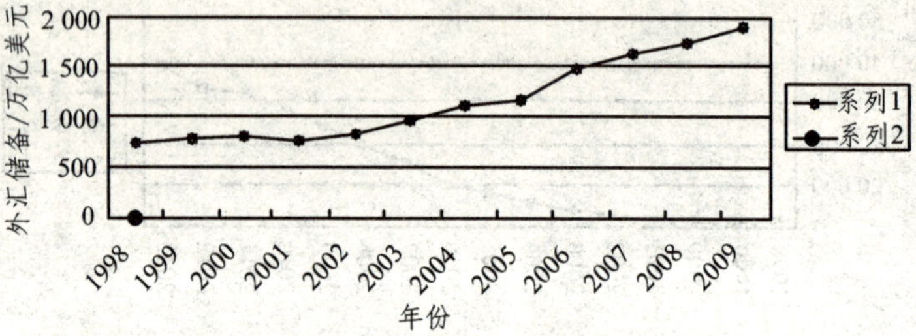

图 3.9　新加坡外汇储备规模

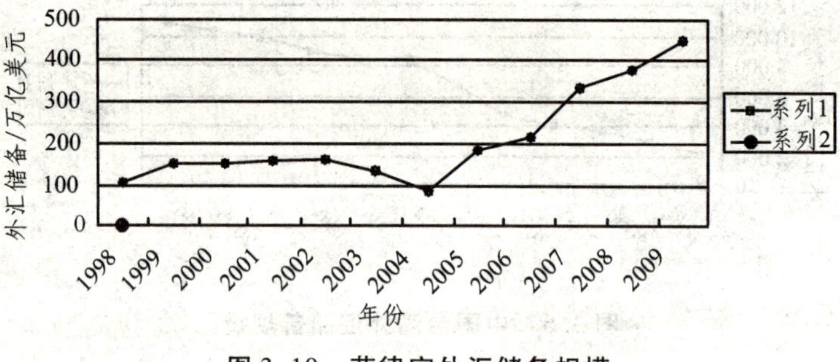

图 3.10　菲律宾外汇储备规模

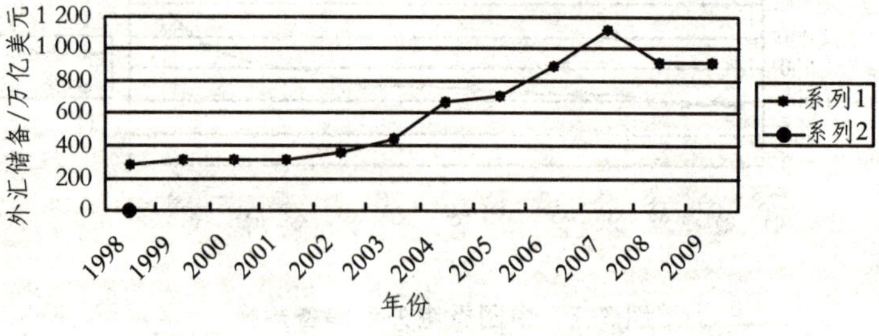

图 3.11　马来西亚外汇储备规模

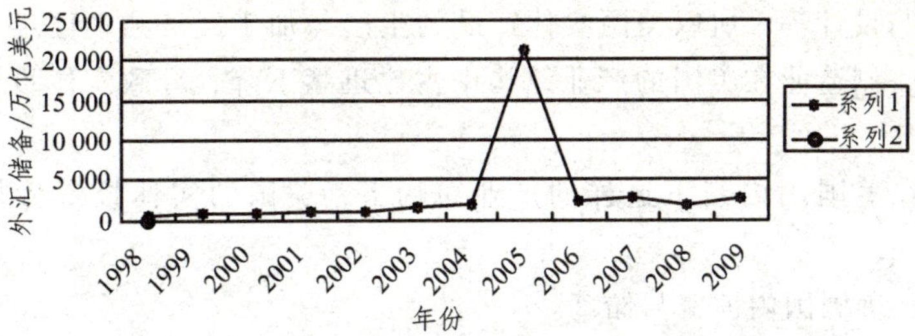

图 3.12　韩国外汇储备规模

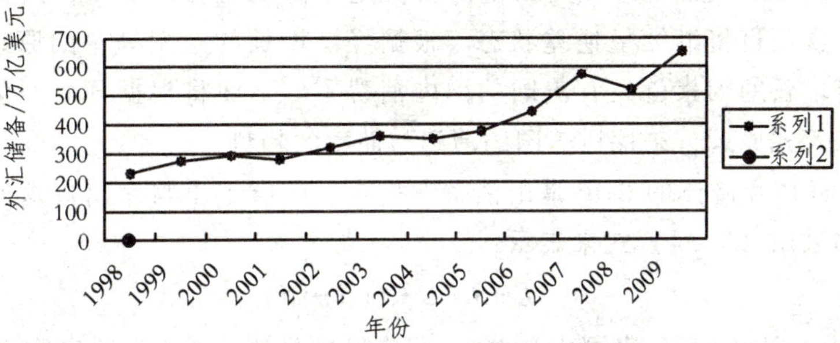

图 3.13　印尼外汇储备规模

数据来源：分别来自各经济体的统计局与 CEIC 数据库。

（二）东亚经济体外汇储备规模的发展趋势

1．外汇储备的提供方：美国

在目前恢复的布雷顿森立体系下，美元仍然是“中心”，所以各经济的外汇储备主要以美元资产为主。由此对东亚经济体外汇储备的未来发展趋势进行探讨，本书将从外汇储备的源头即提供方开始厘清其发展势头。

（1）美国的经济表现。

美国的经济表现，直接关乎境外美元的供给情况。下面将从美国国内投资、美国国内消费与储蓄、美国的出口这三个角度来分析世界境外美元供给的变化。

第一，美国国内投资。

在由美国等发达经济体跨国公司主导的产品内国际分工的全球经济运行机制下，美国的国内实体投资呈现下降的趋势。因为当下美国国内的经济增长不同于以往的发展模式，美国的经济增长不再是依赖资本、劳动力以及生产技术的投入而带来美国国内制造业生产效率的提高，现在的美国经济增长模式主要是依靠由知识与创新来驱动的，即依赖于思想与思维、知识的创新以及发明与设计等。所以美国实体产品的生产与加工经济活动已逐步转移到美国国外，制造业在美国的产业结构中占比迅猛下降，导致实体投资呈下降的趋势。

所以在美国国内当下这样的产业布局下，美国的实体投资将呈下降的趋势①。

第二，美国国内消费与储蓄。

美国的跨国公司根据比较优势原则，已将实体产品生产与加工制造经济活动大量转移至美国境外，美国境内投资呈下降的态势。所以，由此带来的是美国经常项目将继续呈逆差状态。根据经济增长的三架马车的原理，驱动美国经济增长的因素就只有美国的国内消费了。下面将根据开放经济体宏观经济均衡等式原理，来探讨美国的消费与储蓄的趋势。

一个开放经济体的GDP是由消费、投资、政府支出与净出口这四部分组成。本书采用（3.34）式来表示：

$$Y=C+I+G+(X-M) \tag{3.34}$$

其中Y代表GDP；C代表国内消费；I代表国内投资；G代表政府支出；$(X-M)$代表净出口。

（3.34）式的含义是：开放经济体可采取扩大消费、投资增加和扩大出口以及增加政府支出来促进经济增长。结合美国产业结构的现状：①投资方向是下降趋势，不具有可行性；②长期以来美国成为商品净进口国，$(X-M)$这一项长期为负。所以美国经济增长的方法只有国内消费C提升和政府支出G扩大的方向，即提高私人的消费与政府的消费或者两者消费一起提高。总之增加消费成为美国经济增长的依赖方式。

为了进一步考虑储蓄的变动趋势，将（3.34）中的私人和政府消费看出一个整体，可得：

$$S=I+(X-M) \tag{3.35}$$

其中，S代表储蓄；I代表国内投资；$(X-M)$代表净出口。结合美国经济的现状，（3.35）式的右边一项投资I在变小，净出口$(X-M)$为负数。所以要想等式仍然成立，美国国内储蓄S需要变小，甚至可能为负。

因而，在这样的产业布局下，美国当下及将来的经济呈现的是低储蓄、

① 这意味着将来美国的需要购买更多的货物与商品，经常项目将继续赤字，由此将必须通过回流境外美元或增发美元来弥补经常项目的赤字，且向境外供给美元呈继续增加的趋势成为可能。

高消费的特征，由此，将必须通过回流境外美元或增发美元来弥补经常项目的赤字，且向境外供给美元呈继续增加的趋势成为可能①。

第三，美国经常项目。

为了进一步明确境外美元供给与回流的情况，本书根据美国经常项目具体科目来进行分析。根据国际收支平衡表所示，经济体的经常项目由四个子项目组成：商品与货物、服务、收益以及经常转移。本书将主要分析前三个子项目的发展趋势。这三个子项目的顺差均意味着境外美元的回流，逆差均意味着境外美元的供给增加。

分析美国经常项目前三个子项目的发展趋势之前，本书首先阐释美国长期以来这三个子项目违背常理的顺差与逆差同时存在的情形原因。因为根据传统理论：经济体经常项目逆差会使其扮演国际净债务国的角色，即持续的经常项目逆差的结果是该经济体的外部负债规模不断增加，自然该国会有大量的利润与利息对外的支出，所以该经济体收益子项目为负数。但美国呈现的是：长期以来，在商品与货物子项目，美国一直是逆差状态，是美国长时间经常项目赤字的主要贡献者，但与此同时，美国在服务和收益的子项目下，一直处于持续顺差的趋势。下面将解释美国经常项目违背常理的这一经济现象，亦即剖析美国经常项目变动的趋势和境外美元的净供给情况。

目前的全球经济运行机制是在以美国为代表的发达经济体的跨国公司主导的产品内国际分工时代。经济主体的目的不再是追求以往的所生产的产品市场占有率，而更多的是追求对产业的全球价值链的主控能力。具体表现为：美国跨国公司以FDI形式在全球范围内转移美国国内产品的生产环节，跨国公司总部则主要是提供生产链与价值链的服务环节。因此，美国成为商品与货物进口国和服务出口国，同时，由于美国发达的金融服务吸引大量资金回流美国，不仅弥补了经常项目的赤字，而且拉低了美国境内的资金成本，致使美国长时期享受了低成本的资金融资②，获得更多的服务出口与投资收益，促进美国国内的消费，助推美国经常项目逆差上升。

因此，美国跨国公司主导的全球分工，最终促成了美国长期以来货物与商品子项目逆差、服务和收益子项目的长期顺差的格局。同时，由于商品产品与服务产品的特质不同，长时期以来货物商品贸易大于服务交易，货币商品贸易为全球贸易的主要对象，服务交易的规模长期以来不能超货物商品交

① 所以境外美元供给将使持续增加的趋势成为可能。

② 这种分工模式下，包括东亚的发展中经济体与美国形成了金融恐怖均衡的资金循环。

易的规模，且这一趋势还将继续存在。所以可以判定：美国将会继续延续经常项目赤字的趋势，即意味着境外美元供给将继续增加。这源源不断增加的境外美元供给为东亚等发展中经济体外汇储备增长提供了充分与必要条件。

（2）源源不断输出美元的客观原因：美国宽松货币政策约束条件失效。

第一，宽紧货币政策的考量。

所有的经济体都在思考如何增加国家财富，提高该国国民的福利问题。长期以来，各经济体一致认为，经济增长和提高就业率是实现增加国家财富以及提高国民财富的途径。然而，在今天的开放货币经济时代，国家财富增加或者国民福利增长的目标得以实现还需要稳定的货币环境。所以，实现经济体最终的目标需要经济增长、充分就业以及物价与汇率稳定这四个要素。但要想同时实现这四要素是非常困难的。因为实现这四要素的货币政策方向不是完全一致的：①实现充分就业与经济增长货币政策方向是宽松的；②避免本币贬值与通货膨胀的货币政策方向是紧缩的。由此，经济体在实现最终的目标前经常面临货币政策宽松与紧缩的困难抉择。对于储备型经济的美国，这份抉择显得更复杂、更艰难：美元以稳定的属性获得主要国际货币的地位，给美国带来巨大的包括铸币税在内的利益，所以美国权衡宽与紧的货币政策又新增加了一个权衡因素，美国在货币政策决策时将带来更多的制约条件。但现实经济中，美国经济运行机制与传统的经济金融理论有所差异。美国不但没有增加宽与紧货币政策抉择的烦恼，而且为美国宽松货币政策提供了更广阔的空间。下面将从宽松货币政策与通货膨胀、宽松货币政策与美元国际货币地位这两个关系展开对美国宽松货币政策操作空间增加的原因的分析，也即对约束美国宽松货币政策条件失效的原因进行分析。

第二，美国宽松货币政策的约束失效。

在目前的产品内国际分工下，美国宽松货币政策的约束逐渐失效。原因如下：

首先，宽松的货币政策与通货膨胀的弱相关。

根据宏观金融理论，通货膨胀率最终的原因是货币供应量。可以直接理解为，流通中货币量多会促使该国面临通货膨胀的压力。但自20世纪90年代以来，美国宽松的货币政策并没有导致美国通货膨胀，而是美国经济呈现了在宽松货币政策的推动下，美国经济处于长期增长同时，美国国内物价水平处于下降的状态。进一步分析造成这一现象的原因可归结为以下几个方面：

①工业制成品的低价格。

以美国为代表的发达经济体的跨国公司在全球范围进行资源配置，把发达经济体的技术、管理、品牌等与以东亚经济体为代表的发展中经济体低工资率与低成本资源有机地组合，促使生产成本不断下降，最终使工业制成品的价格水平长时期内保持较低的水平。

此外，在产品内国际分工模式下，充分体现了东亚等发展中经济体对美国等发达经济体的依赖，且东亚等发展中经济体间充满强大的竞争性，所以东亚等发展中经济体为保持其在国际分工中的位置，更多的时候选择压缩自身的经济利益空间，即采取低价格策略增加本口商品的出口规模。所以，东亚等发展中经济体自身利益的牺牲也在产品生产成本上升趋势与美国物价水平变动之间起到一个重要缓冲带。

②商品供给与需求全球化。

在以美国为代表的发达经济体的跨国公司主导的产品内国际分工背景下，商品供给与需求的国家范畴逐渐淡化，其表现为：①一国国内商品的供给与需求不再是该国国内生产要素和该国国内收入所能决定的变量。从商品的供给来看，发达经济体的跨国公司通过 FDI 方式把先进技术与管理方式输到发展中经济体，但其生产过程所需的原料是在全球采购。这样，商品的供给是由跨国界的生产要素决定的变量；②生产的商品利用发达经济体跨国公司的品牌与全球范围销售网络在跨国界销售，所以生产出来的商品需求也不再是由一国收入决定的变量。

具体来讲，在美国的跨国公司通过 FDI 把商品生产转移至发展中经济体背景下，美国国内的商品供给不再是由美国国内的生产要素决定的。所以，美国国内商品价格的变动不再为美联储货币供给所能决定的。由此美国经济长时期呈现了宽松货币政策与物价水平相关性减弱的趋势，且这一趋势将继续存在。

③高效率的服务产品。

在国际的产品内分工下，美国是一个专事服务业的经济体。专业化分工提高美国服务业的效率，通过国际范围的销售对象实现了巨大的规模经济效益，由此使美国服务产品的价格长期保持比较稳定的态势。

所以，在目前的国际经济运行机制下，由于以上三个方面的作用，促使美国国内的物价水平与美联储宽松货币政策存在弱相关性，且随着产品内国际分工的发展，这二者的弱相关关系将继续存在，即意味着境外美元供给的约束性在逐渐失效。

其次，宽松货币政策与美元国际地位的弱相关。

①经常项目赤字与世界货币的传统关系。

传统经验及理论表明，作为储备型经济体，稳定币值是该经济体货币政策中的重要目标，且一国产品的市场占有率是代表该国产业的优势。所以以往储备型经济体的经常项目是不可能长期存在赤字的。其具体的影响传导机制为：经常项目长期赤字就意味着该国产业的优势在下降，将会引起本国货币贬值预期，国际投资者不愿持有本币，通过该国资本与金融项目回流的资金将会锐减，减少了为经常项目逆差的融资。由此会导致该储备型经济体本币贬值，进一步影响该储备经济体本币的国际地位。

②宽松货币政策与美元中心地位的当今关系。

在以美国为代表的发达经济体跨国公司主导的产品内国际分工时代下，美国扩张的货币政策对美元汇率水平的稳定的影响呈现不相关的情形。具体的经济事实：宽松的货币政策带来美国经常项目长期逆差状态，但美元的汇率水平稳定性没有发生改变。究其原因：在目前的全球经济运行机制下，美国经常项目的逆差不是美国产业竞争力是下降的结果，而是美国跨国公司根据比较优势原则在全球范围内进行美国国内产业结构调整的成果。

由此，在这样全球分工协作下，美国的跨国公司的核心竞争实力得到极大的提高。它不断强化美国在知识含量较高的要素上的全球优势，巩固美国在产业核心环节的垄断地位，最终使美国主控着产业的全球价值链，独享全球价值链上的巨大的利益，因此，弥补美国经常项目赤字的资金来源具有持续性。其具体的逻辑为：在美国跨国公司强大的竞争实力尤其是在金融行业的优越性，大量资本持续流入美国境内，为美国经常项目逆差自动融资，美元币值的稳定性得到保证，稳定了美元的国际中心地位。

如今，一国产业优势的指标不再是生产产品的市场占有率，而是以产业价值链的主控权为主要指标。由美国发达经济体跨国公司主导的全球产品内分工时代，极大地提升了美国跨国公司的实力，促进了美国经济增长，同时也稳定了全球工业制成品价格。因而，最终呈现美国宽松的货币政策能同时实现美国经济增长与美国国内物价稳定这两要素。同时，因美国跨国公司实力的提升更加吸引境外美元大量回流，长期处于赤字状态的美国经常项目得到便利的融通资金，所以美国与此同时实现了经常项目赤字和美元币值稳定的目标。由此，境外美元供给是可以实现源源不间断的，与此同时美元的国际中心地位也不受影响。

2．外汇储备接受方：东亚经济体

（1）东亚经济体在全球产品内分工的位置。

目前的全球经济运行机制是以美国等发达经济体的跨国公司主导的。根据以上分析，东亚经济体经济增长对发达经济体具有较强的依附性，其依附性困扰可归纳为：首先，美国等发达经济体跨国公司的FDI决定东亚经济体的产业结构与经济增长；其次，在目前的分工格局中，东亚经济体处于劳动密集型的生产经济活动中，因此决定了东亚经济体在全球价值链上是低附加值位置，具有较强的可替代性。

（2）东亚经济体汇率波动风险。

传统的理论观点，经济体外部失衡，可以采用汇率工具来进行改善。因为汇率的变动会改变本国居民在本国生产产品与进口品之间的消费选择，从而起到改善外部经济失衡的现状。但在现实经济中，东亚经济体没有使用汇率工具来调节经常项目长期顺差的状态。究其原因是东亚经济体目前对全球链产业链主导权的缺失，如果采取汇率工具来进行调整，将会给东亚经济体自身经济增长带来许多的不确定性，给本国经济发展带来巨大的冲击。本书将从以下几个方面谈及汇率变动将会给东亚经济体带来的风险。

第一，宏观经济波动风险。

20世纪90年代以来，不仅是实体经济体的全球化快速发展，而且虚拟经济以更快的速度在发展①。所以在一个金融资产规模与国际投机的量急剧扩张的国际经济背景下，汇率水平不一定能够很好地调整经济体的外部失衡。因为日渐壮大的投机资本会把一国的资本与金融项目原本是被动地为该经济体经常项目进行融资变成资金主动流入的渠道②，该经济体的外汇市场将会呈现外汇供给严重大于外汇的需求，此时决定的汇率水平不能如实地反映该经济体实体经济状况。这样汇率水平的调整不是促进该经济体国内经济的均衡发展，而是加大国内经济的波动。尤其是像东亚经济体这样的发展中经济体将会面临更大的宏观经济波动的风险，因为东业经济体市场机制还不完善，且

① 全球范围，仅从场外金融衍生品角度，在2000年，此规模是当年实体经济的规模的5倍，到2010年已经达到13倍。劳埃德TSB集团首席经济学家特雷弗·威廉姆斯《资本市场如何应对金融和经济危机?》（2013）提到资本市场规模的增速快于实体经济体的增速，并预测2016年全球资本市场总额为222万亿美元。

② 因为当经济体出现经常项目顺差时，该经济体本币将处于升值的预期，这时大量的国际投机资本通过经常项目以及资本与金融项目流入该经济体，则经济体将出现经常项目、资本与金融项目双顺差的格局。

经济的增长主要依靠低附加值的出口，此状态下的宏观经济运行则无法应对汇率水平的剧烈波动。

第二，产业层面风险。

汇率波动给一国产业层面带来风险的机制原理是：汇率变化会对一国产业结构调整和贸易商品结构调整产生经济效应。在目前由以美国为代表的发达经济体跨国公司主导的全球生产链与价值链的背景下，东亚经济体在链条上的位置是劳动密集型或低端产品的生产环节，且生产的产品是同质与技术垄断含量低，所以东亚经济体企业长期以来获取的利润非常小。东亚经济体本币的升值将使东亚经济体许多企业面临退出市场的威胁，影响到一国充分就业等宏观经济政策目标的实现，而且，东亚经济体本币的升值将会改变跨国公司在全球产业链的布局，跨国公司的 FDI 将减少。如果该经济体的产业优势没有建立和调整好，该经济体将会出现产业空洞化。所以，东亚经济体汇率的波动将会给本国产业层面带来更大的不确定性。

第三，货币错配的问题。

根据已有的关于货币错配的研究，可以清楚地认识到这是非储备型经济体必须面临的问题。因为在当前的牙买加货币体系或者恢复的布雷顿森林体系中，美元作为主要的关键货币，许多非储备型的经济体面临本国货币无法在国际经济活动中使用的问题，导致非储备型经济体的经济主体，如银行、企业或个人的收支活动在资产与负债中要使用不同的货币计值，即这些经济体主体的资产与负债的币种结构是不一致的，进而其收入对汇率的波动非常敏感。国内学者李扬（2006）曾具体描述货币错配的经济内容，是指经济体在融入全球经济进程中，因其在货物与资本的流动中采用不同的货币来计值，所以在汇率水平发生变动时，将会导致经济体的收入与支出、资产与负债的关系会发生变化。

对于非储备型的东亚经济体，对汇率水平波动更是敏感，由此货币错配是东亚经济体一个客观存在的经济现象和问题。由此，目前东亚经济体采取以官方持有外汇储备的形式即采取由政府来承担①来化解这一风险②。

第四，在全球经济链条中的依附地位。

---

① 东亚经济体尤其是中国，政府手中持有大量的外汇储备，同时面临巨大的外汇储备占款的负债。

② 但令人担心的是，货币错配的存在，如果东亚经济体的产业一直没有调整，“过剩”的外汇储备将不断增长且将一直不间断地流入美国，最后将进一步扩大东亚经济体的货币错配的经济现象。

当下牙买加国际货币体系其实为后布雷顿森林体系，所以目前世界的格局仍然是“中心－外围”的格局。美国角色是“中心”，东亚经济体在整个国际货币体系中为“外围 ”。在“中心－外围”格局中，东亚经济体更多的是充当由美国主控的国际资本流的“蓄水池”①。因此，这样的资金流带来的汇率剧烈波动不利于东亚经济体经济的稳定发展。换而言之，目前的所谓的均衡汇率水平是由美国主控的，因此对于“外围”东亚经济体，传统的汇率政策作用是失效的，而外汇储备的功能应是在不断延伸的。

3．美国宽松的货币政策与东亚经济体外汇储备的增长

根据以上分析，始于20世纪90年代的东亚外汇储备增长的源头均来自于美国宽松的货币政策。因为在目前的国际经济运行机制下，约束美国宽松的货币政策条件逐渐褪去。所以美国一直可以以美国经济增长为主要的核心目标而向流通中增加货币投放，美国境外美元可以持续增加，助推东亚经济体外汇储备的增长。且美国投放美元的经济行为，还将产生两方面的影响：第一，物价稳定的情形下，美国国内经济主体的实际货币增加，将刺激美国国内消费需求，导致美国进口增加进而扩大美国贸易的逆差，且与此同时扩大东亚经济体的出口，其外汇储备规模大增；第二，美元投放增加，美国经济主体享受了财富效应，这样进一步增加美国经济主体的实际货币的余额，促进美国经济主体的消费需求与东亚经济体的出口，东亚经济体的外汇储备将会大增。东亚经济体大规模的外汇储备在美国具有优势的服务业，尤其是在金融服务业的吸引下，不间断流入美国，形成资金在美国与东亚经济体间的循环，且加上美国跨国公司对全球价值链的主控②，此循环不断增强，东亚外汇储备也不断增长。

因此，美国宽松货币政策的可行性，为美国货物贸易项目下的逆差提供可行条件。这样东亚经济体的货物商品出口顺差将继续存在，境外的美元供给将继续源源不断的增加，且由于美国的强势服务业尤其是金融服务业，使美国与东亚经济体间的资金循环流顺利展开。由此东亚经济体高增长和大规模的以美元资产为主的外汇储备现象将继续延续。

---

① 这种“蓄水池”的表现是：当美国经济不好时，美国资本出现过剩，资本就由美国国家流出，进入到东亚经济体，经济体本国货币因此面临升值压力；但一旦美国国家经济好转，这些资本流入美国，东亚经济体出现大量的资本外逃，本国货币面临巨大的贬值压力。

② 美国强大的金融服务业吸引大量的资本流入美国，使美国经济主体享受低成本的资金融资。

三、 内生性外汇储备延伸功能理论分析

（一） 内生性外汇储备延伸功能

由以上分析可知，这一轮的中国及整个东亚经济体高储备的境况是国际环境下“均衡”的表现之一，具有内生性，且内生性呈强化的趋势。所以已有的外汇储备成功管理经验显得力不从心，尤其是对中国而言。本书试图重新定义东亚经济体高储备的外汇储备功能，用新的思路来探讨老的问题，重新诠释外汇储备的有效管理。

1．国家财富内涵

（1）国家财富传统的内涵。

外汇储备管理，其实就是有关国家财富管理的话题。首先本书谈谈国家财富的内涵。国家财富整体的概要是指经济体所拥有的生产与自然资产、人力和社会资源的总和。其中，生产资产是一种人造资产；自然资产是大自然所赋予的财富，是自然生成的；人力和社会资源是抽象的概念。人力资源是指主体人通过教育、健康和营养等方面的投资而形成的为主体人创造福利的能力；社会资源是指社会体制与文化基础，它扮演连接生产资产和自然资产以及人力资源三方的纽带，以此达到经济体有效运用这三方资源的目的。

（2）本书对国家财富的理解。

本书将采用李斯特对财富的理解来对国家财富进行深入的探讨。李斯特的观点：具有生产财富的能力比拥有财富本身更为重要，即“因为财富的生产力比之财富本身，不晓得要重要多少倍，它不但可以使已有的和已经增加的财富获得保障，而且可以使已经消失的财富获得补偿”。

由此本书对国家财富的理解为：财富分为两个层次，即财富本身和获取财富的能力，其中，后者是更为重要的财富。也即在全球化的背景下，对外汇储备有效管理应理解为如何发挥巨大规模外汇储备功能来提升一国对财富主控的能力。

2．外汇储备的延伸功能

始于20世纪90年代的这一轮外汇储备的增长，高储备东亚经济体的外汇储备管理处于无所适从的状态。因为基于外汇储备的已有的几项功能（保证支付、稳定汇率、提高信用、预防危机）来进行测算经济体最优外汇储备规模与现实持有的外汇储备规模差距越来越大，且持有的成本也越来越大，即

面临前文提及的“高储蓄两难”或者“美元陷阱”的困境。因为通过前文的分析可知，这一轮的东亚经济体的高储备具有时代的内生性，内生于目前的全球经济运行机制，且以金融恐怖均衡形式来表现，因此已有的外汇储备有效管理思路面临巨大的挑战。

基于此，依据外汇储备功能发展的逻辑：随着经济体处于不同的内部与外部经济背景，外汇储备功能逐步发生变化，表现为功能类型和功能的重要性次序有所不同（以往功能是交易功能，现代的功能是稳定功能①）。本书对东亚经济体庞大的外汇储备的功能将进行新的思考，挖掘巨额外汇储备潜在的功能，以此探讨现阶段高储备经济体外汇储备有效管理的新内涵。

本书根据前文解释的“中心－外围”“福利经济学”等理论，挖掘出巨额的外汇储备具有改善东亚经济体在既定全球经济运行机制的位置的功能。其中，行使主体的代表是主权财富基金。具体逻辑为：主权财富基金扮演类似国际政府的角色，行使转移支付的功能，改善东亚经济体初始禀赋条件，根据福利经济学第二定理，此经济行为实现优化东亚经济体在参与国际市场竞争中的帕累托配置，进而摆脱东亚经济体经济增长对发达经济体的依附性，自然提升东亚经济体在全球价值链条中获取更多的财富以及创造财富的能力，即提高东亚经济体对财富和价值的主控权，高储备现象以及因持有高储备带来的“美元陷阱”困境（因其存在的基础没有）也随之消退。

（二）内生性外汇储备延伸功能的行使主体：主权财富基金

1. 主权财富基金概况

（1）主权财富基金的定义及性质。

到目前，学术界及业界对主权财富基金的定义有许多提法，其内容都是围绕主权财富基金的资金来源、持有人、用途和类型展开的，不同之处在于这四个方面的阐释不同。本书依据学者学者范德胜（2012）对其的界定②，对主权财富基金的定义及其性质归纳为：主权财富基金为国家政府所拥有，被政府控制，主要服务的目标是提高外汇储备收益性、稳定物价、为子孙后

---

① 稳定功能包括汇率稳定和宏观经济稳定。

② 主权财富基金是政府的一种投资工具，是依靠国家外汇储备资产建立的，并由国家成立专门机构对外汇储备资产进行运作和管理的投资基金。主权财富基金应有的特点：第一，主权性，即股权为本国政府；第二，资金来源主要是外国货币；第三，有较高的风险容忍度；第四，长期的投资视野，投资时限为五年以上。

代提供储备资产、提升国家产业结构以及推进经济战略和政治目的等。

（2）主权财富基金的规模。

主权财富基金是始于20世纪90年代高增长外汇储备的产物。截至2012年9月，全球53个国家或地区成立了主权财富基金。资料显示：2012年期资金总规模为5.1万亿美元。且根据学者基于不同的研究视角预测主权财富基金未来的规模，其结论均为主权财富基金呈增长的态势，且主权财富基金的增长快于对冲基金与私人证券投资者等投资主体。比如学者Jeno Jen（2007）预测2015年全球主权财富基金的资产规模将达到12万亿美元；Kern（2008）以动态视角分析外汇储备增长，得出主权财富基金规模的年均增长率为15%，预测到2015年全球的外汇储备将达到10万亿；还有学者的结论是主权财富基金的年平均增长率将达到20%，预测其资产规模在2015年将达到13.4万亿美元，其增长快于对冲基金、私人证券投资者等的增长。

2. 主权财富基金的经济效应

21世纪初兴起的全球主权财富基金并以较快的速度在增长，以高风险与高收益的投资为其投资风格。资料显示，该投资策略与投资战略必将会对国际金融格局或者全球储备货币结构等产生重大影响，即将产生巨大的经济效应。

（1）经济效应。

本书把经济效应等同于经济影响。目前学者根据不同的划分标准将经济效应分为许多不同的类型。第一，影响的方向，分为积极与消极的经济效应；第二，影响时间的长短，分为短期和长期经济效应；第三，影响的范围，分为宏观与微观的经济效应两种。下面将梳理的有关其产生的经济效应，根据经济效应的兴起与壮大对全球经济与金融领域产生的影响，归属为宏观经济效应范畴。

（2）宏观经济效应。

第一，对国际金融市场的影响。

①国际资本的流动。

作为投资主体是政府的主权财富基金，将一国积累的、难以在该国国内投资或者用于进口的多余外汇储备投资到国际市场，为需要资金平衡赤字的国家或者需要资金的国家提供大量的资金支持，这将对全球市场起到积极的作用。学者Lowery（2007）、Gieve（2008）等都得到类似的结论。

且随着主权财富基金的壮大，将改变现有的全球市场的投资主体结构，会使公共部门在全球市场主体结构中的地位迅速上升。学者 Kern（2007）和 Garten（2007）均认为主权财富基金将打破全球金融市场以私人投资者为主的基本结构，主权财富基金将变成全球债券与股票市场上最大而且最重要的购买者。学者 Summers（2007）认为，主权财富基金在全球市场的地位将快速上升，意味全球市场将进入“再国有化”的轨道，撼动资本主义体系①。

所以从已有学者的研究结果来看，主权财富基金的投资活动正在改变国际资金的流动，进而将逐步改变目前全球金融市场的投资主体结构。这一现象体现了东亚经济体的高额外汇储备潜在的功能。

②资产的价格。

资产价格是主权财富基金十分关注的对象，每个投资主体都在追逐高收益，但与此同时每个投资主体都在改变资产的价格。学者 Park（2008）、Shabbir（2009）等提出主权财富基金的壮大对全球市场上的风险资产和安全资产都将产生很大的影响，它将会提高全球资本市场上无风险资产的价格水平而同时降低全球资本市场上的风险资产的价格水平。学者宋玉华（2009）、柳子君（2009）都认为，在主权财富基金不断扩大规模的趋势下，将会使全球市场总体的相对风险厌恶系数变小，进而影响全球各类金融与非金融资产的长期收益。

所以东亚经济体的主权财富基金将改变现有的全球价值链的布局，为东亚经济体获得更高的回报以及提高对利润的主控能力给予很大的可能性。

第二，对美元地位和全球储备结构的影响。

由于主权财富基金的投资领域会更多涉及美国境外，这样的资金流动的改变，必将会影响美元目前的国际地位以及动摇美元在经济体的储备结构中的权重。学者 Tassell（2007）、Lyons（2007）指出，西方经济体的保护主义导致主权财富基金的资金将更多流向新兴经济体的债券与股票市场，与此同时新兴经济体的外汇储备货币结构的多样化，将进一步强化新兴经济体的证券市场吸引力。学者宋国友（2007）认为，主权财富基金的兴起将导致外汇投资的多元化，这对美国经济的可持续发展以及美元的汇率稳定是不利的，进而对美国今天的霸主地位构成巨大的威胁。Portman（2008）提出，由于新兴经济体逐渐关注美元贬值给该国带来的通货膨胀的压力以及对贸易平衡造成的严重影响，新兴经济体钉住美元的美元外汇将会被逐渐转移，这将会影

① 资本主义是私有制。

响全球储备货币的结构，因为新兴经济体的外汇储备占到全球外汇储备总额的70% ~80% 。所以其调整的结果必将使美元国际货币地位走弱。

因此已有的研究表明，全球主权财富基金的兴起与快速发展，产生了巨大的宏观经济效应。将从对资金的流动、资产的价格、投资领域等方面的改变，撼动发达经济体主导的这一轮经济与金融全球化的运行机制。这将为改善发展中经济体在全球生产与价值链条的位置提供可能。所以基于已有的研究结果，结合“中心 - 外围”、福利经济学第二定理、国家财富等理论的运用，本书延伸了东亚经济体高额的外汇储备的功能——改善东亚经济体参与全球化的初始禀赋，使东亚经济体获取更多的全球利润，更为重要的是提高东亚经济体对全球经济运行机制主控权的可能性，高储备以及因持有高储备而给持有国外汇储备管理带来的“美元陷阱”也随之消退。

本章小结

本章以“中心 - 外围”等理论为依据，且运用博弈论等分析方法与基于全球产品内分工视角对东亚经济体外汇储备形成机理进行分析，得出东亚经济体外汇储备增长内生于经济，具有内生性的结论，且进一步指出其内生性是以经济主体间博弈的均衡形式来呈现的，即本书谈及的“金融恐怖”均衡。内生性的外汇储备意味着东亚经济高增长的外汇储备不具有可控性。与此同时，持有大规模外汇储备的东亚经济体也随着外汇储备的增长面临成本剧增的问题。面对“高增长不具有可控性；高存量不具有收益性”的外汇储备管理困境，本书通过“中心 - 外围”、福利经济学第二定理等理论的解读，结合探讨关于主权财富基金产生的宏观经济效应的文献，延伸了东亚经济体庞大规模外汇储备的功能：改善东亚经济体参与经济全球化的初始禀赋。第三章内容结构如图 3. 14 所示，第三章思路如图 3. 15 所示。

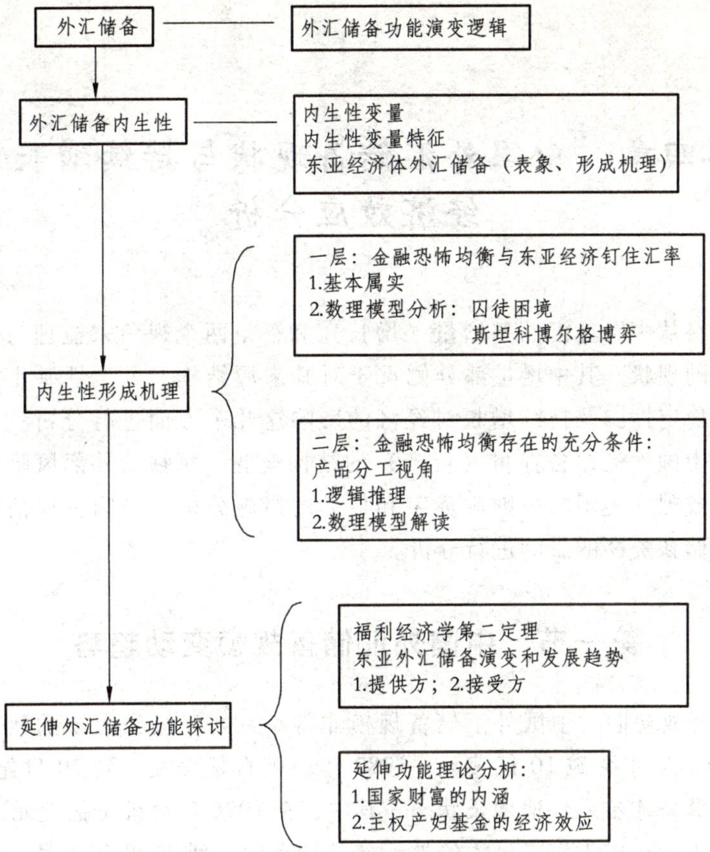

图 3.14　第三章内容结构图

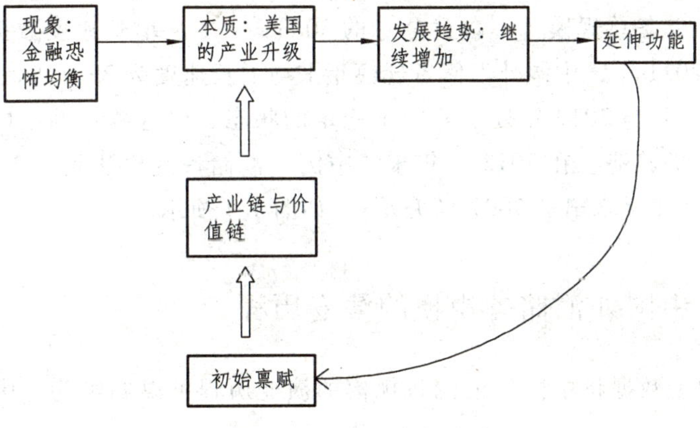

图 3.15　第三章思路

第四章 中国外汇储备现状与持续增长的经济效应分析

本书将从中国外汇储备增量（增长）和存量两个视角来梳理与分析中国外汇储备的现状。其中增量部分侧重于对其来源结构、内生性基本事实、内生性增长稳定性以及持续增长对经济的影响这几个方面进行分析；存量部分侧重于对中国外汇储备存量（资产）的结构演变、面临的外部风险和所有外部风险的成因、美国减少财政赤字和债务的措施分析、美国主权信用风险对中国外汇储备资产的影响进行分析。

第一节 中国外汇储备规模变动趋势

改革开放初期，中国外汇储备规模非常小，处于极为短缺的状态，直到70年代中后期才突破10亿美元，1982年突破百亿美元。到20世纪90年代后期外汇储备才步入快速增长状态，其中，在1996年突破千亿美元，2006年突破万亿美元，成为世界最大的外汇储备持有国。到2009年4月，中国外汇储备规模突破2万亿①美元，在2011年底，中国的外汇储备总额（不含黄金）占全球外汇储备总规模（不含黄金）的30.3%。如从增长速度数据来看，从1978年到2011年，中国外汇储备规模年平均增长速度为29.15%。其后世界经济在2012年与2013年处于非常不稳定的状态，但这两年的中国外汇储备仍呈现增长的趋势。在2013年年末，中国外汇储备规模达到了3.82万亿美元，比2012年年末增加5097亿美元②，如图4.1所示。

一、中国外汇储备规模的演变历程

根据以上数据将中国外汇储备规模的演变历程可以归纳为：中国外汇储

---

① 数据来源于国家外汇管理局网站。

② 数据来源于财经网，http://economy.caijing.com.cn/2014-01-15/113821873.html。

备经历从最初的短缺到充足，直到20世纪90年代才处于增长的转折点。其中，20世纪90年代到2000年年初这一时期，外汇储备处于平稳增长，2000年以后其规模处于高速增长的进程，如图4.2所示。下面将具体分析中国外汇储备的演变历程及其原因。

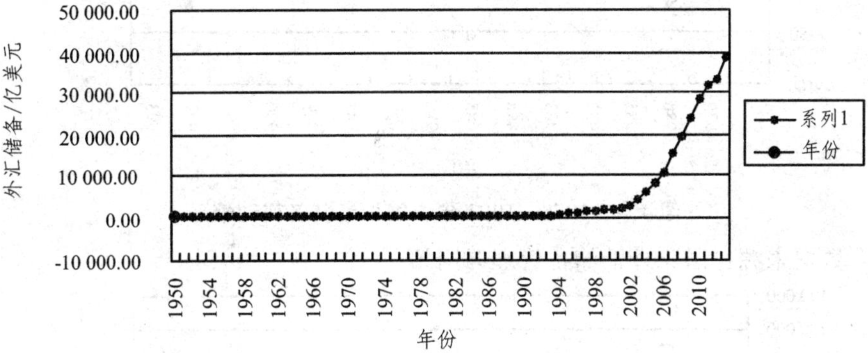

图4.1 1950—2013年中国外汇储备规模

数据来源：国家外汇储备管理局网站。

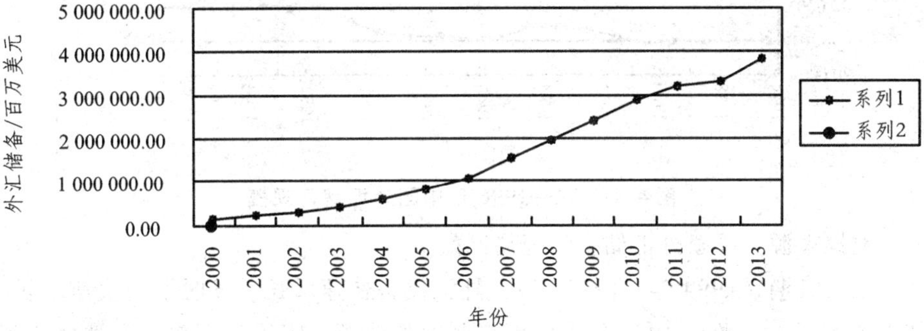

图4.2 2000—2013年中国外汇储备规模

数据来源：国家外汇储备管理局。

第一时期（1978年—1993年）：外汇储备短缺。这时期处于改革开放初期与统一汇率水平形成前，中国的外汇储备处于波动性较大与规模较小的状态，如图4.3和图4.4所示。具体而言，从1978年到1993年中国外汇储备处于短缺的状态，且在1988年之前其规模波动性较大，没有形成增长的趋势。究其原因为：第一，1978年的改革开放，中国进口猛增加；第二，1990年开始，部分内销产品转为出口，人民币对外贬值40%；第三，1992年后中国经济进入稳定的增长阶段，外汇储备规模进入稳定的增加。

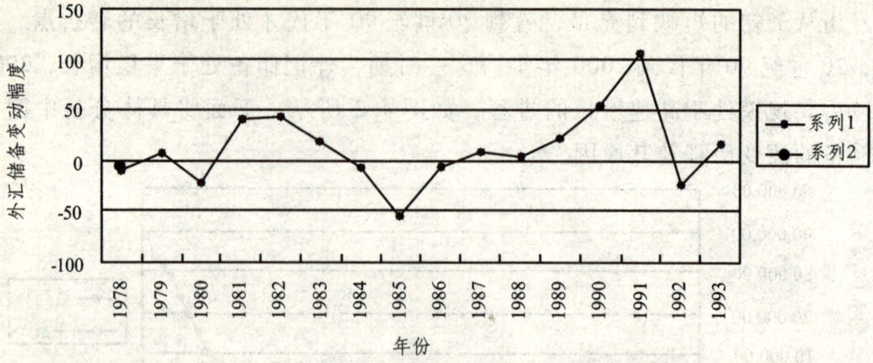

图 4.3　1978—1993 年中国外汇储备变动情形

数据来源：国家外汇储备管理局网站。

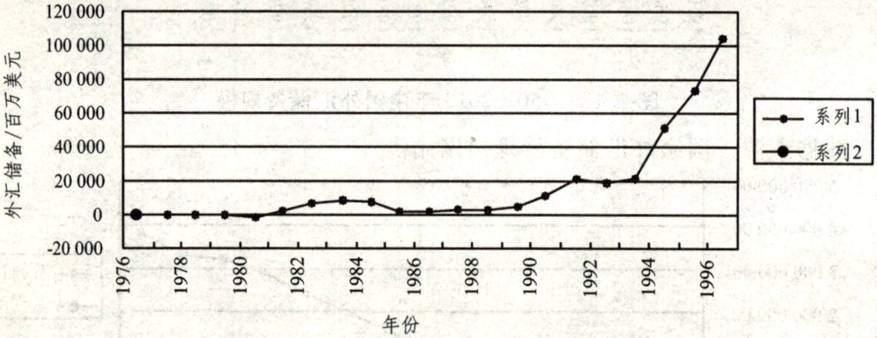

图 4.4 1976—1996 年中国外汇储备规模

数据来源：国家外汇储备管理局网站。

第二时期（1994 年—1997 年）：外汇储备快速增长。该时期的快速增长，如图 4.1 所示，源于 1994 年中国汇率制度的改革，人民币汇率一次性由改革之前的 5.8 元/美元调整为 8.7 元/美元，且取消各类外汇留成和额度管理制度①。并且，从 1994 年后中国的外国直接投资数额呈增长的态势，占到每年中国利用外资总额的 70% 或者 80%，成为世界第二大吸引外资的国家，如图 4.5 所示。所以中国外汇储备这一时期得到快速的增长，如图 4.6 所示。

第三时期（1997 年—2000 年）：增速平稳。源于 1997 年亚洲金融危机的发生，新加坡、马来西亚、韩国、日本等国和中国香港地区的经济受到很大

① 在银行结售汇制度下，结汇与售后以银行作为主体，所以结汇是指外汇收入的所有者将外汇卖给外汇指定银行，外汇指定银行会根据交易行为发生之日的人民币汇率付给外汇收入者等值人民币的行为；售汇是指外汇指定银行售卖外汇给外汇使用者，并根据交易行为发生之日的人民币汇率向外汇使用者收取等值人民币的行为。

打击。根据统计数据（1995—2005）①，这些经济体包含在中国的前 20 大出口国里，所以 1997 年金融危机的爆发沉重打击了中国出口，导致中国贸易顺差大幅减少，外汇储备的增长出现回落，如图 4.7 与图 4.8 所示。

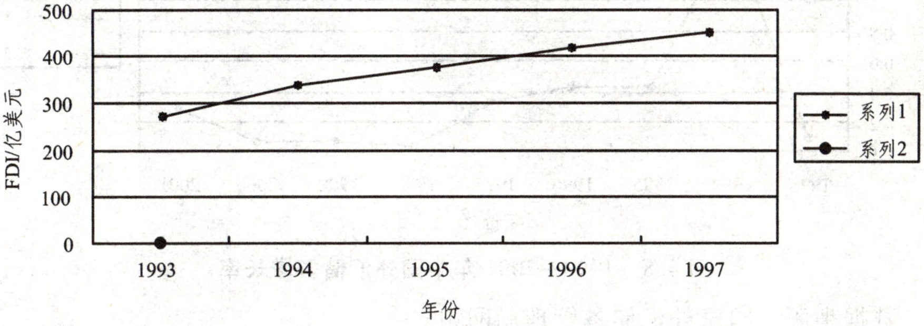

图 4.5　1993—1997 年中国的外国直接投资额

数据来源：国家统计局网站。

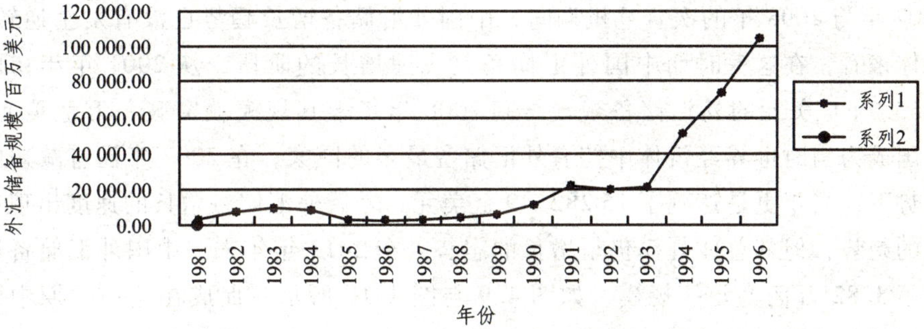

图 4.6　1981—1996 年中国外汇储备规模

数据来源：国家外汇储备管理局网站。

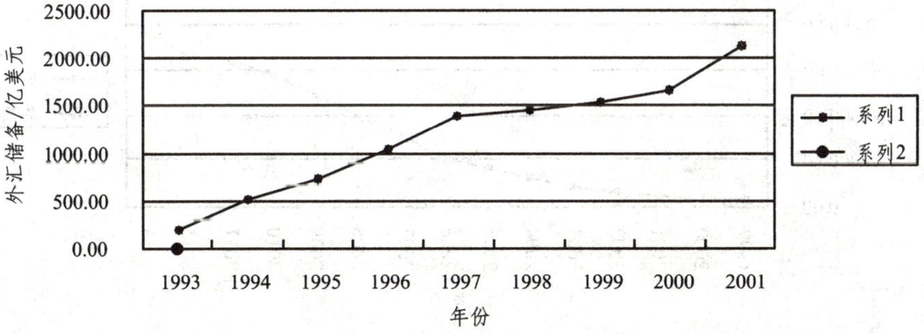

图 4.7　1993—2001 年中国外汇储备规模

① 数据来源于中国对外贸易经济合作企业年鉴 2010。

数据来源：国家外汇储备管理局网站。

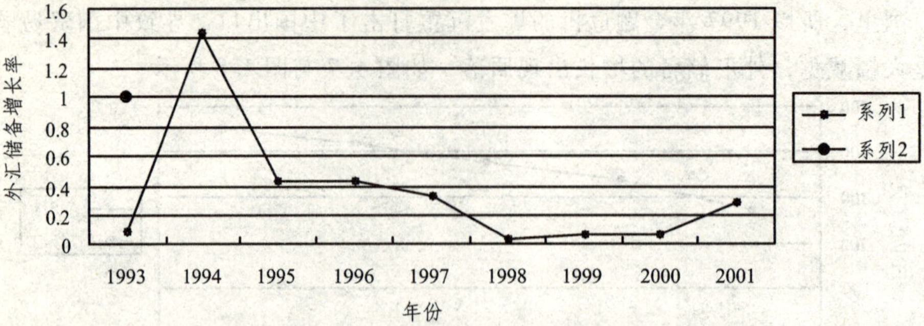

图 4.8　1993—2001 年中国外汇储备增长率

数据来源：国家外汇储备管理局网站。

第四时期（2001 年—2013 年）：超额增长。即使在 2005 年和 2007 年期间人民币汇率水平先后相继升值，但中国外汇储备规模仍在增加，甚至在 2007 年与 2008 年的次贷危机期间，中国外汇储备增长趋势也没有发生逆转。整体来看，在这一时期中国外汇储备是飞速增长的阶段，从 2001 年年初的 1655.74 亿美元的外汇储备规模，到 2006 年年末其规模就突破一万亿美元，中国成为当时世界经济体中持有外汇储备最多的国家；在 2007 年没有减速的趋势下，当年更是达到了 15 282.49 亿美元；之后外汇储备增长的速度出现下滑的趋势，但其总体规模仍呈增长的态势，在 2013 年年末，中国外汇储备达到了 3.82 万亿美元的规模，如图 4.9 与图 4.10 所示。促成在这一时期中国外汇储备规模超额的增长，资料显示：其直接原因是中国的金融与资本项目与经常项目都出现了大规模顺差。

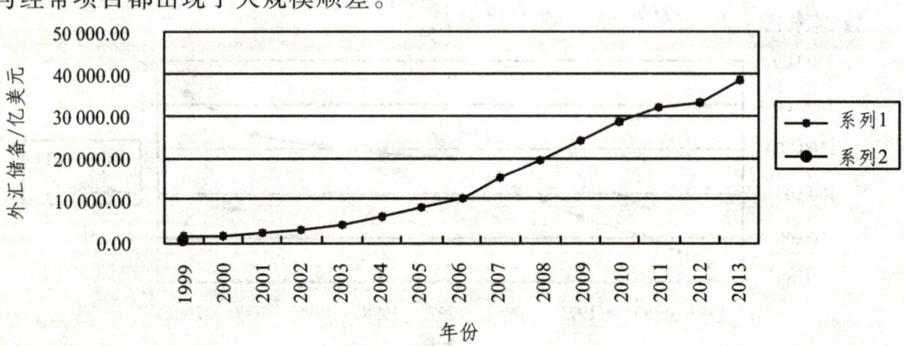

图 4.9　1999—2013 年中国外汇储备规模

数据来源：国家外汇储备管理局网站。

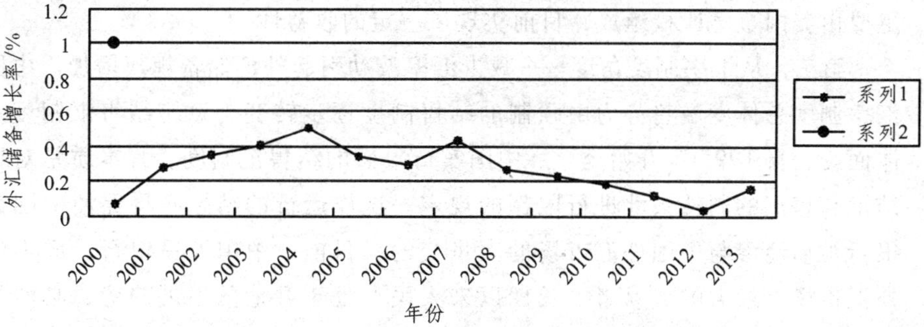

图 4.10　2000—2013 年中国外汇储备增长率

数据来源：国家外汇储备管理局网站。

二、　中国外汇储备管理的现行特点

中国外汇储备管理历经几次改革，其目前的管理可归纳出以下几个特点：

第一，从国际收支平衡表角度——外汇、外汇储备、本币三者间兑换限制减少。人民币经常项目从 1994 年已实现自由兑换。具体表现为：企业的外汇收入与支出均可通过外汇账户来办理，但企业经常项目的外汇收入是实行限额结汇制度的，这意味着出口企业的外汇收入是必须及时调回中国境内，其后对其进行联网核查，目前企业是可以自行决定外汇收入的留成①；企业进出口支付外汇时是实行付汇核销制度，实施该制度的目的是遏制虚假贸易的“热钱”出入。发展至今，中国经常项目的外汇支付账户管理已转向实施非现场管理监测，其目的是减少热钱对中国外汇储备规模变动的冲击②。

第二，从外汇储备存量角度——多元化配置外汇储备资产。外汇储备存量实行多元化的投资主体。以中国分别于 2003 年与在 2007 年 9 月成立中国华安投资有限公司和中国投资公司（CIC）为标志，其管理步入投资多元化的行程，意味着中国外汇储备积极管理的开始。截至目前，中国外汇储备的投资者主要由外汇管理局、中国投资公司、中国华安投资有限公司、国家开发银行以及社保基金等组成。其中，中国投资公司（CIC）注册资金额为 2000 亿美元，资金来自外汇储备。中国投资公司（CIC）通过进行海外投资运作，以期提高外汇储备资产的收益率。资料显示，中国投资公司（CIC）的投资组合

① 资料来源于国家外汇管理局网站。

② 王晓钧：《后危机时代中国外汇储备结构优化问题研究》，2011 年。

主要由美国金融股权组成，目前实现了一定的收益性。

第三，从汇率制度角度——减少汇率波动引起外汇储备规模增加。中国的汇率制度总体发展趋势为由强制的结售制度逐步转变为意愿结售汇制度。具体而言，自 1997 年开始至今，中国实行限额的结售汇制度。其本质是对银行结汇与售汇的周转头寸进行限额的规定。这样运行的结果必将促使中国人民银行被动地参与中国外汇市场的大量交易。目前，中国人民银行，成为中国外汇市场上最大的交易者。长期以来人民币处于升值的发展趋势，必然带动中国外汇储备规模长期呈现增长的趋势。与此同时，外汇储备作为货币管理局的资产，其与银行准备金的属性是一样的。其结果是，中国人民银行增加外汇储备资产同时，中国人民银行向国内投放基础货币，最终促成中国长期以来基础货币投放中外汇占款占比非常大的格局。因此，未来减少汇率的波动，通过外汇储备增加进行外部均衡管理，该经济行为的副产品是削弱了中国人民银行货币政策的独立性。

第四，从汇率水平角度——提升人民币币值但外汇储备规模同增长。最近一次外汇制度的改革为 2005 年 7 月份，加上推行以市场供求为基础的有管理的浮动汇率制度，即实行以市场供求为基础的参考一篮子货币进行调节的有管理浮动汇率制度，从 2005 年至 2013 年，人民币汇率水平一直处于升值的通道，但数据显示，人民币汇率水平的提升与中国外汇储备增长是齐头并进的，没有出现理论中关于这二者此消彼长的现象，而是表现为：中国外汇储备规模从 2005 年到 2013 年的增长没有出现逆转，在 2013 年年末，中国外汇储备仍达到了 3.82 万亿美元的规模，其总规模和年增长幅度均创历史新高。

三、现阶段中国外汇储备规模的新特点

（一）现阶段中国外汇储备增长的波动性

尽管 2007 年次贷危机的发生①，造成发达经济体的进口需求减少，且与此同时，人民币一直处于不断升值的通道等这样不利于中国出口增长的国内外环境下，从 2007 到 2013 年，中国的外汇储备规模仍呈增长的态势。据统计，2008 年到 2013 年间，其年均增长速度仍达到了 27.34% 。截止 2013 年年底，其超过 3.8 万亿美元的规模。进一步分析，可知从 2007 年到 2013 年

① 文章的现阶段是指次贷危机之后的时期。

之间，中国外汇储备增长出现了一定的波动：在2007年8月次贷危机全面爆发后，中国外汇储备增加幅度出现下滑迹象，但在2008年6月后又步入上升的轨道，之后在2011年出现增加幅度下滑现象，但在2012年又恢复了外汇储备增速增加的趋势。所以中国外汇储备的增幅在金融危机期间虽存在一定下滑的压力，但总体来看在这时期外汇储备增长是相对平稳的，即中国外汇储备增长的波动性较弱，如图4.11与图4.12所示。

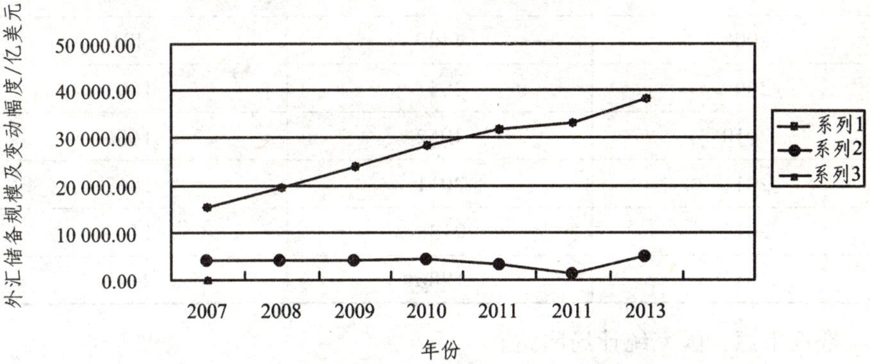

图4.11　2007年—2013年中国外汇储备规模及其变动

数据来源：国家外汇储备管理局网站。

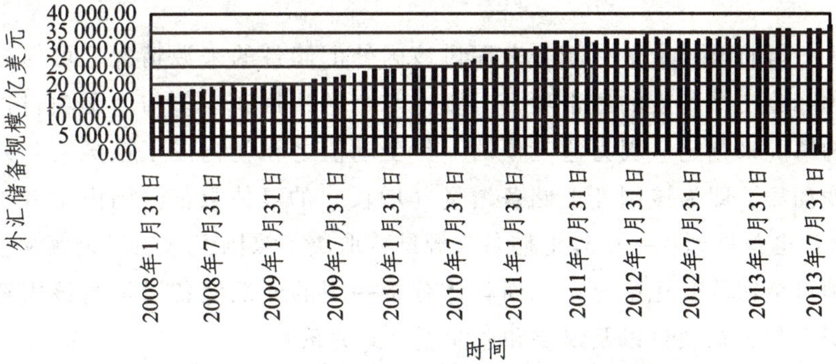

图4.12　2008年—2013年9月中国外汇储备时序图(月度)单位:亿美元

数据来源：国家外汇储备管理局网站。

(二) 现阶段中国外汇储备的来源变化

在2007年的次贷危机后，中国外汇储备规模增长的态势没有发生改变，但其形成的来源出现了一定的变化，如表4.1所示。其中来源于经常项目顺差的外汇储备规模在减少，数据显示：从2007年的3718亿美元到2013年的1886亿美元。而来源于资本与金融项目的外汇储备规模在增加，统计数据结果为：从2007年的735亿美元到2013年的2427亿美元，其中在2008年与2012年出现逆转。由此来看，现阶段中国外汇储备来源于债务性的储备在增加①。

表4.1 经常项目与资本与金融项目顺差余额 单位：亿美元

时间	经常项目	资本与金融项目
2007	3718	735
2008	4400	401
2009	2841	1091
2010	3062	1656
2011	2011	1817
2012	2138	1173
2013	1886	2427

数据来源：国家统计局网站。

第二节 中国外汇储备来源结构

从一国的国际收支平衡表来探讨该国外汇储备的来源情况，可通过观察该国国际收支平衡表的经常项目、资本与金融项目和误差与遗漏项目这三个项目的情况来判定。因为这三项的一年变动值之和就构成了该国当年外汇储备的变动额，即为该国外汇储备增量（增长）的具体数值。国内学者李众敏（2008）也曾提到：一国外汇储备来源结构取决于该国经常项目余额和金融与资本项目余额的变化情况。下面具体分析一国的外汇储备增量与该国经常项目和资本与金融项目以及误差和遗漏项目的关系。

根据国际收支平衡表可知，

$$ERD = -(CAA + CFAA + \Delta REE) \tag{4.1}$$

其中，*ERD*代表误差与遗漏项；*CAA*代表经常项目余额；*CFAA*代表金融和资本项目余额，代表储备资产变化。由于储备资产是一国政府对居民的负债，所以储备资产的余额是负数形式，即为负数时代表外汇储备增加，即为负数时代表一国外汇储备增加。本书考虑到外汇储备资产在中国储备资产中占有

① 数据来源于中国外汇储备管理局网站。

绝大部分比重，所以在分析问题时用外汇储备资产代替储备资产。

式子（4.1）的具体含义为：经常项目和金融与资本项目余额大于外汇储备增加量时，误差与遗漏项的值就为负数，表示有资本外逃情况发生；当误差与遗漏项的值为正数时，表示热钱流入，即有资金不是通过经常项目和资本与金融项目而是通过非正常渠道流入一国境内的。用外汇储备资产代替储备资产，则（4.1）式可转换成（4.2）式：

$$ERD + CAA + CFAA = -\Delta FERR \tag{4.2}$$

其中 $\Delta FERR$ 为外汇储备变动额，同样 $\Delta FERR$ 是负数形式，即 $\Delta FERR$ 为负数时代表外汇储备增加。

根据（4.2）式，说明了在一个时期内，中国外汇储备的变化取决于中国国际收支平衡表的误差与遗漏项、经常项目与金融与资本项目的余额的大小。为了进一步具体探析中国外汇储备形成的主要来源，本书根据中国历年的国际收支平衡表的，剖析经常项目、资本与金融项目这两余额的主要贡献者和误差遗漏项。根据数据可知，中国经常项目余额（CAA）的主要贡献者是货物贸易余额，资本与金融项目（CFAA）的主要贡献者是直接投资余额，如表4.2和图4.13～4.14所示。下面将具体探讨外汇储备来源中占比较大的几个贡献者对外汇储备增长的影响。

表4.2　1982—2012年经常账户与资本和金融账户　单位：亿美元，%

时间	一、经常账户差额	a. 货物差额	b. 货物贸易差额/经常账户余额	二、资本和金融账户差额	a. 直接投资差额	b. 资本和金融账户差额/直接投资差额
1982	56.74	42.49	0.75	-17.36	3.86	-0.22
1983	42.40	19.90	0.47	-13.72	8.23	-0.60
1984	20.30	0.14	0.01	-37.52	12.85	-0.34
1985	-114.17	-131.23	1.15	84.85	13.27	0.16
1986	-70.35	-91.40	1.30	65.40	17.94	0.27
1987	3.00	-16.61	-5.54	27.31	16.69	0.61
1988	-38.03	-53.15	1.40	52.69	23.44	0.44
1989	-43.18	-56.20	1.30	64.28	26.13	0.41
1990	119.97	91.65	0.76	-27.74	26.57	-0.96

续表

时间	一、经常账户差额	a. 货物差额	b. 货物贸易差额/经常账户余额	二、资本和金融账户差额	a. 直接投资差额	b. 资本和金融账户差额/直接投资差额
1991	132.71	87.43	0.66	45.81	34.53	0.75
1992	64.01	51.83	0.81	-2.51	71.56	-28.51
1993	-119.04	-106.54	0.89	234.74	231.15	0.98
1994	76.58	72.90	0.95	326.44	317.87	0.97
1995	16.18	180.50	11.16	386.75	338.49	0.88
1996	72.42	195.35	2.70	399.67	380.66	0.95
1997	369.63	462.22	1.25	210.15	416.74	1.98
1998	314.71	466.14	1.48	-63.21	411.18	-6.50
1999	211.14	359.80	1.70	51.80	369.78	7.14
2000	205.19	344.74	1.68	19.22	374.83	19.50
2001	174.05	340.17	1.95	347.75	373.56	1.07
2002	354.22	441.67	1.25	322.91	467.90	1.45
2003	430.52	443.68	1.03	548.73	494.45	0.90
2004	689.41	589.82	0.86	1081.52	601.45	0.56
2005	1323.78	1341.89	1.01	953.49	903.79	0.95
2006	2318.43	2177.46	0.94	493.05	1001.50	2.03
2007	3531.83	3159.46	0.89	942.32	1390.95	1.48
2008	4205.69	3606.46	0.86	401.26	1147.92	2.86
2009	2432.57	2495.11	1.03	1984.70	871.67	0.44
2010	2378.10	2541.80	1.07	2868.65	1857.50	0.65
2011	1360.97	2435.49	1.79	2654.70	2316.52	0.87
2012	1931.39	3215.95	1.67	-168.16	1911.20	-11.37

数据来源：国家外汇管理局网站。

注：直接投资余额/金融与资本项目的值为负数时，表明金融与资本项目余额为逆差，而直接投资余额为顺差。

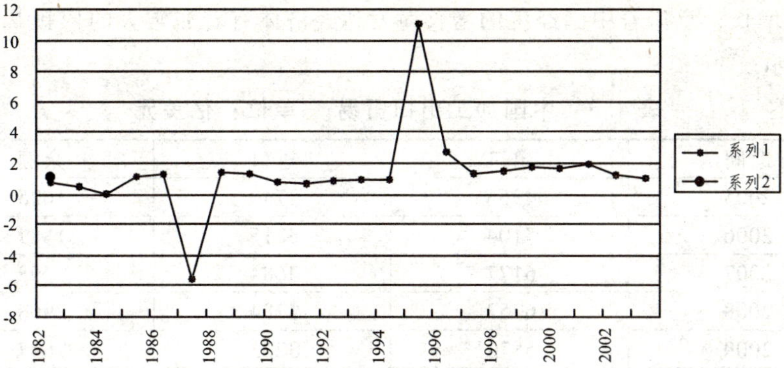

图 4.13　1982—2002 年货物贸易余额/经常项目余额

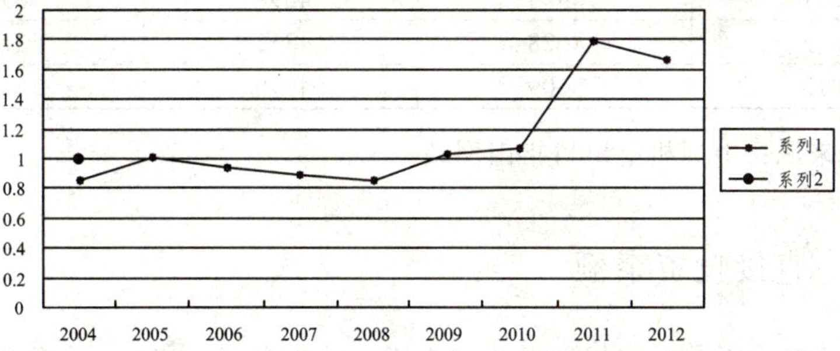

续图 4.14　2004—2012 年货物贸易余额/经常项目余额

数据来源：国家外汇管理局网站。

一、　货物贸易顺差

数据显示，中国经常项目余额中的货物贸易顺差是其主要贡献者。2001 年以后，中国货物贸易顺差急剧增加，具体而言，2004 年后中国货物贸易顺差更是迅猛增加。其中，2005 年是中国货物贸易的一个里程碑，因为中国货物贸易顺差额从此进入千亿美元时代，即使在 2007 年美国次贷危机发生与此同时人民币相继升值，中国货物贸易顺差仍保持快速增长，增到 2008 年货物贸易顺差高达 3607 亿美元，达到历史最高值。之后 2012 与 2013 年期间，世界经济增长处于下滑状态中，但在 2012 年和 2013 年这两年中国的货物贸易仍约为 2500 亿美元的顺差额。且进一步分析中国货物贸易数据发现，加工贸易是货物贸易顺差的主要构成。由此充分说明，中国通过利用美国等发达经济体的 FDI 参与全球产品内分工带来了中国的长期经济增长与中国外汇储备的长期增长，意味着中国经济的增长对发达经济体有着非常大的依赖①，如表4.3所示。

表4.3 中国加工出口贸易 单位：亿美元

时间	出口	进口	余额
2005	4365	2740	1625
2006	5104	3215	1889
2007	6177	3684	2493
2008	6752	3784	2968
2009	5870	3223	2647
2010	7403	4174	3229
2011	8354	4698	3656
2012	8628	4812	3816
2013	8609	4970	3639

数据来源：中国机电出口指南网站。

二、 直接投资余额

外国直接投资是一种权益形式的投资。具体而言，它是一种投资者拥有有效发言权在国外运行的投资。在一国的国际收支平衡表中，直接投资包括外国在本国的直接投资和本国在外国的直接投资两部分，且这两种直接投资的活动在大多数情况下是采用外币，其直接投资余额为该国直接投资项目的顺差或者逆差两种状态，所以一国直接投资的余额会对该国外汇储备的增加和减少产生影响。

根据表4.2~表4.6所示的数据，中国的直接投资余额一直呈增长的态势，是中国资本与金融项目余额的主要组成部分，这正如第三章分析的内容：在全球化的产品内分工下，美国等发达经济体的跨国公司以FDI形式在全球范围内进行资源的配置，构造利于降低美国等发达经济体跨国公司生产成本的生产链条，东亚经济体只是美国等发达经济体跨国公司产品内的一个生产环节。由此，其决定了中国及整个东亚经济体的经济增长对发达经济体的巨大依赖。并且为了获得更多参与经济全球化的机会与位置，中国政府制定了许多外资优惠政策（如关税、出口退税、所得税等方面的优惠政策），以及中

① 生产投资是美国等发达经济体的FDI，生产出来的商品销往美国等发达经济体，这样的出口加工型的中国经济增长凸显了对美国等发达经济体的依赖，即中国扮演“外围”角色。

国大量的廉价劳动力和其他低成本资源的长期存在，中国较其他东亚经济体有更多的比较优势，吸引了大量外国直接投资，长期以来形成巨大的直接投资项目下的顺差。由此，直接投资余额长期顺差对中国外汇储备的增长起到重要的助推作用。

三、误差与遗漏项

（一）热钱的估算方法

对一国的误差与遗漏项的余额研究表明，该项目的余额数值来自方方面面，其形成的原因也各种各异。这里面包含“热钱”这一概念，热钱对一国外汇储备的“质”① 有着很重要的影响。所以探讨一国外汇储备形成时，有必要对其进行考察。但由于热钱这一项在一国的国际收支平衡表中是无法直接得到数据的，需要估算，且估算的方法在具体实践中也各异。中国的国家统计局信息统计中心（2006）对外公布的热钱估算方法为（4.3）式：

$$HMM = \Delta FRR - FDII - TDD \tag{4.3}$$

其中 HMM 代表热钱数额；ΔFRR 代表外汇储备变动额，在这里的 ΔFRR 正数时表示外汇储备的增加情形；TDD 代表货物贸易余额；$FDII$ 代表直接投资余额。

为了估算的热钱数额更符合实情，本书将采用学者王晓均（2011）修正后的方法来估算热钱，修正的地方是将通过货物贸易顺差流入的无真实贸易活动的资金当做热钱范畴。因为中国在 1996 年就已经对外宣称经常项目实行自由兑换，发展至今，一些贸易货物贸易项目下的资金流动是无真实贸易获得，这也属于热钱的性质，比如中国 2005 年的货物贸易余额，从 2004 年的 589.82 亿美元突然增加 1342 亿美元，如表 4.5 所示。随后几年，其数额也呈飞速增加状态，充分说明从 2005 年以后，通过货物贸易渠道流入中国的热钱数额是存在的且非常大的。其中学者王晓均（2011）修正后的估算热钱方法为（4.4）：

$$HMM = (\Delta FRR - FDII - TDD) + (TDD - TDD^*) \tag{4.4}$$

其中，ΔFRR 代表外汇储备变动额，正数时表示外汇储备增加；TDD 代表货物贸易顺差余额；TDD^* 代表货物贸易余额的合理值。其中 $\Delta FRR - FDII - TDD$

---

① 外汇储备的“质”作者理解为外汇储备增量（增长）及存量的稳定性。

代笔误差与遗漏项的热钱数额，其通过转移支付或者其他非法渠道流入中国；$TDD - TDD^*$代表通过货物贸易途径流入中国的热钱数额。

（二）中国热钱规模的估算

1. 热钱规模的估算思路与方法

本文估算热钱规模的思路是：把实际货物贸易顺差余额对货物贸易余额合理值的偏离视为通过货物贸易渠道流入的热钱的规模。估算具体方法为：把实际货物贸易余额数列进行趋势分解，采用HP滤波的方法，这样可以计算出实际货物贸易余额对其趋势值的偏离，偏离的值视为热钱规模。

2. 中国热钱估算规模

通过以上计算方法，本书估算2000年—2013年的热钱数额，其结果为表4.4所示。估计的热钱规模还是以出逃为主，所以中国的热钱规模对中国外汇储备规模的贡献值为负数，也就意味着目前中国巨大的外汇储备规模增长中稳定成分还是主要的成分。

表4.4　2000—2013年中国热钱估算规模　单位：亿美元

时间	误差与遗漏项下的热钱规模	贸易渠道的热钱	热钱总规模
2000	-554.01	232.9742	-321.0358
2001	-249.09	-12.640 54	-261.730 54
2002	-166.58	-212.5851	-379.1651
2003	229.44	-516.0627	-286.6227
2004	875.81	-680.1509	195.6591
2005	69.4	-237.7665	-168.3665
2006	-703.28	299.9752	-403.3048
2007	251.25	1006.336	1257.586
2008	-372.19	1226.58	854.39
2009	1693.22	-79.095 86	1614.124 14
2010	690.86	-197.7566	493.1034
2011	-800.9	-452.6783	-1253.5783
2012	-3822.59	189.841	-3632.749
2013	1195.11	-566.97	628.14

数据来源：国家外汇储备管理局网站。

由此可知，中国外汇储备增长主要形成于经常项目中货物贸易顺差、资本与金融项目中的FDI这两项，而误差与遗漏项对其贡献度以负为主，充分说明中国外汇储备的增长具有一定的稳定性。

第三节　中国外汇储备增长内生性分析

一、中国外汇储备增长内生性的基本事实

（一）中国参与全球化的经济表现

中国参与经济全球化始于改革开放，但真正有实质的推进是在 1992 年，在这年中国确立了出口导向外向型经济。从此中国正式步入由以美国等发达经济体的跨国公司主导的全球经济运行机制。在参与进程中，中国的经济增长取得了引入注目的成绩，如图 4. 15 所示。数据显示：中国的经济一直处于增长的趋势，且增速不小，年均增长率为双位数。其中，1978—1989 年，中国经济年均增长率约为 13%；1990—1999 年约为 17%；2000—2013 年约 14%。由此可得出，中国以出口导向型经济战略参与全球的经济运行机制，成就了中国经济的快速增长。

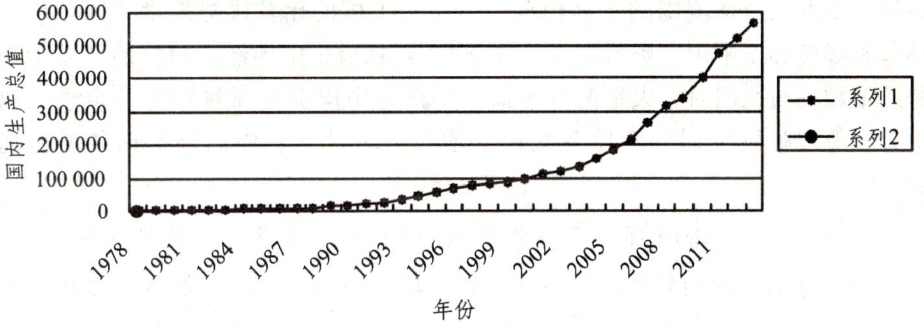

图 4. 15　1979—2013 年中国的国内生产总值

数据来源：国家统计局网站。

（二）中国经济增长与中国外汇储备增长

在经济获得快速发展过程中，中国的外汇储备也得到飞速的增长。下面结合中国经济的发展阶段，分析每一个经济发展阶段中外汇储备增长的演变。

1. 1978—1992 年（改革初期）：外汇储备增长波动

改革初期，中国与美国等发达经济体的关系得到改善，对外出口积累一定的外汇储备，但由于中国当时的经济环境，急需国外先进技术与设备，由此促使该阶段外汇储备的增长呈现剧烈波动，外汇储备没有出现显著性增长的趋势，外储储备规模仅为 194 亿美元。

2. 1992—2002年（加入世界贸易组织前）：外汇储备增长平稳

20世纪90年后，中国进入实质性的实施改革时期，相继出台许多吸引外资的各项政策，对外汇储备管理体制进行一系列的改革，还在1994年取消汇率“双轨制”，随后取消经常项目下的外汇留存制度，且建立了统一银行间的外汇交易市场；与此同时，90年代以美国为代表的发达经济体跨国公司主导的产品内国际分工的兴起，所以在这内外的有利条件下，中国在当时吸引了大量的外国投资，组建了多种形式的合资企业，中国的出口大增。由此，中国在这期间的国际收支经常项目顺差余额在逐渐增加，形成大量的外汇储备。所以，这一时期中国的外汇储备呈现稳定增长的趋势，年平均增长率为37.14%，中国走出外汇短缺的局面。

3. 2002—2005年（加入世界贸易组织后）：外汇储备增长急剧

2002—2005年，全球经济一路向好，这得益于美国网络经济，促进国际范围内生产链的配置，且恰逢中国在2002年加入世界贸易组织，意味着中国将进一步融入全球范围的产品内分工。由于中国的比较优势要素，国际生产环节迅猛转移至中国。资料显示：在2002年之后，中国经常项目的顺差余额持续增加，与此同时，大量的资本涌入中国，中国资本项目顺差盈余也大幅上升，更加推进中国外汇储备规模的增长；2004年，中国外汇储备增速达到50%。

4. 2007年—2013年（汇率制度改革）：外汇储备增长趋势没有逆转

2005年后，国内外经济环境进入新阶段：国内进行汇率制度的改革，人民币一直处于不断升值的通道，与此同时国外受2007年美国次贷危机发生的影响，2009年的欧洲出现债务危机。在这样的国内外经济与金融动荡不安的环境下，中国外汇储备仍呈增长的趋势。2013年，中国外汇储备规模超过3.82万亿美元，其增加的幅度创历史新高。本书认为，这主要得益于两个方面：第一，美国等发达经济体的量化宽松货币政策，向世界的流通中注入过多的货币；第二，中国优惠的外资政策以及中国经济增长预期，发达经济体向流通中注入的这些货币通过资本与金融项目、经常项目进入中国，形成中国的资本与金融项目、经常项目长期处于顺差的格局，最终助推中国外汇储备大幅增长。

由此充分说明，始于20世纪90年代的中国外汇储备增长，是内生于经济的，具有内生性，具体表现为：随着中国经济的增长，其外汇储备规模也呈增长的态势。且在中国外汇储备规模增长的过程中，中国外汇储备增长的内生性进一步强化，表现为：形成于货物贸易余额的外汇储备占比相对减弱，而形成于资本项目下的外汇储备占比相对增加，导致近年来中国外汇储备增长与汇率水平相关性呈减弱的趋势，中国内生性外汇储备的增长呈现自我强化的趋势。

二、 中国内生性外汇储备增长的稳定性

（一）中国内生性外汇储备来源的质量

数据表明：在这一轮外汇储备增长中，中国外汇储备主要形成于经常项目中货物贸易顺差、资本与金融项目中的 FDI 这两项，而误差与遗漏项对其贡献以负为主，充分说明中国外汇储备增长的稳定性非常强。因为形成于货物贸易的外汇储备是一种债权型的外汇储备，它具有最强的稳定性；由直接投资形成的外汇储备，其稳定性相比形成于货物贸易的虽弱一些，但仍具有相对的稳定性，因为它没有还本付息等流动性风险问题。这样就不会构成金融安全的威胁，并且 FDI 有利于推动中国对外贸易的发展，进一步促进中国经济融入到全球生产链中，将会形成更大规模的外汇储备稳定增长。

（二）中国 FDI 与中国加工出口贸易的关系

2002 年中国加入世界贸易组织，依托这一平台，中国有更多的机会加入全球范围产品内的分工，中国的优势要素得以进一步发挥。与此同时，在生产过程中产生的学习效应，促进了中国从事的分工环节附加值的不断提升，吸引更多的 FDI 进一步流入中国，FDI 的增加，将带动更多的加工出口贸易。国内学者张燕生等（2007）与张明（2009）曾提出：参与全球化的发展中经济体，其加工贸易与 FDI 会形成相互促进、相互强化的共生机制。正如国内学者卢峰（2006）提供的一系列数据：①在 2005 年中，“外商直接投资”在加工贸易出口的份额为79%，且其中“外商独资企业”份额为65.8%；②在次贷危机期间，外商投资企业在加工贸易的贡献度仍在上升，达到了 75.4%，之后虽因其贡献度出现下降的压力，但从 2010 年出现反弹，统计数据表明，截至 2011 年年底，“外商投资企业”在加工贸易盈余中的份额为 84.12%。

可以说，FDI 促进了中国加工贸易的发展，在中国 GDP 中起着重要的角色。其传导的机制为：通过 FDI，中国参与由以美国为代表的发达经济体的跨国公司主导的分工的加工经济活动，且由于加工制造的技术外溢和学习效应等给在中国的加工环节带来更大的经济规模效应，意味着跨国公司在中国的

加工环节以及这一整个生产链上可获取的利润将会更多，继而又进一步推进中国FDI的增加和加工贸易的发展。

（三）中国内生性外汇储备增长的前景

1. 中国FDI与中国加工贸易“共生”的原有基础

考虑中国内生性外汇储备增长的前景，等同于思考助推中国经济和资本与金融项目顺差的原动力发展如何，亦即需思考FDI与加工贸易可否长时间增长，因为这两者的增长，最后是事关中国外汇储备增长是否具有可持续的问题。上文探讨的结论认为FDI与加工贸易这两者具有“共生性”，且这两者“共生性”是否具有可持续发展下去是取决于“中国境内进行加工环节的优势要素是否具有可持续性?”的问题。本书将在下面进一步探讨中国FDI与加工贸易共生性存在的基础是否具有可持续性。

众所周知，中国参与全球化并取得经济的高速增长资本是中国的人口红利与损毁资源。随着中国经济的增长，资源的约束越来越明显，目前这两者继续低成本的运作存在巨大的挑战。资料显示①：第一，建立在电子装配等轻工业出口量，在过去30年取得年平均增长速度为17%的成绩，但这种情形出现一定的转变，其缘由是自2005年以来中国劳动力成本在上升，其年均增速为15%，以及中国人民币一直处于升值通道，给中国低成本的经济增长模式带来前所未有的挑战。具体表现为众多鞋类、纺织类、服装类企业倒闭，有些已经迁移到柬埔寨、越南和孟加拉国等相对低成本的经济体。第二，招商引资中，政策红利也正在缩减，外资与中资的待遇越来越等同。第三，一些东南亚国家可以以更低成本提供同质的产品。所以许多学者观察到以上几方面的变化，提出了中国的加工贸易与FDI“共生”关系到此为止的观点。

2. 中国FDI与中国加工贸易“共生”的新基础

由于学习效应的存在，中国在参与全球产品内分工的加工环节中，中国加工制造业的核心竞争优势已从两低成本转移到系统的加工制造业体系、基础设施配置、高素质的劳动力群体和完善的法律体系等更为重要的优势，也即中国参与全球生产分工和价值分配的禀赋资源在改善。所以正如资料显示的：目前在世界500强企业中，其中大部分企业的加工生产基地仍设在中国。

所以中国的FDI与加工贸易的“共生”关系将会继续，而且这种共生关

① 参考消息（2012）。

系的基础有了“质”的提高。这体现了中国所处的全球产业链的位置在发生改变，即从劳动密集型生产环节向资本或者技术密集型生产环节转移。同时数据也显示，在低端的出口市场中，中国的份额比例在缩小。

由此可以得出，中国在参与全球化生产与价值分配的链条上的位置在逐渐改变，意味着中国外向型的经济发展模式朝着加工贸易进一步深化与升级，这将会吸引更有“质量”的FDI，中国的加工贸易与FDI这二者的共生关系将会继续存在，中国的内生性外汇储备也仍继续增长。

第四节 中国内生性外汇储备持续增长的经济效应分析

国际经济学理论以及货币的传导机制表明，促使开放经济体的内外经济发展交融在一起的载体是该国货币管理局的外汇占款，所以本节将以货币占款作为主线从人民银行的货币政策独立性、中国产业结构调整、物价及资产价格这几个方面来探讨中国外汇储备持续增长带来的经济效应。

一、货币政策的独立性

第三章的研究内容表明：在目前的既定条件下，人民币钉住美元是中国参与全球化博弈的均衡，所以保持人民币汇率稳定是中国货币政策的主要目标之一。由此表明，在中国外汇储备大规模增长的长时间里，中国人民银行通过外汇占款方式投入了大量的基础货币。本书将根据Weymark（1998）模型推导来剖析这一做法对中国货币政策独立性会产生什么样的影响。

（一）模型梳理

1. 外汇干预冲销指数

Weymark认为，可通过货币的升值与贬值压力来测量一国中央银行对外汇市场的冲销干预压力，表达式如下：

$$EMPP = \Delta ee + \eta\Delta RR \tag{4.5}$$

其中，

$$\eta = \frac{\partial\, \Delta ee}{\partial\, \Delta RR} \tag{4.6}$$

其中，$EMPP$ 代表外汇市场压力；Δee 代表汇率变化率；η 代表汇率变化对外汇储备变动的弹性系数；ΔRR 代表外汇储备的变动。

此处的汇率水平为一单位人民币用外币表示的数量，也即在中国此汇价为间接标价法。

（4.5）式两边同时除以 $EMPP$ 得：

$$1=\frac{\Delta ee}{EMPP}+\frac{\eta\Delta RR}{EMPP} \tag{4.7}$$

Weymark 定义 $\frac{\eta\Delta RR}{EMPP}$ 为外汇冲销函数，把（4.6）代入（4.7）式，可得（4.8）式。

$$dis=\frac{\Delta RR}{\frac{1}{\eta}\Delta ee+\Delta RR} \tag{4.8}$$

（4.8）即为外汇干预冲销指数[①]的具体表达式。

2. 货币供给机制

为了清楚探析在中国外汇储备增长的同时，人民币银行货币政策的独立性是怎样受到影响的。下面将根据货币的来源渠道进行分析。

第一，根据国际货币基金组织的模型：

$$\Delta MM=\Delta RR+\Delta DD \tag{4.9}$$

其中，ΔMM 代表基础货币的变动量；ΔRR 代笔外汇储备的变动量；ΔDD 代表一国金融系统国内信贷的变化量。

（4.9）式表明一国基础货币的供给量等同于一国外汇储备的变化（ΔRR）和金融系统国内信贷的变化（ΔDD）之和。

第二，根据货币供给的乘数原理：

$$\Delta MMs=\varphi\times(\Delta RR+\Delta DD) \tag{4.10}$$

其中，ΔMMs 代表一国经济中实际增加的货币；φ 代表货币供给的乘数。（4.10）式表明一国供给量等同于一国外汇储备的变化（ΔRR）和金融系统国内信贷的变化（ΔDD）之和再乘以一个货币供给乘数的乘积。其等式成立的根基是，该国采取的汇率制度的是固定汇率制或者是钉住汇率制，其管理汇率水平的是该国中央银行。这样就会存在有多少外汇储备形成，该国就有多少基础货币投放经济中的关系，且在经济中最终形成货币供给乘以数倍的外汇储备形成量。当然，为了隔绝外部经济对内部经济的影响，该国货币管理

① 外汇干预冲销的含义是：指中央银行在外汇市场进行交易的同时，通过其他货币政策工具来抵消干预行为对货币供应的影响，从而使货币供应量保持大体不变的央行干预行为。

局的一个做法是：冲销货币管理局在外汇市场上直接干预汇率的同时，通过公开市场操作、发行国债等有价证券，或者采用央行票据的形式回收形成于外汇储备而投放的基础货币，即该国中央银行采取干预冲销政策。

（二）模型解读

在中国外汇储备规模不断扩大时，人民银行同时向流通中投放数倍水平的基础货币，人民银行基础货币投放的结构发生了很大的变化，大量的基础货币来自外汇占款，并且从2005年开始，外汇占款规模已大于基础货币的规模，见表4.5①。

表4.5 中国外汇占款与基础货币占比情况

时间	外汇占款/万亿元	基础货币/万亿元	外汇占款占比/%
2000	1.56	3.65	0.427
2001	1.79	3.99	0.449
2002	2.32	4.51	0.514
2003	3.49	5.28	0.661
2004	5.26	5.89	0.893
2005	7.12	6.43	1.107
2006	9.9	7.78	1.272
2007	12.84	10.16	1.264
2008	16.84	12.92	1.303
2009	19.31	14.4	1.341
2010	22.58	18.06	1.250
2011	25.36	21.95	1.155
2012	25.85	24.64	1.049
2013	28.58	26.46	1.080

数据来源：中国人民银行网站。

所以，在中国外汇储备增加同时，人民银行除了在外汇市场上进行干预外，还要在国内货币市场上进行冲销。其目的是使经济中的货币供给量处于一个合理的水平。根据（4.8）式可以看出，外汇储备增加，其人民币银行外

① 数据来源：中国人民银行网站。其中基础货币是由中国央行的现金存款性金融机构的存款构成，外汇占款是由央行资产负债表中的储备货币构成。

汇干预冲销指数将增加。数据表明，2005 年中国外汇干预冲销指数已达到 2.99，世界范围公认的该指数的大小的合理范围为 0.5 ~ 1.5。外汇干预冲销指数越高，说明经济体货币当局在外汇市场进行干预与在国内市场进行冲销的压力越大。由此说明，中国人民银行面临非常大的外汇市场升值压力，而且与此同时面临国内货币市场冲销的压力，两种压力长期存在必然会对中国整个宏观经济产生许多的不确定性，以币值稳定为目标的人民银行货币政策的独立性将受到影响①。

二、 产业结构的调整

在外汇占款充斥着整个基础货币投放的渠道情形下，经济体的资金在规模与方向分配上将会出现失衡。其原因如下：

第一，由于中国外汇储备增长的内生性，促使外汇占款具有不可控性，意味着中国外汇储备在增加中国货币供给也在增加，即人民银行对流通中货币供给量的可控性在减退。

第二，外汇占款决定货币供给的方向，人民银行对货币资金分布的方向可操控性在减弱。因为通过出口获得外汇的外向型企业，通过银行的结汇，获得大量的资金支持将继续扩张与生产，而内向型企业虽身处货币总供给的扩张情景中，但得到货币资金支持的概率在减少，因为外汇占款倒逼投放大量货币，导致央行同时实施一些紧缩的货币政策，其影响对象就是内向型企业，进而将得不到扩大与发展。

最后演变结果为：中国的经济产业布局在既定的格局中继续扩大与延续。因为在货币经济时代，大量资金的流向决定大量的原材料、劳动力等生产要素流向，这样中国外向型企业压缩中国内向性企业的发展空间。但中国长期以来既定的产业布局在全球生产链中的位置处于高耗能、低利润的状态，以此这样的产业状态继续且扩大参与经济全球化的运行，不利于中国经济的可持续发展，且中国经济增长对美国等发达经济体的依附性继续存在且强化。

所以在目前由外汇占款决定资金流向的经济格局下，将进一步促进中国外贸结构的不合理性的深化，将阻碍中国产业结构的调整，则中国“外围”角色将继续扮演。

---

① 本书理解的货币政策独立性体现在央行是否能确保本国货币币值稳定。

三、 物价水平的平稳

通过外汇占款这一载体，外部经济对内部经济的影响还体现在物价水平上。因为随着外汇占款的增多，基础货币投放的增加，就会增加经济体的货币总供给量，根据汉森－希克斯 IS－LM 曲线图，如图 4.16 所示，如果货币供给线由 LM1 变化到 LM2，而 IS 保持不动，实际利率将会由 rr1 下降至 rr2，利率的下降将导致该国投资和国民收入增加（由 rY1 变化到 rY2），但短期内该国的总供给是不变，这样由于总需求增加，物价必然上涨，演变为通货膨胀的经济现象。

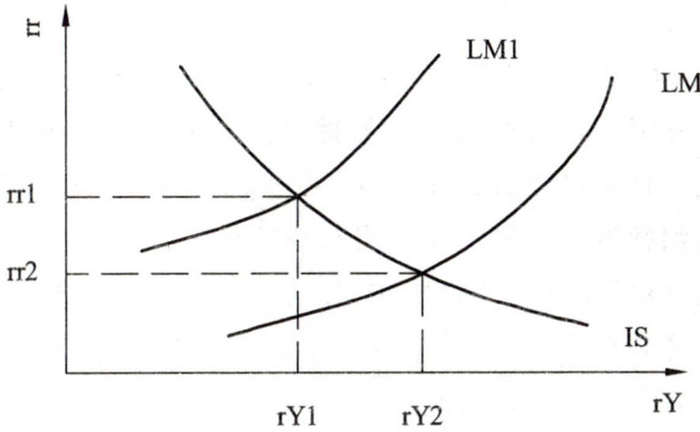

图 4.16 汉森－希克斯 IS－LM 曲线图

（一）模型的梳理

下面我们具体分析物价水平与外汇储备之间的数量关系。

$$p_T = \frac{m_T v_T}{y_T} \tag{4.11}$$

（4.11）式为费雪方程式。其中，p_T 代表 T 时期的物价水平；m_T 代表 T 时期的货币供给量；v_T 代表 T 时期的货币流通速度；y_T 代表 T 时期总产出，且假设 T 时期的国际收支处于平衡状态。在 $T+1$ 期，设该国国际收支顺差余额为 $\triangle F_1$，F_T 为 T 时期的国际收支余额，货币乘数为 θ，那么 $T+1$ 期，外汇储备 $R_{T+1}=F_T+\Delta F_1$。我们这里用直接标价法，$T+1$ 期名义汇率为 e，那么 $T+1$ 期货币供应量增加 $\theta\Delta F_1 e$，假设外汇占款以比例 A 流入产品和和劳务市场，那么流入金融市场的比率为 $1-A$，综合以上分析，最后形成物价上涨压力的外汇占款为则有 A（$\theta\Delta F_{1e}$），则有：

$$p_T + \Delta p_1 = \frac{(m_T + A\theta\Delta F_{1e})\ v_T + 1}{y_{T+1}} \tag{4.12}$$

因为短期内货币流量保持不变，即 $v_T = v_T + 1 = v$，同样假定在短期内产出 $y_T = y_T + 1 = y$，那么：

$$\Delta p_1 = \frac{(A\theta\Delta F_{1e})\ v}{y} \tag{4.13}$$

（二）模型的结论

（1）当 $\Delta F_1 > 0$ 时，如果政府不采取干预冲销措施的情况下，物价水平肯定上涨，而且根据（4.13）式能够算出，物价水平与外汇储备增长的确切数量关系。

（2）当 $\Delta F_1 > 0$ 时，如果政府采取干预冲销措施，理论上通过干预冲销措施可以减少由于外汇储备增加而增发的货币供给量，但由于该国政府频繁的冲销措施的实施，首先将会引起该国利率水平的上升，引起该国投资的减少，进而产出也将受到影响。这样，在产出与投资的减少且政府支出没有改变的情形下，该国的货币需求量会减少，短时间内，在货币供给量将没有立刻发生减少的改变，这必将会导致物价的上升，在长期会存在许多的不确定性。

由此，随着中国外汇占款的增加，人民银行的干预冲销压力也呈增长的趋势，其干预与冲销的效果不确定，但人民银行的成本一定会增加，增加的成本如何去弥补？不同的弥补方式将对物价水平产生不同方向的影响，假设如果是增发货币的方式进行抵补，这必然会提高国内物价水平，如果采取发债的形式，其影响又带来许多不确定性性，不管是什么方式，短期内物价水平一定会呈现上涨的趋势。

四、资产价格的波动

目前，评估中国物价水平的指标里还没有包括房屋等资产类商品的价格因素，但现实的经济中，资产类的商品价格对中国国内经济产生重大的影响。所以本书将从外汇储备增长对资产类商品价格的影响视角探讨其产生的经济效应。考虑资产类商品，必谈投机资本，投机资本具有几个特征：第一，高流动性；第二，高营利性；第三，高投资性与短期性；第四，高风险性。理论界一般采用一国国际收支平衡表的误差与遗留项来刻画该国国际投机资本的状态①。

2000年以来，中国外汇储备大规模增长同时，短期投资资金也是频繁地流入与流出中国，如图4.17所示。中国的错误与遗漏项波动频繁，凸显对中国国内经济的负面作用。下面将用一个理论模型来说明外汇储备与资产类商品价格的关系。

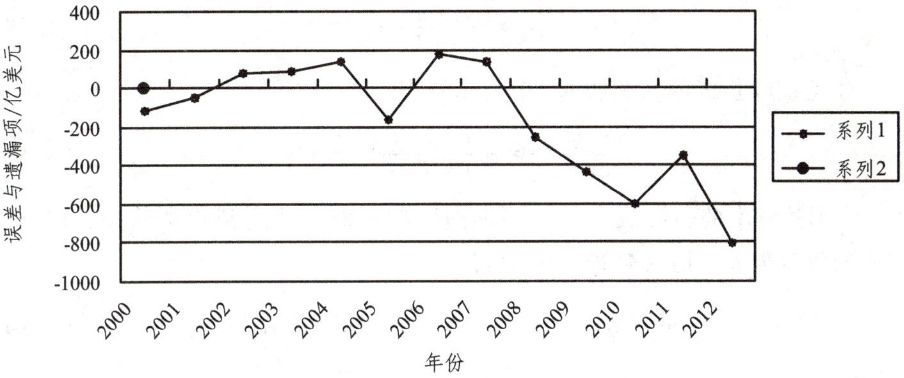

图4.17　2000—2013年中国误差与遗漏项

数据来源：国家外汇储备管理局网站。

（一）模型梳理

模型假设②是一个只有单一产品的开放经济体，在T期，国外资本流入该经济体的总量为CF，国内资产的价格为P_T，在该经济体内，一单位国内资本的资产回报率为π。世界的实际利率水平为常数R_0。

资本的实际使用成本为该经济体的实际利率水平R_T。实际利率水平与该经济体的流动性密切相关，且流动性又部分取决于流入该经济体的国外资本，故可以把该经济体的利率水平表达为国外资本流入量的函数：

$$R_T = F(CF_T - 1),\quad F' < 0 \tag{4.14}$$

且假设该经济体是以稳定汇率为目标而对资本流动进行管制，那么国外资本流入该经济体的总量与其成本呈正相关。（4.15）式表示第T期国外资本流入的成本：

$$\varphi_T = F(|\Delta CF_T|),\ F' > 0 \tag{4.15}$$

---

① 误差与遗漏项为正代表国际投机资本流入本国，负数代表国际投机资本流出本国，其数值代表其国际投机资本的规模。

② 模型参考王晓均博士论文（2011）。

φ_T表示第T期国外资本的流入成本，且$\Delta CF_T = CF_T - CF_{T-1}$。

经济体内的资产价格为：

$$p_T = \frac{\pi}{R_T} \tag{4.16}$$

将（4.14）式代入（4.16）式得：

$$p_T = \frac{\pi}{F\ (CF_{T-1})} \tag{4.17}$$

对（4.17）式等式两边对CF_{T-1}求导得：

$$\frac{dp_T}{dCF_{T-1}} = \pi \frac{F'\ (CF_{T-1})}{F^2\ (CF_{T-1})} > 0 \tag{4.18}$$

当国外资本的边际成本等于预期边际收益时，就达到均衡状态，即国外资本的收益最大，由（4.18）式可得：

$$R_0 + \varphi_T = E_T\left[\ \left(\frac{\pi}{p_T} + \frac{p_{T+1} - p_T}{p_T}\right)\ \middle|\ \theta_T\right] \tag{4.19}$$

在（4.19）式中，θ_T为T期内所有信息的集合，等式左边表示预期的边际收益，等式右边表示第T期国外资本的边际成本。对（4.17）式进行变形可得（4.20）式：

$$\varphi_T = \frac{\pi}{p_T} + \frac{E_T\ [p_{T+1}]\ - p_T}{p_T} - R_0 \tag{4.20}$$

在（4.20）式中，φ_T表示均衡状态下，国外资本在收益最大化条件下的流入成本。由于经济体实行资本管制，T期新增净流入资本的数量ΔCF_T取决于φ_T，故

$$\Delta CF_T = F^{-1}\ (\varphi_T) \tag{4.21}$$

将（4.20）式代入（4.21）式，同时对$E_T\ [p_{T+1}]$、p_T求偏导得：

$$\frac{\partial \Delta CF_T}{\partial E_T\ [p_{T+1}]} = F^{-1}\ \left(\frac{\pi}{p_T} + \frac{E_T\ [p_{T+1}]\ - p_T}{p_T} - R_0\right)\ > 0 \tag{4.22}$$

$$\frac{\partial \Delta CF_T}{\partial p_T} = -F^{-1}\ \left(\frac{\pi}{p_T} - \frac{E_T\ [p_{T+1}]\ - p_T}{p_T} - R_o\right)\ \frac{\pi + E_T\ [p_{T+1}]}{p_{T^2}} < 0 \tag{4.23}$$

（二）模型的结论

通过上述数量关系推导，由（4.18）式可得出，当$T-1$期有国外资本净流入时，会引起T期该国国内资产价格的上升；从（4.23）式可以看出如果

该国实行资本管制，T 期国内资产价格的上升，将会减少 T 期国外资本的流入量；从（4.22）可以看出当预期下一期（$T+1$ 期）价格足够高时，T 期国外资本的流入量会增加。

通过以上分析可以说明，随着中国外汇储备猛增，人民币升值预期强烈，且在中国房地产等资产类市场预期收益率上升的情况下，国外资本将净流入中国，其势必会推动中国的房地产和股市等资产类商品价格的上涨，这些资产类商品价格过高，外国资本净流入会减少，当预期中国的资产类商品价格会更高，外国净资本回流中国又会回升。由此，大出大进的外资将会给中国资产类商品价格带来巨大的波动。

总之，在既有博弈均衡下，中国内生性外汇储备继续增长，通过外汇占款这一载体，且外汇占款逐渐垄断人民银行的基础货币投放渠道的情形下，中国内生性的外汇储备增长对中国经济产生了方方面面的影响，也就意味着外部经济的不平衡通过以上四个大方向：人民银行货币政策的独立性不够、物价与资产类价格波动增长、阻碍中国产业结构的调整等来影响国内经济的稳定发展，即为中国持有巨大规模外汇储备成本之一。

第五节　中国内生性外汇储备存量结构演变与外部风险分析

采取不同的外汇储备投资管理模式，外汇储备存量构成就有所差异，即表现为不同的外汇储备资产结构。中国外汇储备投资管理可归结为从消极外汇储备投资管理模式过渡到如今积极外汇储备投资管理模式，但基于国际经济风险的加大，中国的外汇储备存量结构长时间仍呈现币种与资产结构单一、多元化程度不高和较低的投资收益率等状态。

一、　中国内生性外汇储备存量结构演变

（一）币种结构

中国外汇储备币种结构有明显的改变，是以 1999 年为分界点。1999 年以前，中国外汇储备的币种结构在绝大多数时间里为：美元约占 59%、日元约占 12%、德国马克占 16%、欧洲货币单位占约占与 12%；1999 年欧元启动，从 1999 年到现在，中国外汇储备币种的构成呈现为：美元比重变动不大，替代之前的德国马克和欧洲货币单位的欧元呈上升的趋势，日元占比一直很小，根据许多学者测算以及相关的数据显示，这段时间中国外汇储备的币种结构

大致为：美元约占60%到70%，欧元约占30%左右，日元从来不超过10%。所以从币种来看，美元币种在中国外汇储备中币种一直占据绝对主导地位。其实这反映了一个事实：在“中心－外围”的恢复布雷顿森立体系下，非储备型的经济体参与全球化经济体的必然选择。

（二）资产结构

由于美元币种在外汇储备的币种占绝对优势，所以本书梳理中国外汇储备资产结构情形时，主要围绕美元币种下的资产结构布局。

中国外汇储备大部分均投资于美国的证券，进一步观察，在美国四种类型证券中①，美国国债和政府机构债是中国外汇储备投资最主要的对象，而且主要投资这两种证券的长期型，即长期的国债与长期的政府机构债券。数据显示，从2002年到2008年这7年间，中国投资美国国债总额的比例平均达到97.8%，受到美国次贷危机的影响，中国外汇储备管理掀起多元化的高潮。所以在2009年6月底，在中国外汇储备资产结构中，美元的证券比例稍往下跌了一点，其占比为82.6%。但世界经济的情况比预想的更糟糕，因为在美国的次贷危机之后，又进一步引发欧洲主权债务危机和全球经济危机，其结果是欧元处于震荡中，日元在贬值。所以在2009年中国外汇储备大手笔的多元化的资产配置损失惨重，进而影响中国外汇储备资产配置多元化的进程。所以之后美元国债在中国外汇储备中的占比又有所回升②。数据显示，在2010年6月底，中国持有美国证券资产达到16 107亿美元，其中持有的美国国债为11 121亿美元，加上美国长期机构债其二者之和占中国国投资美国证券资产总量的91.2%，而股票、公司债的比例则很低，两者之和也才约占8.5%，短期国债投资占整个证券资产投资比重更少，其仅为0.25%。随后，在全球经济一直不确定的情况下，美元资产的数额一直在增加，其具体数据为：在2011年，中国持有的美国国债达到1.15万亿美元，2012年为1.2万亿美元，2013年为1.31万亿美元。

由此可以看出，即使美国发生次贷危机，美元实行四轮的量化宽松货币政策，但美元证券在中国外汇储备资产配置中的绝对数值仍在继续攀升，其

---

① 美国证券的主要四种类型分别为美国国债和联邦政府机构债以及公司股票和公司债券。

② 美国财政部2010年11月16日公布的报告显示，作为美国的最大债权国，中国在2010年9月份增持了151亿美元美国国债，这是中国2010年7月以来连续三个月增持美国国债。日本持有的美国国债总额为8650亿美元，较8月份增加284亿美元。英国持有的美国国债总额为4591亿美元，也高于8月份的4495亿美元。可以看出，在后危机时代，由于全球经济增长前景不确定和金融市场持续波动的前景下，美国国债成为相对安全的投资领域。

直接缘由为在现阶段全球金融市场与全球经济充满不确定的条件下，美国还是一个相对较安全的资本避风港，但其深层原因是“外围”经济体的经济增长对“中心”的依赖性。

二、外汇储备存量的外部风险

（一）外部风险

外部风险是风险的一种分类，所以它也具有风险的一般特征，即不确定性。只是这种不确定性存在该经济体外。且在当前，全球经济呈现一大特点，90%以上的国际经济活动与货物贸易无关，而更多的是国际间资本金融活动，所以今天经济体外部的不确定性体现的更是一种金融风险，即经济体主体面临的是金融变量变动所导致的一种不确定性。由此对目前经济体的外部风险可进一步归纳为：它是存在并生成于某个经济系统自身范围之外的金融风险因素，即在经济体外发生的随机性、突然性的变化①引起的金融变量变动而给经济体带来的不确定性。对于一个国家来说，这种外部不确定性会对该国经济体体系带来严重的影响，甚至会导致全球金融市场发生“系统性风险”，也就意味这种外部风险没有明显的个性化特征，是不可以通过设定合理的规则或设定合理的投资组合模型来分散的。

（二）外汇储备存量的外部风险

IMF2013年发布了《外汇储备管理指南补充》②。根据此指南，且结合目前经济主体面临的外部风险主要是金融变量的不确定性③，因此本书依据金融

① 外部不确定性主要表现在由通货膨胀、自然灾害、金融危机、经济衰退、战争等客观原因引起的国外的财政状况与国外货币政策的变化产生的不确定性。

② 2013年国际货币基金组织发布《外汇储备管理指南补充》，从以下几个方面强调风险的防范与管理：第一，强调外储备的风险管理的内涵、对外汇储备管理运营风险的评估、要把风险控制在可以接受与安全的范围和水平之内；第二，强调外汇储备风险管理框架对外部与内部的风险资金的管理要采用同样的准则与尺度；第三，强度风险敞口要被随时监测，便于确定风险敞口是否已经超过可接受的水平；第四，强调外汇储备的风险不只是与外汇储备存量相关，而更是与金融衍生工具以及其他的外汇业务联系在一起的；第五，要定期进行压力测试，以监测宏观经济和金融变量带来的潜在影响与冲击。

③ 本书定义的外汇储备的外部金融风险，是指在经济运行中出现的随机性、偶然性的变化或不可预测趋势的改变对金融变量产生影响，进而对外汇储备资产成本与收益带来的不确定性，如全球金融市场或者全球经济走势的突变，对金融变量变量（利率、汇率）产生不确定性的影响，最后导致外汇储备资产价值的不确定性。

变量来归纳目前外汇储备面临的主要外部风险，其分为：流动性风险、利率风险、汇率风险和信用风险。

1. 流动性风险

流动性风险与流动性紧密相连，其是指由流动性的不确定性造成的损失的可能性。流动性有两种类型：一是筹资流动性；二是市场流动性。其中，筹资流动性风险是指金融机构缺乏足够现金流而没有能力偿还到期债务而发生损失的可能性；市场流动性风险又称变现能力风险，指的是金融资产在不发生损失的情况下能迅速变现的能力，它要求的是经济主体在任何情况下所具有的其资产随时变现或者是从外部获得可用资金的能力。

所以外汇储备的流动性风险主要体现为这种不确定性：货币当局是否可以迅速并且低成本地把其持有的外国资产转变为现金以满足流动性需要的可能性。

2. 利率风险

利率风险是指由于利率变动对资产持有主体的收入或净资产价值的不确定性。造成利率不确定性的风险因素主要有：通货膨胀率风险、违约风险、流动性风险、期限风险、消费的时间偏好和所得税等。所以外汇储备的利率风险主要是指，由于市场利率水平的变化，导致外汇储备管理当局持有外汇资产的市场价值存在巨大的不确定性。

3. 汇率风险

汇率风险又称外汇风险，是指一定时期内的国际经济交易活动中，以外币计价的资产或者负债，汇率的波动引起经济体持有资产价值涨跌的可能性。具体的不确定性的来源有：第一，交易风险，它指一个经济主体预期的现金流量，因受汇率波动的影响而导致损失的可能性；第二，会计转换风险，是指涉外企业会计科目中以外币计价的各项科目由于汇率变动引起的企业账面价值的不确定性；第三，经济风险，是指汇率的变动影响经济环境和企业经营活动，尤其是对外贸易企业的贸易环境。

从以上三种外汇风险类型中可以看出，汇率风险有两部分，即直接受险部分和间接受险部分。所以外汇储备的汇率风险体现在汇率的变动给外汇储备资产损益带来的不确定性。

4. 信用风险

信用风险是指合同一方不能履行义务的可能性，包括贷款、期权交易和一些金融衍生品在结算过程因交易对手不能或不愿履行合约承诺而使债权人遭受的潜在风险，也可以说它是金融风险、市场风险、政治风险、操作性风险等各种风险的综合体现，也就是各种金融风险最终以经济交易活动的违约行为来呈现。因为造成信用风险的因素有可能来自主观因素，如债务人偿债意愿或债务人的道德水平出现问题；还有可能来自客观原因，如财务状况恶化、经营不善等原因导致债务人失去偿债能力。

所以，外汇储备的信用风险体现在外汇储备在投资运营中（如购买其他国家国债、机构债等），交易对手不能履行合约而造成的储备资产的损失。由于外汇储备资产的交易对手主要是国家和大型金融机构，因此外汇储备的信用风险可以分为：国家主权信用风险和机构信用风险，且在实际经济中，两种信用风险的实质属于该国主权（国家）信用风险。

三、 现阶段中国内生性外汇储备存量外部风险分析

（一）现阶段中国内生性外汇储备存量面临的外部风险

依据以上四个外汇储备存量面临的外部风险，且结合中国外汇储备存量的特点，以下为本书归纳的现阶段中国外汇储备资产面临的几个类型的外部风险。

1．美国国家信用风险

大规模的外汇储备，且主要配置在美元有价证券上，中国面临最大的风险就是美国国家的信用风险。这信用风险可分为明面上的和隐形的这两种表现类型。下面先谈明面上的美国国家信用风险。

长期以来，美国出现持续的赤字，为了弥补赤字，美国依托其发达的金融服务业，向美国国内投资者售卖大量的国债，以维持其消费型①的经济运转。这种资金的循环在2007年次贷危机发生前，具有一定的可行性与持续性。但在2007年美国次贷危机发生后，对于持有美债的经济体来说，这既有的资金循环存在很大的风险。因为危机后的美国更需要资金，对于手持巨额美国债券的经济体尤其是中国，面临艰难的抉择：如果不再对美国的赤字进行资金支持，则美国的经济将面临更糟糕的困境，那么中国等经济体的原有债权可能将面临无法实现的局面，而且也会影响中国等债权国的经济增长；如果继续增持美国国债，美国的对外债务也将继续增加，美国出现债务违约的可能性又再进一步提高。

---

① 第二章通过理论模型分析可得出美国的经济增长依赖美国国内的消费需求。

所以中国巨大外汇储备资产将会一直伴随美国的明面上信用风险的发生，除非美国转变经济增长模式或者美国融到的资金用于美国国内投资而改善了美国的经常账户严重赤字的境况。

2. 美元贬值的汇率风险

资料显示，中国巨额外汇储备存量中约为60%到70%的份额为美元资产，在现阶段及将来全球经济与金融的动荡剧增情况下，中国储备资产面临更大的汇率风险。次贷危机后，美元币值面临中长期的走弱。在这种趋势下，中国的外汇储备资产的购买力将会悄无声息地流失。数据显示，以2009年中旬的中国外汇储备为例，其规模为2万多亿美元，其中美元币种资产占70%，就是14 921.242亿美元，从2007年到2009年，美元对人民币贬值为10%，美元这一贬值会使2009年的中国外汇储备资产损失高达1.5千亿美元，该数值相当于中国2008年经常项目顺差余额的35%。

进一步分析可知，美元贬值的汇率风险是中国外汇储备资产面临隐形的美国国家信用风险的一种具体表现形式，因为它是一种美国明面还中国钱，但实质上美国是不还或者少还的形式。因为它实为美国调整债务负担转移到债权国家，即美国用现在相对不值钱的美元还之前相对值钱的美元，而且依靠美元的国际货币的地位，美国将可以通过宽松的货币政策如典型的量化宽松货币政策源源不断地进行新债还旧债。由此，中国外汇储备资产面临的汇率风险实为美国国家隐形的信用风险。

3. 固定收益证券受损的风险

数据显示，2007年次贷危机爆发后，美国联邦储备委员会一直在不断调低联邦基金利率，从2007年8月的5.75%利率水平降至2013年0~0.25%的利率水平。由此，该利率水平的变动，中国外汇储备资产配置在美国国债上，其国债的利息收益非常低，增加持有外汇储备的机会成本。另外，美国是以提高国债的收益率来筹集救市的美元资金，此举必将引起已发行的美国国债的市场价格下跌，中国面临已经持有的美国国债价格下跌的风险，即资本损失。由此，利率水平的变化，中国外汇储备资产面临双重价值缩水的风险。

进一步分析造成中国外汇储备资产缩水的风险，其实为隐形表现形式的美国国家信用风险，其逻辑是：美国为了保证筹到资金，采取提高债券收益率的方式来发行新债。这说明，美国筹集资金能力存在一定的问题，即意味着美国国家信用有一定的降低。

4. 投资失利的风险

巨大的外汇储备规模促成中国外汇储备管理模式的改变，以中国投资有限责任公司的成立为起点，中国进入以追求高收益率目的的积极储备营运管理模式。但数据显示，中国投资公司始于2007年的海外投资战果，在期间投资想获利难度非常大，境外投资曾出现亏损的状态。其主要原因有三个：第一，中国投资公司成立的时间是金融危机时期；第二，这次金融危机具有一定“系统性”风险；第三，危机期间相对具有经济增长动力的国家中国，不是中投国际的投资区域。

由此，在金融与经济波动时期且波及面非常大的情形下，资产价值尤其是金融资产的价值的准确评估的难度加大。其主要体现在：最佳的投资时机和投资方向很难以把控，且以上列举的三个主要影响因素的不确定性加大。这必将给中国的外汇储备资产的投资带来许多不利因素。

（二）现阶段中国内生性外汇储备存量外部风险的成因

上文剖析的中国外汇储备存量面临四大外部风险，进一步分析可知：在恢复布雷顿森林体系下的国际货币制度下，这四大风险最后都归结为美国的国家信用风险。正如上文谈及的：信用风险是金融风险、市场风险、政治风险、操作性风险等各种风险的综合体现，也就是各种风险最后都会通过信用风险体现出来，最终表现为经济交易活动中的违约行为，这种违约行为有明面的也有隐形的。由此可以得出结论：中国外汇储备存量面临的各种风险，其最终成因为美国国家信用风险，亦称为美国主权信用风险。

1. 主权信用风险的内涵

（1）主权信用风险的定义。

关于什么是主权信用风险的问题，学术界的定义并不一致。主流观点认为，所谓的主权信用风险，是指一个国家的政府未能履行它的债务所导致的风险。其特征有三个：第一，偿付意愿。作为还债主体为国家，还债能力问题不是一个真实的问题，国家的债务违约在很多情况下是主体的偿付意愿问题。第二，主权政府的债务一般缺乏外来的有效担保，因为政府本身就是最终担保人。第三，一旦发生主权政府债务违约，债权人一般得不到任何补偿，或者只是得到一些仅限于法律意义上的名义赔偿。

（2）测评主权信用风险的关键经济变量。

长期以来，学者认为评测主权信用风险大小的关键因素是经济体的财政赤字和公共债务与GDP的比率。具体而言，其关键的变量为经济体的经济增长率、债券与贷款的规模、汇率、外债与生产总值的比率等经济指标。下面列出了全球主要评级机构对主权信用风险展开评级的关键经济变量。

第一，标注普尔的关键经济变量。标准普尔将主权信用风险评级的关键变量分为八个类别：政治风险、收入和经济结构、经济增长展望、财政灵活性、公共债务负担、国际收支平衡、外汇债务和流动性和价格稳定性。此外，标准普尔还将国家流动性看作一个国家偿债能力的重要指标。

第二，穆迪的关键经济变量。穆迪将主权信用风险进行评级的关键变量分为三类：经济因素、外债因素和定性因素。其中经济因素主要包括财政货币政策、出口结构以及进出口部门的结构、国家资源和资源开发；外债因素主要考虑该国外债规模与该国的出口或者与该国GDP的相对数。

2. 现阶段主权信用危机的现状及启示

（1）现状。

现阶段的主权信用危机主要在欧洲呈现。这次欧洲主权信用危机始于2009年，标准普尔、穆迪和惠誉世界三大评级机构相继调低希腊的国家信用评级，导致希腊国家融资成本迅速增加。随后，三大评级机构又对立陶宛、拉脱维亚、爱沙尼亚、爱尔兰、葡萄牙、西班牙、英国等欧洲众多国家实施评级并进行降级即警告，一时间，主权信用危机在欧洲迅速蔓延起来。直到现在欧洲仍没有摆脱欧洲危机的阴影，甚至影响到欧元是否会退出的探讨。

（2）启示。

这次欧元区的主权信用危机发生的深层次原因是欧元区各经济体政府负债过度，其导火索是美国次贷危机引发的全球金融危机，波及欧洲经济体，欧洲对此进行市场救助、融资借债。从对欧元区主权信用危机成因的分析中，可以解读出如下重要信息：第一，突发的外部冲击会打破国际区域经济原有的均衡状态；第二，实施过度宽松的财政政策，会为今后的经济发展埋下隐患；第三，即使是发达国家经济体，即使是参与国际区域经济同盟的经济体和即使是有国家主权担保的债务，其政府财政政策一旦过度宽松，该经济体的主权债务违风险将存在。

3. 美国主权信用的风险分析

根据以上分析，一国的债务余额与赤字状况是与该国主权信用风险有直接关系的变量。本书将以这两个变量来考察美国主权信用风险的状况。

美国的债务规模一直呈增长态势，其规模如图4.18所示。其中，在2007

年的次贷危机发生后，美国债务总额猛增，因为美国政府通过非常规的救市政策，到2012年美国债务总额已超过16万亿美元。在美国债务猛增的过程中，在2010年，穆迪曾警告：美国经济增长率低于政府预期，或美国政府不采取更严格措施解决预算赤字，美国AAA级主权信用评级将承受压力。在2012年，国际货币基金组织的报告也曾提到，美国的财政状况在发达经济体中恶化是最快的①。本书将从以下几个方面具体探讨美国是否会出现像欧元区的主权信用风险。

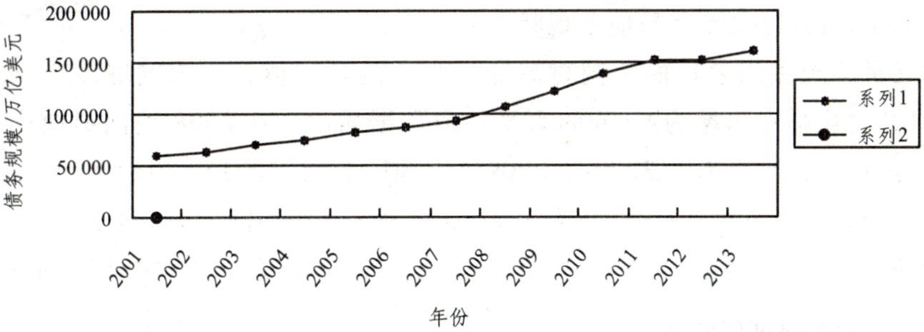

图4.18　2001—2013年美国债务规模

数据来源：美国白宫网站。

(1) 美国主权信用问题的历程。

历史上，美国的确没有发生过对主权债务完全赖账的情形，但是美国却有单方面改变偿还条件，或者说美国存在向外转移债务负担的一种违约形式。比如：

第一，1929年大萧条降临后，美国就采取货币贬值与黄金汇兑的限制政策。数据显示：在1934年1月美国的黄金平价只有1929年的59%，意味着美元贬值41%，且同时，美国实行黄金汇兑限制，终止美国国债的黄金条款。

第二，1971年的美元危机。其发生的背景为：当时美国的黄金储备为102.1亿美元，而美国短期负债为269.1亿美元，这样引起人们对美元与黄金的固定比价的质疑，随后在外汇市场上出现大量抛售美元而同时抢购黄金和硬通货的风潮，给美国带来了巨大兑付压力，美国政府于是宣布限制黄金与

---

① 美国财政赤字规模呈继续扩大的趋势，导致美国债务总额也呈攀升的状态，在2012年美国债务规模与当年美国GDP持平，即该比值为100%。但债务总额国内生产总值（GDP）国际通行标准为60%左右。且美国经济学者Carmen Reihart曾对债务总额与国内生产总值的标准进行过深入探讨。他提出：如果发达经济体的债务规模与GDP的比值超过90%时，发达经济体中期经济增长率会减少1%，长期增长将会有更加严重的影响；对于新兴经济体来说，债务问题更加敏感，当其外债规模/GDP比值超过60%时，可造成新兴经济增长减少2%。

美元的兑换，且与此同时迫使日本与德国等国货币升值。最后形成“史密森协议”，具体内容是：第一，美元对黄金贬值 7.89%，从之前的 35 美元/1 盎司贬值到 38 美元/1 盎司；第二，日元对美元升值 16.9%，前德国马克对美元升值 13.6%，瑞士法郎对美元升值 13.9%，荷兰盾和比利时法郎对美元各升值 11.6%。

所以，在历史上，美国通过美元贬值这种隐性违约的方式转移美国本国的债务压力的情形并不少见。

（2）美国财政赤字与债务现状。

在世界范围内公认的一国财政赤字水平的合理值，为该国财政赤字与该国 GDP 之比即赤字率为①3% 的水平。但数据显示：在 2008 美国财政赤字为 4590 亿美元，赤字率为 3.2%，2009年美国财政赤字为15 870亿美元，占美国 GDP 的比重为9.9%，为1970年来最高水平，根据美国财政部的预测，后期财政赤字率有所回落，但大部分时期均高于国际公认的合理值，如图4.19所示②。

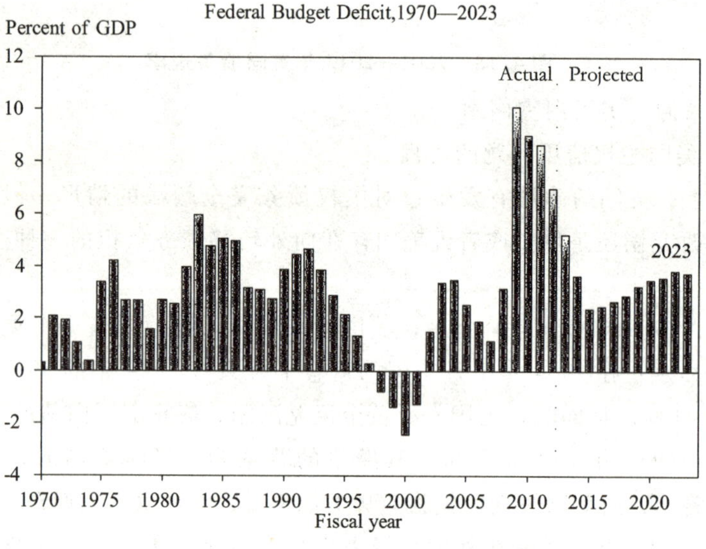

图 4.19　1970 年—2023 年美国财政赤字

图片来源：white house. http：//www. whitehouse. gov/.

注：2013 年后的美国财政赤字为预测值。

目前，美国政府大量的财政赤字累积导致更多的美国国债发行，美国债

① 赤字章二（财政支出 - 财政收入）/GDP × 100%。

② 资料来源于美国白宫网站，http://www. whitehouse. gov/。

务如图 4.18 所示，其规模一直不断增加，且与 GDP 的比值也不断的上升[1]。而且长期内美国的财政收入与财政支出之间仍存在很大缺口，如图 4.20 所示。所以美国的财政赤字要想得到改善是不容乐观的。

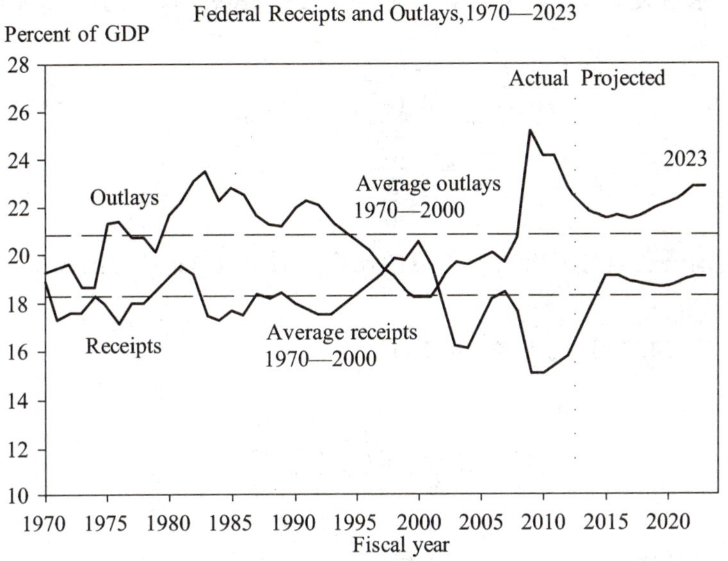

图 4.20　1970—2023 年美国的财政收入与美国的财政支出

图片来源：white house. http：//www. whitehouse. gov/.

（3）美国财政的稳定性。

第一，财政赤字的持续性。

①模型梳理。

在财政预算的可持续性和利息成本均衡的框架进行分析[2]。（4.24）式子表示政府的债务负担。

$$D_T + i_{T-1}B_{T-1} = B_T - B_{T-1} \tag{4.24}$$

其中 D_T 为当第 T 年的财政赤字；$i_{T-1}B_{T-1}$ 为支付第 $T-1$ 年的利息成本；$B_T - B_{T-1}$ 为第 T 年的债务的增加额。假设国债利率水平不变。用赤字率和债务率，来考察经济体在既定的经济增长速度情况下扩张性财政政策的可持续性[3]的

① 数据显示，在 2007 年美国债务规模与国内生产总值的比值大于 36%，到了 2010 年其比值为 63%，2012 年该比值更是达到 100%。预测 2020 年政府债务在美国总债务规模的比重高达 90%。

② 模型参考国内学者王晓钧（2011）。

③ 模型参考国内学者王晓钧（2011）。

条件。

$$\frac{\mathrm{d}N}{\mathrm{d}T}=Z \tag{4.25}$$

其中 Z 表示财政赤字；N 为国债余额。(4.25) 式表明财政赤字等于国债余额的变化。

$$\frac{\frac{\mathrm{d}n}{\mathrm{d}T}}{n}=\frac{\frac{\mathrm{d}\left(\frac{N}{G}\right)}{dT}}{\frac{N}{G}}=\frac{\frac{dN}{dT}}{N}-\frac{\frac{dG}{dT}}{G} \tag{4.26}$$

其中 n 为国债余额与国内生产总值的比率（债务率）；G 为国民生产总值；N 为国债余额。

将式子（4.25）代入式（4.26）得：

$$\frac{\frac{\mathrm{d}\left(\frac{N}{G}\right)}{\mathrm{d}T}}{\frac{N}{G}}=\frac{\frac{\mathrm{d}N}{\mathrm{d}T}}{N}-\frac{\frac{\mathrm{d}G}{\mathrm{d}T}}{G}=\frac{\frac{Z}{G}}{\frac{N}{G}}-\frac{\frac{\mathrm{d}G}{\mathrm{d}T}}{G}=\frac{z}{n}-g \tag{4.27}$$

其中 g 为经济增长速度；z 为赤字率。

$$\frac{\frac{\mathrm{d}n}{\mathrm{d}T}}{n}=\frac{z}{n}-g \tag{4.28}$$

$$\frac{\mathrm{d}n}{\mathrm{d}T}=z-gn \tag{4.29}$$

②美国财政赤字持续性存隐患。

下面用赤字率和债务率，来考察美国在现有经济增长速度情况下扩张性财政政策的持续性。假设国债利率为不变的常数。

由（4.29）式可以看出，当$\frac{dn}{dT}\leqslant 0$时，$z\leqslant gn$，即 $g\geqslant\frac{z}{n}$，即赤字率小于等于经济增长速度与债务率之积时。债务率①的变化小于或等于零，此时财政政策具有稳定性，同时也具有持续性。意味着此状态下的赤字财政规模不会阻碍未来经济的发展，该国也就不会存在国家主权信用的问题。但这样的状态得以实现，该经济体的经济增长率至少大于赤字率与债务率的比值。

根据美国公布的相关数据，计算出从 2010 年—2019 年美国理想的增长率

① 债务率为国债余额与国内生产总值之比。

如表 4.6 所示。但 2011 年美国总统经济报告中对美国 2011 年—2019 年国内生产总值增速的预测值远小于估测的美国经济增长的理论值。而且表 4.10 估算的结果是在假定美国国债收益率固定不变情形下估算而得的。而实际上美国为了融到资金，其新发行的国债收益率在上升，这意味着美国经济增长率下限的理论值还需上升才能维持目前美国财政的赤字率。由此，按现行的条件，美国未来财政政策的稳定性存在质疑，一旦美国为财政赤字融资难以继续，美国政府信用将会受到威胁，美国主权信用的潜在风险将会暴露。

表 4.6　美国经济增长率的理论值

年份	2010	2011	2013	2014	2015	2016	2017	2018	2019
理论值/%	16.8	12.2	5.9	5.5	5.4	5.3	5	4.9	5

数据来源：美国白宫网站。

第二，美国国债的利息成本。

巨额的负债，面临的支付利息将加大，尤其是在 2007 年次贷危机后，由于美国为了提振美国经济，不仅发行了大量的债券，而且还是以提高债券收益率进行发行的，所以美国未来将承受更大的利息支付压力。据美国公布的估计数据（2009），如果美国国债收益率上升至 4%，美国的利息支出将增加 1 千亿美元。目前，美国债务增长率高于美国的 GDP 的增长率，美国国债的收益利率将会增长，美国的债务将进一步扩大。

由此，从以上模型的估计的结果和相关资料的都表明，持有美国国债会存在资产损失的隐忧。因为假设美国不改变宽松的财政政策，美国政府对到期国债再融资能力将会减弱①，与此同时美国偿债压力会增加，这意味着美国现有的财政政策的稳定性是存在很大隐忧的，美国主权信用风险是潜在的而且将会扩大。

（三）美国减少财政赤字与债务总额的措施分析

在恢复的布雷顿森林体系下，美国的赤字和债务在“金融恐怖均衡”下自然而形成与增长，一切是那么“协调”，但 2007 年美国的次贷危机发生后，其财政赤字率与债务率惊醒了债权人和债务人。债权人意识到美国主权债务问题已不容忽视，因为美国要刺激经济增长，政府的赤字与债务将会集中而且迅速地增长；美国债务人也意识到，这极速增长的赤字规模与债务规模是

① 这将会促使投资者变换债权类资产的结构，减少对美国国债的持有。

不利于美国经济持续发展的，美国要减少赤字，降低债务总额，才能维持美国财政的稳定，美国主权信用风险才不会爆发。

经济体在政府赤字与债务负担加重的情况下，会采取三种方向的措施来减轻该经济体的赤字与债务负担：一是提高税收；二是通货膨胀；三是币值贬值。下面将对这三种政策进行一一分析。

1．提高税收

就目前美国国内的经济状况而言，提高税收的政策有一定的难度，因为美国居民的资产在次贷危机之后已大幅缩水，如果采取提高税收的政策，只能进一步削弱美国国内的消费能力，不利于美国消费型的经济增长。

2．通货膨胀

通货膨胀政策实行起来，有一定的可行性，因为该政策不仅能减轻政府的还债负担，而且在一定程度上有利于该经济体的经济增长，其也是许多经济体长期以来减轻政府债务负担常用的隐蔽手段。但实施通货膨胀政策要有个度，一般来源通货膨胀率数值不能超过个位数，因为过高的通货膨胀对经济体的经济发展是不利的，最终会降低经济体的融资能力。除此之外，货币发行量受到法律与经济规律的制约。所以美国采取通货膨胀政策具有一定的可能性，但受一些条件的限制，其要顺利实施还存在一定的难度。

3．货币贬值

本国货币对外贬值，在今天来说，无论是发展中经济体还是像美国这样的发达经济体，都是深受欢迎的政策。特别是像美国这样的净债务经济体，美元贬值一方面可以改善美国经常账户的失衡问题，另一方面还可以直接减轻政府的债务负担。数据显示，在美国国债中，外债占比为50%，结合以上估算结果可知，美国在未来时间里需继续发行大量国债来弥补财政收不抵支的情况，这样赤字率会使已有巨额债务的美国政府还债负担继续加重。因此，货币贬值应是净债务国美国的首选政策。

美元对外贬值是一个将债务压力转嫁给债权国的最容易采取的隐性违约的政策主张。具体策略有两个：第一，增大基础货币的投放。美国政府可以通过美联储购买债券的方式来获得资金，这样赤字财政筹集的资金通过美联储发行大量基础货币来实现，向市场注入大量的流动性，最后会导致美元贬值预期的产生和不断上升。第二，逼迫其他国家货币升值。所以长期以来，在不同的时期，美国强迫不同国家货币升值。在现阶段，其对象是中国的人民币。通过这两种美元贬值主张的策略，其结果都是，美元贬值而外国货币升值，美国最终实现减轻美国自身的债务负担，但持有美元资产的经济体将面临资本损失的风险。可以这样说，长期以来，美国的主权信用风险是一直存在的，且主要是通过货币贬值这种隐性违约的方式来表现和实现的。

（四）美国主权信用风险对内生性中国外汇储备存量的影响

以上分析已表明，美国主权信用风险不是一个新问题，而是自从美元扮演“中心”货币就已存在。其不同的是，在不同的时期，其程度大小以及人们对其重视度不同而已。

回到现阶段，其潜在的主权信用风险已很明显。从2007年到现在，美国赤字与债务规模在增加，与此同时，美国政府新发行债券的收益率也在上升，但美国经济增长还不是很稳定。在这样的情形下，中国持有以美元国债为主的大量外汇储备，应该说已经、正在、将来均面临美国明面或隐形的主权信用风险。现阶段，美国宽松政策通过以下几个渠道对外国外汇储备资产产生影响。

第一，美国宽松量化的财政政策和货币政策影响美元资产的收益率。相关数据显示，如果美国联邦储备委员会购入5000亿美元10年期美国国债，将导致10年期美国国债收益率下跌0.13% ~0.2%。

第二，美联储大量购买美国国债，将引起美元的进一步贬值，以美元持有的外汇储备资产价值在缩水。根据中国社科院的测算，在2009年9月30日至2010年9月30日，美元对包括人民币在内的各种主要货币均一次性贬值20%[①]，中国央行遭受的资本损失将高达人民币3.1157万亿元。这就是美国主权信用风险的隐形形式，美国不是采取不偿的方式，而是使美元贬值，给美元资产持有者带来巨大的资产缩水。

第三，现阶段，美国不仅采取量化的宽松货币政策，而且财政也是不停的“量化”，所以增发国债一直是美国政府使用的主要工具。数据显示：在2007年美国国债净发行额为5490亿美元，在2010年美国政府在没有美联储帮助下，美国国债发行额也超过2万亿美元，到2012年，美国债务水平已超过16万亿美元。这样集中且规模巨大的新国债发行，必然造成债券市场上供给大于市场需求，导致美国新增发国债的收益率显著上升，而原持有大量美元资产的外汇储备资产面临资本损失，市场价值缩水。

所以说，现阶段中国外汇储备资产面临的各种不确定性其成因来自于美

---

① 数据来源于网易财经，http://money.163.com/10/1103/02/6KHHULFS00253BOH.html。

国主权信用风险，只是其表现形式比较隐形，不是以直接违约的形式呈现的。

本章小结

本章从增量与存量两个视角来剖析中国外汇储备的现状以及外汇储备持续增长产生的影响（持有储备外汇的成本）。

第一，增量视角。以出口导向型经济战略加入经济全球化的进程中，在中国经济取得增长的同时，中国持有的外汇储备呈现长期的增长趋势。其中，FDI与货物贸易是中国外汇储备增长的主要贡献者，且FDI与货物贸易存在相互助推与相互依赖的“共生”关系。这凸显了中国外汇储备增长的内生性，是中国参与经济全球化的次优选择。但与此同时，随着外汇储备的持续增长，中国持有外汇储备的成本剧增。其主要表现在，对中国内部经济产生巨大的影响和外汇储备存量面临的外部风险徒增。

第二，存量视角。本书通过对外汇储备资产面临的外部风险深入的剖析得出，长期以来中国的外汇储备资产面临的形形色色外部风险，其风险源头最终来自美国的主权信用风险。历史表明，美国主权信用风险伴随美元作为“中心”货币就一直存在，主要以隐形的方式在违约。本书通过对美国减少财政赤字和债务的措施分析得出，现阶段美国主权信用风险更是凸显的结论。但与此同时，根据美国财政部2010年8月份公布的数据显示，中国仍在继续增持美国国债，在后危机时代，中国外汇储备存量中美国国债数额高居不下。这看上去是一个不可思议的现象，其实道出了长期以来中国外汇储备管理的困境，即意味着现有成功的外汇储备管理经验运用于中国目前外汇储备管理中，参考性与适用性均呈减弱趋势，甚至不起作用，因此，必须得用新的理论、新的视角去进行管理。第四章逻辑见图4.21与第四章内容结构如图4.22所示。

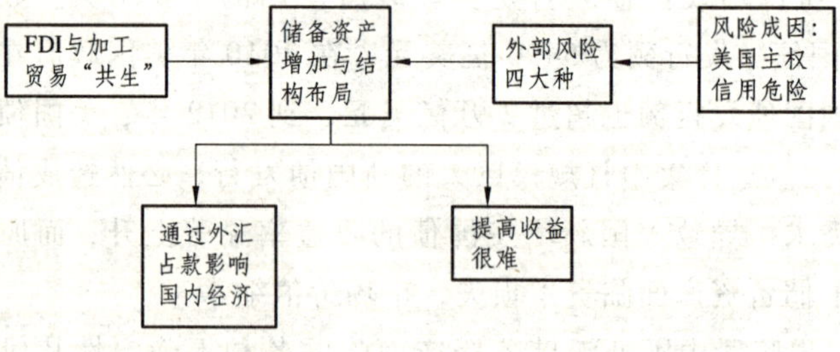

图4.21　第四章逻辑图

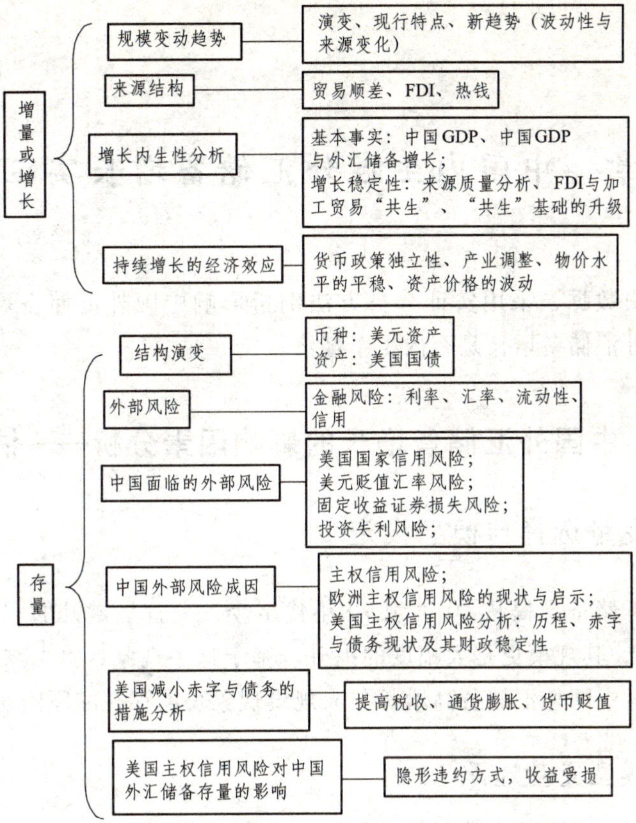

图 4.22　第四章内容结构框架

第五章　中国内生性外汇储备增长实证分析

利用历史数据，采用实证分析方法剖析影响中国外汇储备增长的因素，以检验中国外汇储备增长是否内生于经济。

第一节　中国外汇储备增长的影响因素分析——协整分析

一、变量选择与模型设定

中国外汇储备规模从20世纪90年代至今，一直呈攀升的状态，特别是在2001年后，其规模更是大幅度的提升。基于这一现象，本书采用协整分析方法，来探讨中国外汇储备高增长与大规模现象长期存在的原因。

（一）模型变量选择

结合本书前面探讨有关中国外汇储备持续增长原因的内容以及结合已有的文献研究，本书将选取如下变量来探讨变量是如何影响中国外汇储备持续增长的。

（1）外汇储备余额。以外汇储备余额作为本书研究中国外汇储备持续增长的被解释变量。

（2）进口总额。购买外国的货物商品与服务是外汇储备最基本的功能之一，因而一国进口规模会对该国外汇储备余额的变化产生重要影响。由此本书将选取进口总额作为一个影响中国外汇储备增长因素来进行研究。

（3）出口总额。通过分析中国历年国际收支平衡表可知，货物贸易是经常项目顺差的主要贡献者，是中国外汇储备增长最主要来源。因此本书将选取中国出口总额作为中国外汇储备增长的影响因素来进行分析。

（4）外国直接投资余额。外国直接投资一般是使用外汇进行投资，所以它是一国外汇储备形成的一个重要渠道。考察中国历年国际收支平衡表得知，外国直接投资余额是资本与金融项目下呈长期顺差状态的主要贡献者，是中国外汇储备来源一个重要组成渠道。因此本书将中国的外国直接投资余额纳入中国外汇储备增长影响因素范畴。

（5）短期外债余额。偿还债务是一国外汇储备重要的基本功能之一，且外汇储备余额为该国进行外债融资的信用担保。所以在国际上，长时间以来一国外债规模用来评测该国外汇储备适度规模的一个参考标准。由此本书将选取短期外债余额作为中国外汇储备增长影响因素来考虑。

（6）货币供应量。一般情形，货币供应量与一国经济增长呈正向关系，且中国经济增长中外向型经济贡献度较大。由此本书选取广义货币 M2 作为中国外汇增长影响因素。

（7）国内生产总值。出口导向型经济体，外汇储备增长与经济增长有着密切的关系。20 世纪 90 年代至今，中国经济一直持续快速地增长，所以本书将它作为中国外汇储备增长的影响因素。

（8）人民币与美元的名义汇率水平。长期以来，一国汇率水平与该国外汇储备有着紧密关系，且在中国外汇储备资产中美元资产的份额最大。因此，本书将直接标价法下人民币对美元的名义汇率也作为中国外汇储备持续增长的影响因素。具体变量设定如表 5.1 所示。

表 5.1　变量代码及解释

变量代码	定义	变量代码	定义
fer	外汇储备余额	lnfer	外汇储备余额对数值
ex	出口总额	lnex	出口总额对数值
im	进口总额	lnim	进口总额对数值
fdi	外国直接投资余额	lnfdi	外国直接投资余额对数值
sd	短期外余额	lnsd	短期外债余额对数值
m2	广义货币余额	lnm2	广义货币余额对数值
gdp	国内生产总值	lngdp	国内生产总值对数值
ferr	人民币与美元名义汇率（直接标价法）	lnferr	人民币与美元名义汇率（直接标价法）对数值

（二）模型设定

综上所述，本书将选取出口总额、进口总额、外国直接投资余额、短期外债余额、广义货币余额、国内生产总值和人民币对美元名义汇率七个指标作为影响中国外汇储备增长的变量。为了统一模型总变量的量纲，本书将采用取对数的方法，即对模型所有变量取对数。由此本书进行协整分析的模型如下所示。

$$\ln fer = f(\ln ex, \ln im, \ln fdi, \ln sd, \ln m2, \ln gdp, \ln ferr) \quad (5.1)$$

二、 实证分析

数据分别来源于中国经济数据库与国家统计局网站。模型中各变量均为年份数据，其中研究的样本区间为 1990 年—2012 年，使用的软件为 Eviews6.0。

（一）单位根检验

各变量需具有相同的单整阶数是可以进行协整分析的前提。因此本书首先需要对表 5.1 中七个时间变量进行单位根检验。其中，进行单位根检验的方法是 ADF 方法，选取确定的滞后期数是使用 SC 信息准则，其检验结果如表 5.2 所示。从表 5.2 中可以得知，模型中这八个原变量均不平稳，但各变量进行差分后大部分表现为平稳。由此说明，模型中这八个变量中除了货币供给都具有一阶单位根或者称其为一阶单整序列 I（1），货币供给变量是具有二阶单位根。依据协整分析理论，可以选取这八个变量中的七个变量可以进行协整关系检验。

表 5.2　变量单位根检验

变量	ADF 检验值	结论	变量	ADF 检验值	结论
lnfdi	-2.44	不平稳	dlnfdi	-3.65	平稳
lnfer	-0.19	不平稳	dlnfer	-5.01	平稳
lnferr	-2.6	不平稳	dlnferr	-4.07	平稳
lnim	1.1	不平稳	dlnim	-3.44	平稳
lnsd	-0.12	不平稳	dlnsd	-5.22	平稳
lnex	-0.13	不平稳	dlnex	-4.48	平稳
lngdp	0.90	不平稳	dlngdp	-5.65	平稳
lnm2	-0.90	不平稳	dlnm2	-0.94	不平稳

（二）协整关系的检验

本书进行协整关系的检验是使用 Johansen 极大似然的检验法。检验结果如表 5.3 所示，我们从表 5.3 中可以得出：出口总额、外汇储备余额、进口总额、外国直接投资余额、国内生产总值、短期外债余额和人民币对美元的名义汇率水平这七个变量之间具有 5 个协整的关系，由此本书可以对这七个变量进行协整分析。

表 5.3 变量协整关系检验

协整方程个数	迹统计量	5% 临界值	Prob
0	344.00	111.78	0.00
1	173.84	83.93	0.00
2	111.68	60.06	0.00
3	68.21	40.17	0.00
4	40.21	24.27	0.00
5	16.25	12.32	0.00
6	2.35	4.13	0.15

（三）实证结果

对外汇储备余额、出口总额、进口总额、外国直接投资余额、短期外债余额和人民币对美元的名义汇率这七个变量进行协整分析，可以得到协整方程：

$$\ln fer = 1.478\ln fdi - 1.216\ln ex + 4.940 ferr - 3.246\ln im + 2.569\ln sd + 1.798 gdp \quad (5.2)$$

从协整方程（5.2）式中得出，这七个变量在长期中是存在如所预想的稳定的线性关系。因此可以认为这六个变量对中国外汇储备的增长具有显著的影响。下面将进一步分析这些变量对中国外汇储备余额的长期影响与关系。

（1）外国直接投资余额与外汇储备余额正相关，符合常规的经济活动。因为一般来说外国直接投资增加，会增加非储备型货币国家的外汇储备规模；中国现象更是凸显，长期以来，外国直接投资是中国资本项目呈长期顺差状态的主要贡献者。

（2）出口总额对中国外汇储备余额具有负向影响，与经济活动常识不符合。因为当出口总额增加时，出口企业可以从国外获得更多外汇。在中国长期以来要求出口企业将大部分外汇必须卖给指定银行的外汇管理制度下，银行将会获得大量外汇后又将卖给中国人民银行，这样中国外汇储备余额将会呈现长期增长的状态。本书对此实证结果的解释为，中国外汇储备增长债务性的渠道在增加，削弱了传统的出口总额与外汇储备增长的关系甚至逆反。

（3）直接标价法下的人民币对美元的名义汇率水平对外汇储备余额具有正向影响，符合预期。因为人民币对美元名义汇率是直接标价法，其数值上升表示人民币币值贬值，（5.2）式中 4.940 的系数表明人民币贬值 1%，中国外汇储备规模将增加 4.940%。

（4）进口总额与外汇储备余额的关系为负向型，符合传统的经济原理。因为当进口量加时，需要对外支付更多的外汇，这将会消耗一国持有的外汇储备。因此，进口量增加将会减少一国持有的外汇储备规模。

（5）外债余额与外汇储备增长呈现为正向关系，符合事先预期。因为在经济发展过程中，我国政府一直在加强基础设施的建设，在大多数年份出现了国家财政赤字，在这些赤字中采取将会采取向外借债来进行融资。由此为了外债债务能够按时的偿还，特别是要满足借款期限较短的短期外债的偿还，需要充足的流动性外币资产作为准备，意味着中国外债的增加，需要更多的偿债准备金。因此，短期外债与中国持有的外汇储备规模同向关系。

（6）国内生产总值与外汇储备余额具有正向关系，符合事先假设。因为中国这一轮经济增长依托于中国参与经济全球化，属于外向型经济，所以中国经济增长必定带来外汇储备的增长。

三、 研究结论

本书对中国外汇储备持续增长的影响因素进行实证分析的方法是协整分析，其中实证结果表明中国外汇储备增长或减少与进口总额、外国直接投资余额、短期外债余额、出口总额、人民币与美元的名义汇率水平以及国内生产总值这六个因素之间存在长期的协整关系。长期以来，中国内生产总值的增加、短期外债余额的增加、外国直接投资增加、人民币与美元的名义汇率水平上升与中国外汇储备增长具有明显的正向作用；而进口量提升与人民币币值的升值对外汇储备增长具有显著的负向影响；最值得引人思考的是中国出口总额与外汇储备余额的负向关系，与预期有所不同，本书对其的解释为：中国外汇储备增长债务性的渠道在增加，削弱了传统的出口总额与外汇储备的同向关系甚至为逆反关系。

第二节 影响中国外汇储备增长的共同因子实证分析——基于主成分与因子分析

一、 指标选取

根据本章第一节实证的结果以及已有的文献①，可知影响中国外汇储备增长的原因有很多。本节将采用主成分与因子分析方法从这些因素中找出影响因素的共同因子，即公因子，也就是本节将要挖掘的中国外汇储备增长深层次原因。本节将选取与外汇储备余额变动有直观联系的经济变量：人民币对美元的名义汇率、国内生产总值、外国直接投资、出口总额、进口总额、外债余额和货币供给量。下面将对本书采用的变量进行分析。

（一）人民币与美元的名义汇率

国际金融理论对汇率与外汇储备的紧密关系②可概括为此消彼长等多种形式，且由于中国经济与美国经济相互依存的现状。本书选择中美货币间直接标价法的名义汇率水平作为中国外汇储备增长的影响因素。

（二）国内生产总值

出口导向型经济体，外汇储备增长与经济增长有着密切的关系。20 世纪 90 年代至今，中国经济一直持续快速地增长，所以本书将它作为中国外汇储备增长的影响因素。

（三）外国直接投资余额

外国直接投资一般情形下是以东道国的外币作为投资资金，这样会增加东道国的外汇收入，是东道国外汇储备增加的一个来源渠道。在 2012 年，中

① Triffin（1960），Jeanne&Ranciere（2008），Cheung（2009），朱孟楠（2009），吴丽华（2009）等国内外学者的研究文献。

② 中央银行持有外汇储备可以用于调节汇率，并减少汇率波动，减少中国经济的波动。

国外国直接投资总额已经排名全球第二，且历年中国国际收支平衡表显示出外国直接投资是资本与金融项目顺差的主要贡献者。由此外国直接投资已经成为中国外汇储备增加的一个重要来源，是影响外汇储备增长的因素。

（四）出口总额

在以美元为世界本位货币的后布雷顿森林体系下，非储备型经济体以出口商品来增加该经济体的世界本位货币。始于上世纪 90 年代的经济全球化，中国以出口导向型经济加入这场全球经济增长，且取得经济处于快速增长的成绩，改变了中国从一个外汇储备缺乏状态步入到需要如何有效管理外币资产的局面。因此，本书考虑出口额作为中国外汇储备增长的影响因素。

（五）进口总额

购买外国的货物商品与服务是外汇储备最基本的功能之一，因而一国进口规模会对该国外汇储备余额的变化产生重要影响。由此本书将选取进口总额作为一个影响中国外汇储备增长因素来进行研究。

（六）外债余额

偿还债务是外汇储备最初的功能，其对一国外汇储备增加或减少有影响作用，尤其是一年内到期的短期债务总额。且数据显示，中国虽然拥有大量相对闲置的外币资产，但中国向外借款的速度也在增加，构成对中国外汇储备增长的一个重要影响因素。因此本书将选取短期外债作为影响中国外汇储备持续增长的因素来进行探讨分析。

（七）货币量

在本章第一节进行协整检验时，明确货币供给量与其他变量不具有的同阶单整，但从经济理论与中国实际经济分析：在一般情形，货币供应量与一国经济增长呈正向关系，且长时间以来中国经济增长中外向型经济贡献度较大，货币供给量应该成为影响中国外汇储备增长的一个重要因素。所以在本节仍选取广义货币 M2 作为中国外汇增长影响因素（因为主成分与因子分析不需要同阶单整的前提条件）。由此本书选取广义货币 M2 作为中国外汇增长影响因素。具体变量设定如表 5.4 所示。

表 5.4　变量具体设定

变量符号	变量定义
ferr	人民币与美元名义汇率（直接标价法）
dgp	国内生产总值
ex	出口总额
im	进口总额
sd	短期外债余额
fdi	外国直接投资余额
fer	外汇储备余额
m2	广义货币供给

二、实证分析

本书对以上七个影响因素对中外汇储备增长（外汇储备余额变化）的影响进行主成分、因子以及回归分析，将采用 Eviews6.0 软件。本书数据分别来源于 CEIC 数据库与国家外汇管理局网站，研究的样本时间为 1990—2012 年。

（一）主成分分析

1. 可行性检验

本书将对以上 7 个变量进行相关性检验，因为具有相关性，是进行主成分分析的前提条件。检验结果表如表 5.5 所示，说明这 7 个变量具有相关性。

表 5.5　变量相关性检验

	ex	fdi	ferr	dgp	im	m2	sd
ex	1.00	0.97	0.96	0.95	-0.22	0.60	0.94
fdi	0.97	1.00	0.98	0.99	-0.17	0.66	0.98
ferr	0.96	0.98	1.00	0.99	-0.21	0.73	1.00
dgp	0.95	0.99	0.99	1.00	-0.13	0.73	0.99
im	-0.22	-0.17	-0.21	-0.13	1.00	0.13	-0.17
m2	0.60	0.66	0.73	0.73	0.13	1.00	0.78
sd	0.94	0.98	1.00	0.99	-0.17	0.78	1.00

2. 主成分分析

对这七个影响因素的相关系数矩阵进行主成分分析，得到特征值，如表5.6所示与碎石图5.1所示。其中，在表5.6中，显示出前两个特征值的方差值为93.83%，在碎石图5.1中，在$i=2$处拐弯，这两种方法都说明这七个影响因素的基本信息可以由两个主成分进行概括。

表5.6　主成分分析

因子	特征值	方差贡献率（%）	累计贡献率（%）
1	5.481	0.7831	0.7831
2	1.087	0.1553	0.9383
3	0.383	0.0547	0.993
4	0.037	0.0053	0.9984
5	0.01	0.0015	0.9909
6	0	0.001	1
7	0	0	1

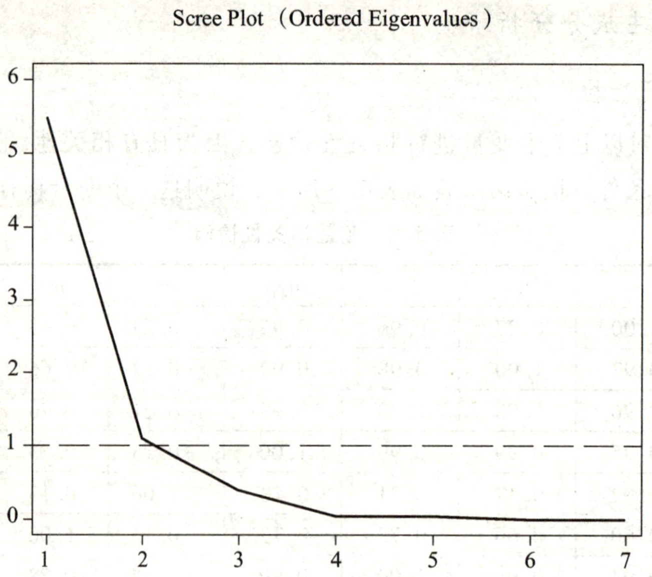

图5.1　碎石图

（二）因子分析

1. 因子分析

为了更好地剖析影响变量之间的含义与关系，本书将采用主成分因子分析法对其进行探讨。其中因子分析（factor analysis，FA）是主成分分析的推广，与主成分分析的区别是，因子分析更侧重于解释变量之间的相关关系，也就是因子分析用几个潜在的不能观察的且互不相关的随机变量去描述许多变量之间的相关关系，或称之为协方差关系，找到影响这些变量的共同因素，这些共同的因素就称之为这些变量的公因子。本书对这七个变量进行因子分析，得到因子载荷矩阵，如表 5.7 所示。表 5.7 的结果充分说明存在两个因子能够很好代替这 7 个原变量。

表 5.7　因子载荷矩阵

变量	F_1	F_2	特殊因子
ex	0.97	0.24	0
fdi	0.64	0.66	0.152 662
ferr	0.17	0.92	0
dgp	0.99	0.12	0.004 905
im	0.98	0.19	0.005 296
M2	1.00	0.03	0
sd	0.98	-0.01	0.048 108

2. 旋转后的因子载荷

为了进一步区分这两个公因子对原七个解释变量的影响，旋转因子负载矩阵可以清楚地表达出具体的影响效果。由此为了得到相应的旋转因子负载矩阵，本书采取因子旋转的方法，表 5.8 为具体结果。其实证结果表明：第一个公因了主要和出口总额、外国直接投资余额、国内生产总值、进口总额、广义货币供应量和短期外债余额这六个影响因素具有较强的相关性，且这六个影响因素是一种衡量实体经济规模性的变量，因此本书将 F_1 定义为经济规模公因子；F_2 主要与汇率水平具有相关性，界定为汇率公因子。

之后，根据 Eviews6.0 软件可到因子得分系数矩阵。F_1、F_2 的具体表达式为：

$$F_1 = 0.19ex + 0.11fdi + 0.15ferr + 0.17dgp + 0.19im + 0.18m2 + 0.2sd \quad (5.3)$$

$$F_2 = -0.06ex + 0.23fdi + 0.97ferr - 0.01dgp + 0.063im + 0.05m2 - 0.13sd \quad (5.4)$$

表 5.8　旋转因子负载矩阵

解释变量	F_1	F_2
ex	0.91	0.42
fdi	0.51	0.76
ferr	0.16	0.95
dgp	0.95	0.30
im	0.92	0.27
m2	0.97	0.03
sd	0.96	-0.17

（三）回归分析

1. 多元回归分析

本书通过多元回归来分析这两个公因子是否可以解释中国外汇储备长期以来增长的状态。其中外汇储备余额（fer）仍作为被解释变量，解释变量为经济规模的公因子（F_1）和汇率的公因子（F_2），采用 OLS 回归方法，表 5.9 为回归后的实证结果。实证结果显示，经济规模的公因子 F_1 具有较大的显著性，而汇率公因子 F_2 在 P 值为 10%，是不显著的。即多元回归的结果显示出经济规模公因子（F_1）对中国外汇储备增长起决定性作用，而汇率公因子（F_2）在 10% 显著性水平是不显著的。

表 5.9　多元回归结果

因变量	自变量	系数	*P* 值
外汇储备	F_1	1.53	0
	F_2	0.02	0.13
	常数项	0.701	0

2. 最终实证结果

上述多元回归的结果表明：汇率的公因子 F_2 在 10% 显著性水平下表示为

不显著，故本书将其忽略。最后将外汇储备余额序列（fer）对经济规模的公因子序列（F_1）进行OLS回归，（5.5）式为实证结果：

$$fer = 0.701 + 1.53F_1 \quad (5.5)$$

（5.5）式方程说明，中国外汇储备增长主要的深层次原因是中国的实体经济的增长，且实体的经济规模对中国外汇储备的增长起到正向的推动作用。

三、实证结论

（1）七个中国外汇储备增长的影响因素：出口总额、外国直接投资余额、人民币与美元名义汇率水平、广义货币供应量、进口总额、短期外债余额和国内生产总值，进行主成分与因子分析。其实证结果为：这些影响因素可共同提取出两个公因，即经济规模的公因子（F_1）与汇率的公因子（F_2）子。意味着影响中国外汇储备持续增长的因素可分为两大类型：经济规模因素和汇率影响因素。

（2）通过对外汇储备规模与经济规模公因子（F_1）和汇率公因子（F_2）进行多元*OLS*回归。其回归结果表明，经济规模的公因子（F_1）对中国外汇储备持续增长具有显著的正向影响，而汇率的公因子（F_2）对中国外汇储备持续增长的没有显著影响。换而言之，中国经济的增长是中国外汇储备长期持续增长深层次因素，而由中国央行为稳定汇率所导致外汇储备增长影响力不是主要决定因素，甚至出现了不显著结果。

（3）通过实证结果可以剖析出中国外汇储备长期增长是中国经济增长的结果，即中国外汇储备高增长是内生于经济的，中国外汇储备高增长具有内生性、合理性、必然性，同时也具有阶段性。结合汇率公因子（F_2）的表现，其表明中国汇率水平与外汇储备增长的关系与传统非储备型经济体汇率水平与外汇储备的关系相去甚远，即意味着中国外汇储备增长内生性趋于强化，即中国外汇储备增长不可控性在加强。

本章小结

本章以前部分探讨中国外汇储备增长原因以及国内外学者相关研究成果为理论依据，选取出口总额、外国直接投资余额、人民币与美元的名义汇率水平、国内生产总值、进口总额、广义货币供给和短期外债余额这几个变量作为解释中国外汇储备长期高增长的影响因素。首先通过协整分析，实证结果表明这几个因素对中国外汇储备增长具有长期的影响（除了广义货币供给）；为了进一步探析长期影响中国外汇储备增长的深层次原因，本书采用主成分与因子分析方法，剖析影响这几个原解释变量的共同因素，即提起公因子——中国的实体规模经济因素和汇率因素，本书用 F_1 和 F_2 来表示；最后本书采用多元回归方法，实证结果显示：中国实体的规模经济公因子（F_1）对中国外汇储备长期增长具有明显的正向作用，而汇率公因子（F_2）在显著性水平为10%下是不显著的，即汇率公因子不是中国长期外汇储备增长的主要决定因素。

由此充分说明，中国长期以来的外汇储备高增长是中国在参与经济全球化进程中必然的、合理的、内生性的、阶段性的现象。结合本书第三章对内生性外汇储备形成机理探讨的内容，可以进一步剖析出中国外汇储备高增长的根本原因是：目前“中心－外围”的全球经济格局中“外围”角色由初始禀赋所决定的，即中国长期的外汇储备高增长是内生于经济的，具有内生性，且内生性趋于强化。本章内容结构见图5.2。

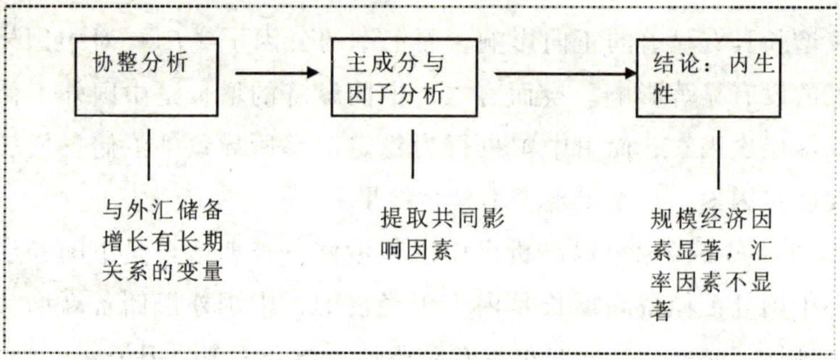

图5.2　本章内容结构图

第六章　构建解决中国内生性外汇储备管理困境的思路

伴随世界外汇储备的客体与格局的变迁，关于外汇储备如何管理的内涵也在不断发生演变。今天外汇储备的格局是：全球外汇储备大幅增长的主要贡献者为发展中经济体，在发展中经济体中东亚经济体表现得尤为突出，在东亚经济体中中国外汇储备以增长时间之长久、规模之巨大更令人关注。巨额的外汇储备一方面起到维持一国市场稳定和提高该国货币信心的作用，另一方面将会给持有巨额规模外汇储备的经济体在进行有效管理时带来越来越多的问题与挑战。因为目前外汇储备包含的客体和全球资本流动均发生了巨大的改变。所以本章将依据“中心－外围”理论和福利经济学第二定理等理论来重新诠释现阶段中国外汇储备有效管理的内涵，以此来缓解中国外汇储备管理面临的凸显的“美元陷阱”困境。

第一节　外汇储备有效管理概述

一、　外汇储备管理的定义及其内涵的演变

储备管理概念的提出，可以追溯到2001年9月，国际货币基金组织与世界银行共同制定并颁布的《外汇储备管理指南》[1]。《外汇储备管理指南》是一本总结长期以来世界各国在外汇储备管理过程中被人们广泛认可的原则与做法。在该书中，对外汇储备管理的定义进行了界定：“外汇储备管理是确保一国拥有并可随时可以获取的官方外汇资产，由该国有关当局控制，以满足确定范围目标需要的过程，其实质是对外汇储备及其相应的风险进行管理。”该书对外汇储备管理的目标进行归纳：第一，要拥有能够满足确定目标的外

① IMF, Guidelines for Foreign Exchange Reserve Management.

汇储备[①]；第二，能够有效控制外汇储备资产的市场风险、流动风险和信用风险；第三，在能够满足外汇储备资产的安全性与流动性的情况下，外汇储备资产需要提高收益率，其方式为通过中长期投资策略。

外汇储备管理的概念自提出来之后，国际货币基金组织一直对其内容不断进行修正与完善。下面将列出国际货币基金组织对外汇储备管理的几次重大补充。

第一，国际货币基金组织在2003年3月颁布了《外汇储备管理指南》的配套修改文件[②]。在该配套修改文件中给出了澳大利亚、加拿大、巴西等20个国家（或经济体）外汇储备管理的个案。

第二，在2004年8月国际货币基金组织再次修改并颁布新的《外汇储备管理指南》[③]，其中在该指南中对管理框架进行了构建，并对其相应的内容进行介绍。如对外汇储备管理的目标、外汇储备管理的范围以及外汇储备管理的信息透明度和有效市场作用等方面的内容，在本版外汇储备管理制度框架中，国际货币基金组织强调风险管理的重要性。

第三，在2005年4月1日，国际货币基金组织再次修改并颁布了第三版的《外汇储备管理指南》[④]，第三版指南突出了外汇储备管理效率的重要性，并指出与传统外汇储备管理目标的不同。指出目前及将来各国外汇储备管理在外汇储备资产在流动性以及保值性得到满足的情形下，应该更需提升外汇储备资产管理的有效性，即最大化该国外汇储备资产的收益，即最小化持有外汇储备的成本。

第四，在2013年2月1日，国际货币基金组织再次修订《外汇储备管理指南》[⑤]，指南突出了外汇储备管理的流动性和透明度，并建议持有高额外汇储备的经济体可以通过国与国之间的合作来运用外汇储备。

因此，外汇储备管理的内涵是随着经济体所处的国内外环境变化而有所改变与升华，但所有版本外汇储备管理指南所谈及内容实质都是在围绕如何

---

① 见前文对外汇储备功能的描述。通常而言，一国持有外汇储备是为了服务于这几个方面：第一，支持和保持该国货币政策与汇率政策的国际与国内信心；第二，保持外汇资产的流动性；第三，提供该国能够对外履行其应尽的责任；第四，保证本币的币值稳定；第五，满足该国政府对外汇需求的保证；第六，应付可能的国际灾难与重大的突发事件的外汇需求。

② IMF：*Guidelines for Foreign Exchange Reserve Management：Accompanying Document*，2003.

③ IMF：*Guidelines for Foreign Exchange Reserve Management*，2004.

④ IMF：*Guidelines f´or Foreign Exchange Reserve Management：Accompanying Document and Case Studies*，2005.

⑤ IMF：*Revised Guidelines for Foreign Exchange Reserve Management*. http://www. imf. org/external/np/pp/eng/2013/020113a. pdf.

减少外汇储备资产的内部与外部风险，尤其关注其面临的外部风险。

总之，整个外汇储备管理内容可归纳为：早期的指南较注重外汇储备资产的流动与安全性，因此早期其管理的内容主要考虑外汇储备规模的适度性；到了后期，突出外汇储备资产的收益性；IMF 指南（2013 年）的修订中又重新权衡收益与流动性的关系。国际货币基金组织对外汇储备管理内容这样的变化趋势，是缘于在 20 世纪 90 年代的金融全球化与自由化的背景下的世界各国资本管制逐步的放开，致使世界资本流动的加剧，提升了外汇市场汇率的波动性，且资本市场利率的波幅都在加大。在这一背景下，各国外汇储备资产的安全性、流动性、收益性均遭受巨大的挑战，尤其是以中国为代表的东亚高储备的经济体，超额外汇储备在追求收益性方面面临更多的外部不确定性。因此，现阶段各国外汇储备管理强调要通过外汇储备资产的结构调整以及国与国之间的合作来克服目前外部经济环境诸多的不确定性。

由此可以说，现阶段国际货币基金组织颁布的指南的外汇储备管理内容归纳为：主要考虑通过一国外汇储备币种结构的选择和资产结构的安排①来降低该国尤其是高储备经济体外汇储备资产的收益性的不确定性。

二、 外汇储备有效管理相关概念的定义与内涵

（一）有效管理相关概念的定义

有效管理一词突出的是“有效”二字，不同时期对这二字会进行一定的延伸与提炼。“有效”的字面意思可以理解为“提高效率”和“提升效益”。在市场经济环境下，“提高效率”和“提升效益”可以进一步理解为资源的最优化配置与经济的最适化调整。其中在《新帕尔格雷夫经济学大辞典》中，对效率的解释为：“可称之为资源配置效率，是指在资源和技术受限条件下，能够尽可能满足人类需要的运行状况。”所以“效率”一词可以进一步解释为，使资源最大限度地得到最有效且合理的安排，即以最少的投入取得最大的经济效益的状态②。在《经济社会管理知识全书》中对“效益”一词的解释为：“效益是经济活动中劳动（包括活劳动和物化劳动）的消耗、劳动（包括固定资产和流动资金）的占有与取得符合社会需要的劳动成果之间的比

① 目前外汇储备管理理论分为两大理论：外汇储备规模理论与外汇储备结构理论。

② 伊特韦尔：《新帕尔格雷夫经济学大辞典》（第 2 卷），经济科学出版社 1996 年版。

较”①。因此，可以看到，效率和效益的内涵是有所区别的。效率是相对数，其含义为资源被有效利用的程度或者是资源被有效配置的程度，其表达式为所获得的产出与所投入之间的比值。效益是一种绝对数值，其反映的是资源运用或配置的合理程度，以货币单位计量，是所得或产出与所费或投入之差。但这两个指标值越大，对经济主体越有利。

（二）外汇储备有效管理的定义与内涵

国内学者喻海燕对外汇储备有效管理②的定义是：一国外汇储备的管理部门根据本国战略发展需要，对本国外汇储备资产进行有效营运或者合理地进行配置，以期实现最小化储备资产管理成本，实现最大化的经济与社会效益目标的整个经济活动。许多学者从不同的角度提出了有关外汇储备有效管理的定义，其可归纳为：外汇储备有效管理是指经济体的外汇储备管理部门结合经济体的国际收支状况、政府储备资产管理的水平以及经济体金融市场状况与经济体的经济发展要求，建立不仅能够获得合理的外汇储备的增长与规模，而且能够有效安排外汇储备资产的结构以及能充分控制和分散该国外汇储备资产风险的一种科学外汇储备管理体系，以此实现该经济体外汇储备资产获得最大效益的过程。

由此可以说，外汇储备有效管理的实质内容为：如何实现最低持有外汇储备资产成本从而获得最大化的经济收益与社会收益的策略与措施安排。具体来看，其有效管理围绕以下三个方面内容展开：

第一，管理的内容。这种管理既包括宏观体系的构建，又包括微观策略的安排。

第二，管理的目标。即在兼顾安全性、流动性与收益性的基础上，最大化外汇储备持有经济体的整体效益。

第三，管理的方式。它分为两种情形：①视为一般的资产，实现财务上的经济效益最大化；②视为特殊的国有资产，从国家整体战略目标的视角来最大化持有经济体的社会收益。

---

① 马洪，孙尚清：《经济社会管理知识全书》（第一卷），经济管理理出版社 1994 年版。

② 喻海燕：《中国外汇储备有效管理》，博士论文 2008 年。

第二节　境外外汇储备管理体系分析

一、境外外汇储备管理体系的框架

本书为了较全面地了解目前世界各经济体的外汇储备管理体系的框架，选择了一个代表发达经济体的欧元区和一个与中国曾有类似经济增长经历的日本，同时还选择了目前在高储备东亚经济中在外汇储备资产增值方面做得较出色的韩国作为分析对象。

（一）欧元区

在欧元区，由欧洲中央银行系统来负责外汇储备的管理，即管理者有各成员国的中央银行和欧洲中央银行。其管理的目标为：首先是保证资产的安全性与流动性，其次才是资产的收益性。

其中，外汇储备管理战略与投资策略均由欧洲中央银行制定，其内容会涉及对外汇储备资产中的货币币种结构如何安排、利率风险与回报率之间如何平衡、信用风险与流动性如何确保等内容。且欧洲中央银行在制定投资策略时，会对每种储备货币明确规定战略性与策略性的投资基准。

（二）日本

在日本，由财务省负责外汇储备的管理，对其进行管理的载体为日本银行的一个外汇资产特别账户，具体而言，日本银行则按照财务省制定的目标和战略对外汇储备进行日常管理。日本的外汇储备管理一直偏向较高的流动性与安全性，其目的是便于日本银行在外汇市场进行干预。因此，日本的外汇储备资产的营运策略较为保守，主要投资对象为：国家的债券、一些国际金融机构的债券或者属于资产担保类债券等。

日本一直是外汇储备较多的国家，所以对于高储备的日本在外汇储备管理方面取得的一个重要成功是："藏汇于民"的政策顺利实施，该政策的顺利实施一方面部分化解了日本中央银行因持有大量外汇储备而带来的风险，另一方面有利于提升日本私人投资多元化的可能性。

（三）韩国

在韩国由外汇平准基金（隶属于韩国财部）与韩国银行来共同持有和管

理外汇储备，其中外汇储备管理的总体政策由韩国财政部制定，而进行具体管理操作的是韩国银行。

其现行的管理框架是在1997年形成的，分为流动、投资与信托三部分，且对每一部分表明具体的投资基准。其中，规定流动部分主要投资美元存款与短期美国国库券，其目的是要达到高度的流动性；对投资部分的规定要求投资于中长期与固定收入的资产，其目的是追求收益率；而信托部分交由一些知名的资产管理公司来进行管理，其目的有两个：①提高外汇储备资产收益率；②学习先进投资经验。

二、境外外汇储备管理体系的共性与个性分析

在分析发达经济体代表的欧元区、东亚发达经济体的日本和东亚新兴经济体的韩国的外汇储备管理体系框架基础上，再结合已有研究文献中介绍的东亚其他经济体的外汇储备管理体系框架，可得出各国外汇储备管理体系框架主要围绕两个方面的问题：第一，由谁管理，即外汇储备管理权限的问题，进一步说明有关外汇储备的归属的界定；第二，如何管理，即外汇储备从战略到具体策略的构建，由于每个经济体所处的经济发展阶段，其差别有许多不同之处。下面将进一步展开分析。

（一）共性：外汇储备的管理者

“谁出资、谁拥有外汇储备”的现象，是目前境外经济体外汇储备管理的共同规律。所以各国普遍遵循“谁出资，谁拥有，决定谁管理”的逻辑来界定一国外汇储备的管理权限。如表6.1所示，是与中国经济相似的一些亚洲国家或地区的管理框架的归纳，其表明这些亚洲国家或地区的储备资产管理者几乎为该国的中央银行或类似机构来负责管理。

表6.1　部分亚洲经济体外汇储备管理体系框架比较

经济体	所有者	管理者	管理目标	功能
中国香港		金融管理局	高度安全性、流动性	维持港元汇率稳定
韩国	财政部、韩国银行	韩国银行、韩国投资公司、外汇平准基金、	安全性、流动性、收益性	增加国家财富、维持韩元汇率稳定

续表

经济体	所有者	管理者	管理目标	功能
新加坡		金管局、新加坡政府投资公司	流动性、长期收益性	维持新元汇率稳定；增加国家财富
日本	财务省	日本银行	中等安全性、流动性	维持日元汇率稳定

资料来源：文献整理。

（1）从各国的实际情况看，外汇储备拥有者有财政部和各国的中央银行。财政部以发行债券等方式而购买的外汇，其为财政部拥有，以发行基础货币或其他方式而购买的外汇，则所属于中央银行。现实中，在绝大多数经济体中，该经济体的中央银行拥有外汇储备的份额最大，这一现象在发展中经济体中尤为凸显，因为财政的收入情况支撑不了大量购买外汇资产。且在大多数经济体中，外汇储备管理的主要是该经济体的中央银行，甚至所属财政部的外汇储备，在许多经济体中也由该国的中央银行来经营管理。这一趋势说明，各国的外汇储备管理不是以该国中央银行的资产与负债情况来进行管理的，更多是从国家财富的角度去管理。

（2）在管理目标和外汇储备应具有的功能上，各经济体表现出在安全性、流动性、收益性选择的不同，且同一个经济体在不同时期也有一定的差异。但能追求国外汇储备资产更多功能或者说延伸该国外汇储备的功能的经济体都在是在传统外汇储备功能满足的基础上进行扩展的。且在东亚经济体中，外汇储备的一个共同的主要作用，便是维持本币汇率稳定，这源于本书在第二章已经进行阐释的“金融恐怖均衡”，也即东亚经济体参与全球化与发达经济体进行博弈的次优选择。

（二）个性：外汇储备管理的实施

由于各国经济发展的水平、产业结构的布局和其他方面存在较大的差异，导致每个经济体在有关外汇储备管理具体的政策、经验和方法也呈现许多差异。下面分别从外汇储备的规模、风险管理以及投资方向等角度对国家间外汇储备的具体管理实施进行比较分析。

1．外汇储备的规模

这是一个有关一国外汇储备的适度规模的考量，长期以来也形成了一些经验标准的提法，比如，“3个月进口额是国际储备最适合的规模”“一国外汇储备应该至少满足3~4个月的进口付汇和偿还全部短期外债的需要”。但现实的情形是，这些经验标准在经济体中不是那么吻合，而是出现另外一些趋同现象。本书对此进行归纳，主要存在以下几点：

（1）在进行经济与金融深刻改革时，经济体都具有较大的外汇储备规模。例如，日本经济体未曾体现“3个月进口额为最适度的规模”的经济现象，早在1996年，日本额外汇储备就已超过日本6个月的进口数额。其原因为：日本认为在进行经济与金融改革时，一国政府应拥有充裕的外汇储备，其目的是政府能对经济体的经济与金融的改革调控掌握主动权。

（2）外汇储备的规模与该国实行的汇率制度密切相关。理论知识表明：经济体采取不同的汇率政策，干预外汇市场的力度不相同，不同的干预程度，持有的外汇储备规模就呈现不同的状态。资料显示：干预外汇市场程度较大的经济体，均持有较高的储备，如中国、韩国等。反之则持有较低的储备。

（3）在经济与金融处于健康且协调发展时，经济体持有的规模较小。例如，在1955年到1967年日本经济处于飞速增长时期，日本的外汇储备规模从没有达到20亿美元，因为超额的外汇储备都被用于助推日本金融业的发展与国内经济的增长经济活动中。

（4）经济体政府持有的外汇储备规模大小，取决于该经济体政府的对外经济活动的因素，如政府经济宏观调控的能力、经济体汇率制度的选择等。例如，整个东亚经济体的对外经济活动因素，非常有利于外汇储备的形成。

2. 外汇储备的运用

资料显示，中央银行作为一国外汇储备的管理者，由于各经济体的国内经济发展与国际收支情形不同，在外汇储备的运用上差异较大。仅从各国外汇储备的投资地域来看，分为国内与国外两个投资地域。

（1）国内运用。

在所有国家外汇储备的国内运用首先均体现在用于稳定本国货币汇率。还有，部分国家将外汇储备应用于国内投资。例如，①中国台湾。在20世纪也面临超额外汇储备的状况，当时的中国台湾采取了三项外汇储备运用于国内的措施，且并取得了成功：第一，外汇储备投资台湾经济体内重大项目，以此协助台湾经济发展，属于“藏汇于民”的思路；第二，在外汇市场上出售官方的外汇储备，缓解台湾经济主体的外汇资金需求；第三，用外汇储备资产来创办台湾外国货币拆借市场的种子资金，实现了三个目标：首先为台湾岛内外银行来进行资金的拆借，其次通过拆借把资金转融通给台湾的企业，最后助推台北区域金融中心的形成。②中国香港。资料显示：在1998年亚洲金融危机期间，大约30亿美元的庞大外汇储备被香港金融管理局投向股市、汇市与期市上。其目的性很明显，首先是能使港元汇率水平稳定下来，其次是拉升香港的恒生指数并降低香港期货市场的剧烈波动。

（2）国外投资。

外汇储备的国外投资活动主要投向：境外银行、境外有价证券与长期信托。例如，①1981年成立的新加坡政府投资公司，依托6个海外机构进行海外投资营运，其投资对象为货币市场证券、固定资产、股票、房地产以及一些特殊投资项目；②日本主要投向公司的股票、美国的房地产和美国企业等美国资产；③韩国的投资运用主要有韩国的投资公司负责，由其又交由给一些知名的资产管理公司进行管理营运，其目的为高收益率。

3. 外汇储备的风险管理

在持有外汇储备的规模逐渐膨胀的进程中，持有国的持有成本剧增，致使经济体提高了对外汇储备资产的收益性的要求。但与此同时，国际间的资本流动迅猛增加，国际投资环境的不确定性也在剧增。所以，目前各国外汇储备风险管理都以在满足外汇储备资产的安全性与流动性的前提下，进一步探讨如何提升外汇储备资产的收益率。目前，经济体的风险管理有如下两个方面的共同点：

（1）外汇储备营利性的要求与经济体规模不存在同向关系。典型的代表为美国与日本或者欧盟与英国均主要追求流动性的目标；而韩国与新加坡未来提高储备资产的收益率已将其分为几个部分，成立专门的投资公司来提高外汇储备资产的收益性。

（2）外汇储备管理的风险管理与其持有的目标关系紧密，多数国家把外汇储备的流动性和安全性排在首位，其次才是营利性。例如，韩国的储备管理者韩国银行的投资对象为：①A级以上金融机构的存款和AA级以上的证券，防止信用风险的发生；②高度流动性债券，如主权债、政府机构与国际机构债券或者金融机构债券等，以防安全风险；③信托部分的投资范围为AA级以上的公司债券或者抵押贷款证券化与资产证券化等产品。

第三节　高储备经济体外汇储备管理的趋势与总结

始于20世纪90年代的全球外汇储备增长中，发展中经济体与石油出口经济体持有的外汇储备增长尤为突出。所以下面将梳理高储备经济体外汇储备管理的趋势以及对其进行总结。

一、 高储备经济体外汇储备管理的趋势

（一） 强调外汇储备资产的收益性

高储备经济体的外汇储备管理历程表现为：最初非常强调持有外汇储备的安全性和流动性，其收益性几乎不加以思考；而目前，随着储备规模的增长，高储备的经济体提高了外汇储备“收益性”的目标，其主要的事实是高储备经济体的外汇储备管理机构的创新，其中一个创新出来的管理者就是被称之为主权财富基金，其规模迅猛的发展，高储备经济体通过成立这样专门的投资公司来提高该国的外汇储备资产的“收益性”的。数据显示①：在2009年全球主权财富基金管理的资产规模达到3.51万亿美元，对于主权财富基金的回报水平，表现各异，其中在所有主权财富基金中成长最快的挪威国家环球退休基金，在2009年的其回报率超过25%，但相比之下，俄罗斯联储基金在2009年损失惨重，其损失总额达到其总资产规模的50%。

（二） 外汇储备投资对象多元化

高储备经济体对外汇资产收益的强调，使越来越多经济体的外汇储备投资不再局限于政府类固定收益产品这种低风险、低收益的高信用评级证券，而是越来越多经济体的外汇储备投资开始涉足更多风险与收益较高的投资领域。数据显示，国际货币基金组织在2007年对28个经济体中央银行进行调查，其调查结果显示：占绝大多数的央行不仅投资国债，还投资通胀联结债券和房地产抵押债券等风险相对较高的债券，且30%以上的中央银行投资公司债券，少数中央银行投资股票。

（三） 外汇储备的投资主体多元化

目前，在高储备的经济体中，出现了多种不同形式的外汇储备的投资主体。这些投资主体都是在外汇储备持有国为了提升持有的大规模外汇储备资产收益率而进行投资机构创新的产品。其第一种机构创新是：在外汇储备持

---

① 中证网：http：//www. cs. com. cn/xwzx/jsbd/201003/t20100311_ 2363843. htm.

有国的外汇储备管理的平台上，在投资机构内部设立不同的投资机构，如俄罗斯、中国香港、瑞士等。第二种外汇储备投资机构的创新：该国外汇储备管理者专门设立从事投资多元化的外汇储备投资机构，如挪威的石油基金以及新加坡的政府投资公司等。

（四）重视外汇储备的投资风险管理和人才培养

目前，投资基准管理是最受欢迎的外汇储备资产管理模式。有些经济体则通过广泛外聘经理来开展该国外汇储备的投资或者聘用国际专业机构来管理该国的外汇储备资产，其目的是不仅提升该国外汇储备资产的收益率，而且有助于该国外汇储备管理者学习先进的投资管理方法和经验以及便于该国获取更多的投资市场信息等，更为重要的是有助于该国投资人才的培养等，助推该国成为国际或区域金融中心。目前这些经济体有挪威、科威特、新加坡、韩国等。

二、各国成功经验总结

（一）大致相同的外汇储备管理目标

国际货币基金组织颁布的《外汇储备管理指南》以及相应配套文件中规定是世界各经济体进行外汇储备管理的重要参照标准，所以目前各国外汇储备管理的目标放在首位的是安全性与流动性，其目的是助于维护本国币值的稳定，提升本国货币的国际信用，然后根据各国不同的外汇储备规模状态采取不同的投资方式来追求本国设定的外汇储备资产收益率水平。

由此，世界各经济体为实现以上相应的目标，均对外汇储备资产实行分档管理，一般以变现能力为标准，将经济体持有的外汇储备资产分为三类：①一级外汇储备。它是具有最高的但其收益最低，所以其风险几乎为零。②二级外汇储备。其收益率高于一级外汇储备，但其流动性比一级外汇储备资产差，因此其风险也较大，以持有中期债券形式为主。③三级储备。一般以长期投资工具为主，其特点是收益率最高，但与此同时其流动性又是最差的，所以持有它面临的风险也最大。世界各经济体采取这种储备资产结构安排能够较好地满足经济体持有安全流动性的目标，以及持有不同储备规模的主体也较能实现各异的外汇储备资产的收益率的目标。

（二）分层次的外汇储备管理体系

目前分层次的储备管理体系是较为被采用的，表现为无论是否为高储备的经济体，两层的外汇储备管理体系更为多见。比如日本和韩国这两国的财政部处于外汇储备管理体系的“中心”角色或者处于战略决策地位的位置，而这两国的中央银行则扮演执行角色或者策略决策地位的位置。在非高储备区的欧元区，其外汇储备管理体系也分成两个层次：欧洲中央银行类似于日本与韩国的财政部的角色，而欧元区各成员国中央扮演日本和韩国的中央银行角色。由此，多国外汇储备的管理是呈现一种外汇储备管理的策略的执行与战略的决策是相分离的。换而言之，经济体的外汇储备管理是多部门协调进行决策与执行的过程。

另外，多数国家外汇储备的所有者都是财政部。这说明许多国家不仅是从优化该国中央银行资产负债的角度来对外汇储备进行管理的，而更多地是从该国国民财富的角度来进行管理。所以，多数国家的外汇储备管理体系是以由该国财政部来决策，该国中央银行来执行的一种管理架构。

（三）成立专门投资机构对外汇储备进行积极的管理

成立专门的投资机构来进行外汇储备管理是近年来高储备经济体的集体行为。应该说，持有大规模外汇储备的经济体在逐渐恢复外汇储备资产金融资产的基本属性，强调其收益性。有些高储备经济体还把其持有的部分外汇储备委托给国际知名的资产管理公司进行营运与管理，其目的是减少该国持有外汇储备的成本。但这些国家成立的外汇储备的专门投资机构在实际投资与营运中，关注的是外汇储备资产的长期价值，而对储备资产短期价值波动并不十分关注。这种做法其本质上还是从国家财富增值的角度来进行管理，不仅局限于从财务的角度去获取短期的利润回报。即投资遵循的理念是：通过在经济繁荣阶段中积累的资本，来预防经济体将来可能面临的各种困难与危机，实现该国外汇储备的经济与社会效益最大化的目的。

（四）各国不断完善外汇储备的风险管理框架

高储备的经济体一方面想最大化持有外汇储备资产的收益率，另一方面高储备经济体在进行外汇储备资产多元化的投资时面临剧增的外部风险。其原因为：国际金融与资本市场的不确定性在剧增，其结果致使高储备经济体持有的外汇储备资产面临不断增加的信用与汇率风险、流动性以及利率风险等，所以对于高储备的经济体非常重视外汇储备资产如何建立风险管理制度，以提升经济体的风险管理水平，达到更好识别与评估经济体持有的外汇储备资产将面临的风险程度，并逐渐采取量化可行的测度风险模型来计算该国的外汇储备资产面临的风险是否为可接受的程度，同时这也是国际货币基金组织颁布"指南"中的规定。

第四节　境外成功的外汇储备管理经验对中国的启示与思考

一、启示

（一）谁主控

源于对外汇储备属性以及功能定位有所差异，主控该国外汇储备资产的主体有所不同，但可归纳为：大经济体一般由财政部来主控，小经济体由中央银行来承担。

1. 财政部

在大经济体中，通常选择该国财政部来主控该国外汇储备管理，并负责制定该国的汇率政策。这些由财政部门主控外汇储备管理的经济体源于：财政部主控外汇储备管理可以阻断外汇储备与基础货币供给之间紧密的关系，从而避免由于中央银行同时担负内外均衡职能而可能产生许多的矛盾，进而提高该国中央银行货币政策的独立性。当然，欧元区的情形在大型经济体中是不常见的，其是一个例外，目前的主要管理者为欧洲中央银行。这种外汇储备管理和汇率政策的把控对欧元区而言其本身是欧元区的一种"次优"选择，其缘由在于目前的欧元区没有统一的财政实体，由此，欧元区的中央银行成为主要的管理者，即担负欧元区内外均衡的职能是一个不得已的选择。从目前欧元区经济运行情形来看，由欧元区的中央银行作为主要管理者的管理形式表现出一定的矛盾，主要表现为：在欧元区经济的运行中，欧元区中央银行的利率政策操作是非常僵化的，即货币政策对欧元区内部经济的调控能力受到很大的调整与制约，典型的事例是，2007 年的金融危机源是美国，但是危机在欧洲恶化，最后爆发了欧债危机。

2. 货币管理局

小型开放经济体①，一般由中央银行进行该国外汇储备管理及汇率政策的制定。其缘由是小型经济体的内部均衡是从属于外部的均衡。换而言之，小型经济体的内外均衡的呈现是一致的，将不会产生内外均衡的冲突，这意味着不需要区别内与外的均衡。进一步而言，小型经济体，首要的目标是要稳定本币汇率水平，且外部经济均衡是所有的目标的基础，所以小型经济体发挥调控内部均衡作用的货币政策不是那么重要。在这种情况下，由小型经济体的中央银行负责该国外汇储备管理，不再需要权衡外部与内部均衡的矛盾与冲突，而是以确保本国基础货币供给匹配本国的外汇储备增长，以期实现稳本币汇率与外部的均衡。因此，长期以来，小型开放的经济体均选择了本国的中央银行来主管理外汇储备，形成了一种依附型经济体。

（二）操作模式

一国外汇储备管理到底应以流动性为重点，还是以营利性为重点。针对这一问题的答案是：一般情形下，外汇储备规模较大，外汇储备管理会追求更多的营利性，外汇储备规模较小的则更看重流动性与安全性。

1. 高流动性

高流动性一般是持有较小外汇储备规模经济体采取的操作模式。因为外汇储备较少的经济体，对本国汇率水平的干预较低，其机会成本也较低，所以外汇储备规模较小的经济体将会采取这种以流动性为主的较为简单的管理模式，对外汇储备资产的收益性没有过高的要求。

2. 高收益率

外汇储备规模较大的经济体，目前其外汇储备管理以收益性为主要目标，因为这些经济体持有庞大的外汇储备而付出了巨大的持有成本。因而持有庞大外汇储备规模的经济体，出于对外汇储备资产收益率的考虑，往往对该国的外汇储备资产进行了分类的管理，即分为满足安全与流动类、投资收益类，且投资收益率多采用多元化的投资策略，这些改变是为了实现提高经济体持有的外汇储备资产收益率的目标。

（1）新加坡。通过设立不同的机构来分别持有与管理外汇储备资产，以

① 本书提到的大与小型经济体是以是否具有对全球经济活动或者全球价值链具有控制能力为标准，依附型为小经济体，主控型为大经济体。

期实现提高外汇储备资产的整体收益率。①稳定新加坡元的汇率水平目标的外汇储备持有与管理者为新加坡金融管理局；②提升投资收益目标的外汇储备持有与管理者为新加坡政府投资公司，其通过在世界的6个境外机构在世界资本与金融市场上对风险较大的资产进行投资，如股票与货币市场证券、固定资产与房地产以及特殊的投资项目，以实现长期投资的高收益率目标。

（2）韩国。高储备的韩国在1997年就已进行分类管理，具体分为流动、信托与投资三部分，且对各部分明确规定投资的基准。①流动部分投资美元存款或者短期美国国债；②投资部分投资固定收入或者中长期的资产；③信托部分则是委托于一些资产管理机构来进行管理，其目的是提高持有外汇储备资产收益率，以及学习发达经济体先进的投资知识。

二、中国外汇储备管理新的挑战

（一）境外外汇储备管理经验已有的借鉴

在长期持续增长的外汇储备的既定事实背景下，中国也一直在借鉴境外外汇储备资产管理的成功经验来探索如何更有效地管理中国这笔巨大的外汇储备资产。以下几个方面是中国已进行的或即将可思考的外汇储备管理改革的方向，其最终目的是能够改善中国长期以来低效率外汇储备管理的现状。

1．改革中国外汇储备管理体系

目前中国外汇储备管理的主控者是中国人民银行，其依据的是《中国人民银行法》这部法律。该法表明人民银行是通过国家外汇管理局来执行中国外汇储备的具体的管理。根据前文内容，中国目前的外汇储备管理体系属于小型经济体型，其优点是能够给人民银行带来其相机抉择的高度灵活性，但与此同时其也常使人民银行在调控中国内外部均衡时面临着各种冲突的困扰。依据目前中国经济运行情况的显示，应该说长时期以来中国人民银行是以牺牲货币政策独立性来进行中国内外部经济调控的。所以许多学者提出了如下想法：

第一，外汇储备管理要服务于国家整体战略的目标，建议从国民财富账户视角来评估成本与收益，而不能单纯地从人民银行持有的储备资产的收益与成本来下结论。与此同时，建议要成立国际储备战略决策小组以此目标进行匹配。该机构隶属于国务院，起到协调财政部与央行等职能部门的功能，以实现中国以国家财富角度来管理外汇储备资产。

第二，为了解决人民币银行汇率政策和货币政策之间的冲突，恢复人民币银行货币政策的独立性，中国应当将外汇储备会计科目从人民银行的资产负债表中挪出，并向韩国与日本学习，设立外汇平准基金，其目的是能在外汇储备与货币政策操作之间实现隔离墙。

第三，成立专门外汇储备投资组织或机构，进行更专业的长期且积极进取投资，以提升持有储备资产的投资回报，以实现中国外汇储备资产更优的保值与增值。

到目前，应该说中国已经借鉴了第三条的他国成功外汇储备管理经验，第二条和第三条应该是正在思考与权衡中，本书认为这应是中国外汇储备有效管理的战略与策略思路。

2．调整外汇储备资产结构

（1）合理的货币结构。

结合已有的境内外成功经验，学者从持有的视角，提出了中国应从以下三方面来优化储备资产的货币结构：

第一，基于市场化的多元化①。1994 年中国实现了经常项目下的可自由兑换，与此同时资本项目下的可自由兑换也在逐步推进。结合中国的金融的发展，中国持有的外汇储备的货币结构调整可依据利率与汇率等指标来确定，最终实现币种的多元化。

第二，基于支付短期的外债。作为还债的准备金是外汇储备最根本的功能，尤其是应该短期型的外债，可见，长期以来，短期外债的货币结构是确定一国外汇储备的货币结构。资料显示：中国外债币种组成为美元与日元，以及欧元与英镑等，且其中美元与日元的份额最大，达到 80% 左右。

第三，基于贸易的活动。弥补一国贸易收支差额是外汇储备额的基本职能，因此外汇储备的货币结构直接地与该国的进出口地区的构成有关。数据显示：长期以来，美国、欧盟、日本这三国一直是中国目前主要的贸易经济体。

由此，许多学者的建议与结论为：外汇储备的币种应包括美元与欧元、日元以及其他币种，但美元币种的份额不能过大。现实中，中国外汇外汇储备管理者一直在实践中，特别是在 2007 年后，美元币种占比一直在下降，直到次贷危机在欧洲、日本等经济体强化后，中国外汇储备资产中美元的占比

① 闫屹，李静：《从外国经验看我国巨额外汇储备的积极管理》，《武汉金融》2007年3月10日。

又开始回升。

（2）用部分外汇储备置换战略物资储备。

外汇储备资产可说是一国的国家财富，如何使其价值更好地得到保值与增值，学者们均提出了用其购买非金融类实物战略的资产。其缘由是中国许多资源目前的人均水平均都低于世界的平均值，所以对于一些不可再生的资源（如石油与稀有金属等）应当选择价格波动的有利时机进入，提升战略性储备，以满足中国经济发展与对这些战略性物资的未来需求。

现实中，中国外汇储备的管理者一直在吸收并推行这一经验与建议。但国际的投资环境存在许多保护主义，其推行存在较大的难度。

（3）进行储备资产的分类管理。

应该说，东亚高储备经济体中韩国和新加坡这两国在外汇储备资产收益性做的比较成功。所以许多学者提出应向这两国学习储备资产的分类与分档法人管理模式。由此中国目前的经营原则应当从原来的“零风险与低收益”转向“低风险与中收益”，且将资产划分为两类型，进行分类管理。①测定一个合适的规模，在此规模中，储备资产应追求流动性与安全性，以保证外债清偿支付进口等实际需要，其投资方向应为外国政府债券和外汇存款；②在适度规模以外，体现资产的收益性，建议将此部分的外汇储备资产进行外包，以达到外汇储备资产的增值。以上的经验与建议中国从2005年已经开始采纳，之后相继成立了中国华安投资管理公司和中国投资有限公司来对其进行多元主体管理。

（4）藏汇于民政策。

高储备的日本，通过藏汇于民的政策缓解了日本的外汇储备高增长而政府机构投资低效率的管理困境。所以学者建议中国放宽持有和使用外汇的相应政策限制，其目的是让私人更多地持有外汇资产，以此国家持有外汇为主的格局，从而降低中国外汇储备的规模，而且还能提高外汇资产的收益率。

但该建议不适应人民币处于升值预期强烈的时期，其推行的结果将会适得其反。

（5）完善外汇储备风险管理。

风险管理应该说是从20世纪90年代，已经渗透到各行各业，这源于经济与金融的全球化。外汇储备资产本身是一种金融资产，随着外部环境的不确定性剧增，需对其进行管理。所以说，完善外汇储备风险管理制度是紧迫且又长时期的过程。世界各国也一直在不停地完善其风险控制手段，其中建立外汇储备管理的投资组合基准，是各国的主要方法。投资组合基准的优点是管理者既可以实施消极的管理策略，也可以实施积极的管理策略。

资料表明，中国也一直在探索适合中国的外汇储备管理的风险框架。但源于中国是一个大经济体，且国际经济环境震动加大，可以判定实施境外成功的储备管理经验将面临极大的困难。

（二）中国外汇储备管理面临新的挑战

境外已有的成功管理经验，促使中国储备管理的改革，朝着上文所归纳的几个方面去努力，以期中国外汇储备在充分发挥传统的几大功能的前提下更好地实现外汇储备资产保值与增值的目的。但我们应看到，在经济与金融全球化的浪潮下，现阶段国际资本流动日趋活跃且全球资本流动愈发深化，国际资本市场产生了深刻的变化，实施各国已有的成功管理经验将会面临新的且更大的困难。

1. 全球资本流动状况

20世纪90年代以来，全球金融市场上的资本流动规模持续稳定增长，且增长速度呈加快的趋势。资料显示，在2005年全球资本流动总量达到6.4万亿美元，2010年，仅流入新兴经济体的资金为10 088亿美元，2013年仅仅全球股票基金的净资金流已达2501亿美元。目前，全球不仅资金流规模剧增，其资金流的结构、投资主体和流动方向都产生新的特点。

第一，多元化投资者趋势的国际资本流动。目前，在资本市场中，除了众多对冲基金而且还有更多官方部门的投资机构（中央银行或者主权财富基金），且成为目前全球资本流动的主要推动者。数据显示：在2013年，全球主权财富基金规模为6兆亿美元，其中，亚洲主权财富基金占到全球主权财富基金40%的份额，中东占到35%份额，欧洲为17%，最早兴起地的非洲以及南美洲仅为3%。所以说，主权财富基金从最初的非洲大陆以及美国几个州兴起，到现在呈现的是一幅雨后春笋的景象。

第二，证券投资类型占据主导地位。在资本流动中证券投资的比重逐年上升，其中，在2005年为44%，在2010年仅全球IPO就超过2950亿美元。由于证券投资的特点是流动性强，更容易跨境流动，因此该比例上升将意味着全球资本流动的波动性更强。

第三，从国际资本流动的趋势来看，美国虽然仍是吸引资本流入量最大的经济体，但资本流入新兴市场经济体日趋活跃。因为发达国家利率长期保持低位，而新兴市场收益率相对较高，这样越来越多的投资者投向了新兴市场经济体，如图6.1[①]所示；其中在2012年6月，中国超过美国成为全球最大的外国直接投资目的地。同时，包括中国在内的新兴市场经济体多年外汇储备的快速增长，又已成为一个重要的资本输出国。世界银行预计，到2030年，发展中经济体在全球投资中的比重将从2000年的20%上升至60%，占全球资本存量的比重将从目前的30%升至50%。

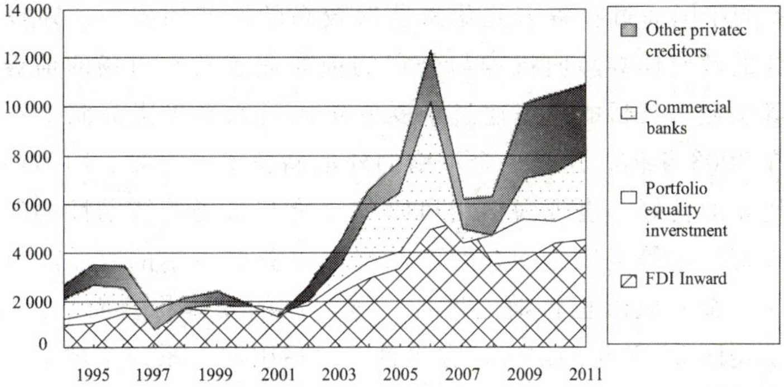

图6.1　1995年——2012年新兴经济体的资金流入

2．中国外汇储备管理面临新的挑战

外汇储备的快速增长与国际资本流动日益活跃，中国的外汇储备管理者面临新的挑战。

（1）外汇储备结构调整的难度加大。

第一，在全球市场加剧变化中，以获得合理的投资收益性为目的，来调整与量化储备资产最优的货币与资产配置结构，其难度非常大。

第二，金融的一体化步伐快于经济一体化的步伐，导致世界经济体间的相关性增强，尤其是经济体间的外汇与其他金融市场，由此外汇储备存量采取多元化投资不同市场来降低持有储备资产的风险，其操作难度加大。

第三，在高速传递信息时代，外汇储备管理者随时应对市场的变化而采取调整储备的货币与资产配置结构，这一行为将会触发市场波动，尤其是中国这样的大国经济体以及高储备的国家，将愈发增加该国外汇储备管理者对外汇储备币种与资产结构调整的难度以及措施的实施。

（2）提高外汇储备资产收益率的难度加大。

目前，在全球的金融与资本市场上，经常呈现各国的短期利率水平是不

① 数据来源：潘成夫（2012）转引国际金融协会（Institute of International Finance）.

断上升，但与此同时长期利率水平上升速度相对缓慢，收益率曲线呈现变平或甚至倒挂的状态，且这一现象主要体现在发达经济体中。由此在收益率曲线平坦化与外汇储备规模在持续增长的趋势下，中国外汇储备管理者将会面临更艰难的短期与长期策略之间的分配，由此凸显了想提高且具有稳定性的储备资产收益率的难度逐渐加大。

（3）信用风险上升。

高储备的中国通过投资多元化来获取较高的资产回报率，即投资对象从发达经济体的政府债券转向机构与公司的债券或者新兴市场的债券，以及股票与商品等领域，其目的是想通过承受一定风险水平来提高储备资产的长期收益率。在2008年前，这是一个不错的外汇储备资产安排，因为当时国际金融市场环境相对良好，表现为信用风险的溢价与市场的波动性均较低，由此储备资产投资信用等级较低的金融产品仍可以获取不错的收益。但当经济周期发生逆转，金融风险也将随之增加，该资产的安排将会面临巨大的风险。比如，始于美国2007年的次级债券事件，最后引起一系列全球金融环境的恶化，中国外汇储备多元化投资的资产均遭受到严重的损失。所以在目前的国际投资环境下，要提高外汇储备资产收益率，对中国外汇储备管理者将面临更大的挑战与考验。

总之，对于高储备的中国，如果沿袭境外外汇储备管理已取得的成功经验或称之为财务管理思路，对于现阶段的中国，该思路对这样的大国经济体是显得力不从心的。因为首先巨大的中国外汇储备的投资者由于它的参与，它将会改变既定的资本市场的运动轨迹，反过来进一步增加了金融与资本市场的不确定性；而且更为重要的是，中国高储备的背景正是在全球金融与资本市场快速壮大的时期，整个全球金融与资本市场流动性剧增，而与此同时，作为长期以来全球经济的主导者即发达经济体的经济一直处于不确定的状态，那么对于依附型的包括中国在内的发展中经济体的经济增长当然也存在诸多的不确定性，所以目前中国高额的外汇储备想通过传统已有的多元化投资策略来获取资产高回报率，其难度是不言而喻的。

第五节　构建解决中国内生性外汇储备管理困境的思路

一、　内生性外汇储备增长的困境

内生于经济的外汇储备，本书界定为内生性外汇储备。通过全文的探讨可知，中国这一轮的外汇储备高增长内生于中国的经济增长，即为中国以出口导向型经济参与经济全球化的均衡。进一步而言，源于中国参与经济全球化的初始禀赋，即意味着中国高储备状态具有一定的合理性、必然性、内生性与阶段性。

但随着持有内生性外汇储备规模剧增，其持有的成本也在不断地增加，表现为增量高增长但高存量收益率受损，即中国外汇储备管理面临“美元陷阱”。通过前文的剖析，沿袭已有的外汇储备成功经验，对于中国外汇储备管理者来说已显得力不从心。因为中国外汇储备管理一面是不具有可控性的内生性外汇储备不断增长，而另一方面想要在全球资本流动剧增情况下来提高外汇储备的存量投资收益性难度在不断加大，其根源是在目前既定的“中心－外围”经济格局中，想获得外汇储备资产的高收益性是不太具有可行性和持续性的。

总之，内生性外汇储备带来了其增长有可控性、存量多元化投资受阻的“美元陷阱”困境，导致中国现阶段持有外汇储备的成本剧增。

二、 现阶段中国外汇储备有效管理框架

本书以如何减缓“美元陷阱”为切入点，来探讨现阶段中国外汇储备有效管理。本书借助“中心－外围”理论诊断中国的外汇储备管理困境的本质——中国“外围”角色的晚期症状（不适应）。由此本书将从以下几个方面重建中国外汇储备有效管理的框架：

第一，根据“中心－外围”的理论，勾勒中国外汇储备管理战略，即助推中国从“外围”角色毕业。

第二，以福利经济学第二定理为理论依据，确定中国外汇储备管理的内容，即改变中国20世纪90年代参与全球化的既定的初始禀赋。

第三，依据对国家财富重新的解读，重塑中国外汇储备管理的目标，即其能助推中国在全球价值链获取更多的控制能力。

第四，充分发挥巨额外汇储备的延伸功能为其管理方式。

总之，庞大规模的内生性外汇储备，使中国处于持有成本剧增的局面，需重构外汇储备有效管理的内涵才能摆脱现阶段中国外汇储备管理面临的困境——“美元陷阱”。

三、构建解决中国内生性外汇储备管理困境的思路

“外围”的角色参与全球化，其实质是一种依附型的经济增长方式。它是“外围”的经济体（如中国）以货物商品等低成本的资源要素换来大量的“中心”经济体（如美国）的储备型货币，最后促成“外围”经济体（中国）外汇储备高增长和大规模的现象长期存在。在如今资本高速流动的时期，高储备的经济体，尤其是中国，这超额的外汇储备资产该如何进行有效的管理，以确保其价值的存在，达到国家财富增加的目的显得尤为紧迫。

所以本书依据现阶段中国有效外汇储备的战略管理——如何助推中国从“外围”角色毕业，来构建如何缓解中国外汇储备管理面临的“美元陷阱”[①]的思路。作者根据本书前部分已探讨的理论与逻辑分析，提出缓解中国外汇储备“美元陷阱”的思路：从外汇储备增量与存量两方面来思考中国“外围”角色的褪去，以此来逐步缓解在美元本位下中国外汇储备管理的困境。

（一）增量方面

1．思路梳理

已有的文献通过各种实证方法得出引起中国外汇储备增长的直接原因有很多。但通过本书前面内容的探讨可知，中国外汇储备增长的最初原因为中国采取的钉住美元汇率制度[②]。下面将梳理采取钉住美元汇率制度之后对中国外汇储备增长的传导路径。

在中国采取钉住美元汇率制度下，中国与美国形成了“金融恐怖均衡”的资金循环，这促成中国长期以来的国际收支呈现巨额顺差的局面。国际收支的巨额顺差是中国外汇储备增长的主要源头。大规模的外汇储备一方面起到提升人民币的国际信用的作用，与此同时引起外界对人民币升值的预期，预期人民币升值进而又吸引大量的资金流入中国。这样导致中国外汇储备进一步增加，中国外汇储备增加最后呈现一种自我强化的局面[③]，本书把它解释

① 中国外汇储备管理的“美元陷阱 ”是指中国处于一边被动增长的外汇储备，但同时另一边是中国巨大的外汇储备存量投资空间受限，尤其是现阶段，2007 年金融危机发生之后，外汇储备资产多元化配置更困。且本书的内生性外汇储备增长带来的管理困境即为“美元陷阱”。

② 美元本位下中国参与全球分工的最优选择。

③ 中国外汇储备自我强化具体事实：几次人民币升值，但中国外汇储备仍然继续增加，且许多学者测算的中国最优外汇储备与中国实际持有的外汇储备之间的差距越来越大。

为中国外汇储备增加的内生性在加强①。

所以本书提出对中国外汇增量的管理，应从源头开始的思路。即从中国汇率制度的选择，具体而言是汇率水平的调整。且结合前文的研究内容得出结论：中国的钉住美元制是既有条件下中国参与经济全球化的博弈均衡。由此进一步得出：中国外汇增量的控制，需要汇率水平的调整，最后需追溯到中国在参与经济全球化中分工角色定位的决定因素，即最终需要厘清汇率水平与产业结构调整的关系，来探讨中国外汇储备增量的管理。下面将梳理已有的汇率与产业结构调整的文献。

2. 汇率水平与产业结构调整

目前关于汇率水平对产业结构调整的研究非常少，本书主要根据李利博士论文梳理汇率变动影响产业结构的机理。即将从生产资源流动的视角，即以在产品市场与要素市场中劳动力与资本要素的流动为切入点来探讨汇率对产业结构调整的影响。李利博士论文构建了“汇率——国际贸易——产业结构”传导和“汇率——国际直接投资——产业结构”的传导模型，来剖析汇率变动对经济体产业结构产生变化的影响机制。

（1）国际贸易路径。

李利博士论文②指出通过国际贸易渠道探讨汇率水平变化对产业结构变化的影响机制，其主要表现为：一国汇率水平变动将会反映到该国进出口产品的价格上，而产品市场价格的改变必将影响该国国内要素市场的供求关系，进而使生产要素价格发生相应改变。一般情形下，劳动力充沛的经济体的本币升值将会导致该国劳动力价格水平相对上升而资本价格水平相对下降，这样该国产品市场将发生两种变化：第一，同行业的产品将会使用更多的资本要素来进行生产，其结果最终优化经济体产业内有害升级；第二，对汇率水平变动敏感的劳动密集型的产品生产将转换资本与技术密集型产品，其结果促成经济体产业间的优化与升级。

所以通过产品市场发生的这两种变化最终引发经济体资源重新配置，导致经济体相对优势资源发生改变，其结果首先带来了经济体贸易产品的结构升级且优化经济体产业结构，更为重要的是该国参与经济全球化的初始禀赋会发生改变，改善该国在全球产业链与价值链的位置，这将进一步促使该国

① 内生性与外生性的区别在于可控性的程度。

② 李利：《人民币汇率变动对我国产业结构调整的影响研究》，湖南大学博士论文2012年。

贸易产品结构与该国国内产业结构的升级①，即将促使该国经济增长逐步减少对美国等发达经济体的依赖，如图 6.2 所示。

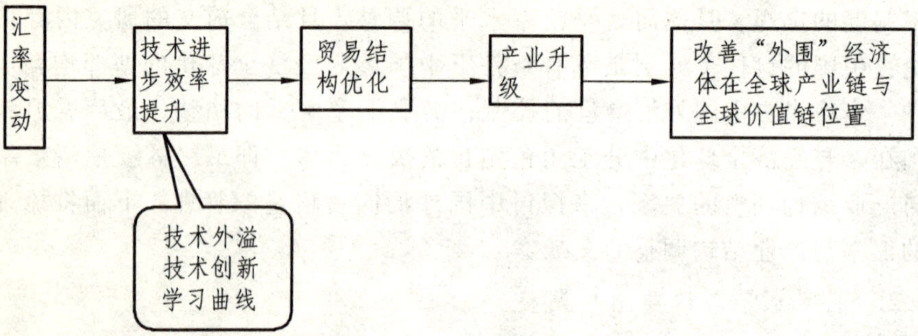

图 6.2　国际贸易渠道影响机理

（2）外国直接投资路径。

对于通过外国直接投资路径，李利博士论文指出其影响原理是：东道国币值的升值将会使得东道国的资本价格水平与劳动力价格水平的国际价格相对上升，短期内，这将导致外国投资者的投资的成本相对增加，而同时其财富相对减少，这将会促使外国投资者提升在该国生产环节的附加值；在产品市场上，长期视角，外国直接投资者进行生产时将会提高产品的资本比例而减少劳动力比例，这样才能减少东道国币值升值带来成本上升的不利影响，才能实现继续盈利，否则利润将减少最后导致其退出市场。由此，该国汇率水平变动（升值）的最终结果是该国实现了贸易产品升级，资源得到了重新配置，东道国产业结构得到了优化。

总体来说，汇率变动通过国际贸易、外国直接投资这两个渠道对一国产业结构优化的影响，均是通过生产要素价格的改变来实现的。

由此，从理论上分析，本书认为：一国积累了大量资本，而引发该国货币的升值，是有利于该国产业调整的。对于现阶段的中国，其“外围”角色越来越不适应，其中表现之一就是持有大量外汇储备而面临着持有成本剧增。根据上文的逻辑思路，可通过人民币汇率水平的调整②，来实现中国产业的升级，最终实现中国经济增长对美国等发达经济体的依附性。所以，在现阶段

① 该国产业升级意味着该国在全球产业链与价值链的位置得以改善，即对其主控性增强，亦为对发达经济体的依赖性减弱。

② 汇率水平波动加大，就减少了政府承担货币错配的风险，经济主体相应会承担更多的货币错配风险，就将会使真正有市场竞争力的企业、产业得以发展。另外，由于中国持有巨大的外汇储备，可以预防外部风险对中国经济的冲击。

中国持有大规模的内生性外汇储备，对中国汇率水平变动是可以起到保驾护航作用的，也即通过充分发挥中国巨额外汇储备的延伸功能：通过人民币汇率水平的改变，改善中国最初加入全球化的初始禀赋，随之改变中国在全球生产链的位置，进而提升中国在全球价值链的主控权，促使中国获得更多对价值财富创造能力，即降低中国经济增长对发达经济体的依赖，“外围”的角色也将逐渐褪去。这样中国内生性外汇储备的增长将趋缓，最终实现帕累托有效配置。

（二）存量方面

1．思路梳理

经济大国的中国，采用境外外汇储备成功的外汇储备存量管理思路尤其是财务管理投资思路，对于现阶段的中国显得力不从心。如前事实分析，提高外汇储备存量（资产）的财务收益性难度在加大，而且，从理论分析，中国在既定的全球生产链与全球价值链条上想获取持续的高收益不具有持续性与可行性。由此根据本书对现阶段中国外汇储备有效管理内涵新的阐释，即从新的视角、新的策略①，来充分利用庞大规模外汇储备存量延伸功能来缓解中国外汇储备管理面临凸显的“美元陷阱”困境。

由此本书提出的外汇储备存量管理思路框架为：通过发挥中国巨额外汇储备的延伸功能，以此来改变既有的生产链与价值链的全球布局，促使中国持续的外汇储备增长和储备高存量得到缓解，中国持有外汇储备的成本也将会减少，中国外汇储备管理就可从追求巨额外汇储备资产的不具有可行的高收益性，转变为追求外汇储备资产的高流动性的管理，即恢复外汇储备的基本功能。下面将进一步梳理如何发挥外汇储备的延伸功能。

充分利用巨大规模内生性外汇储备存量来助推中国产业升级和中国金融的发展，即：一方面降低中国产业发展与经济增长对美国经济的依赖性；另一方面从金融角度追赶发达国家，具体的方向为逐步推进人民币国际化与软化美元目前世界本位货币的角色。目前中国及全球的主权财富基金的经济效应为其思路提供理论与事实可行性②。由此本书将中国外汇储备存量管理思路分为两个区域：满足传统需求的存量管理和直接改变美元本位格局的存量管理。

---

① 即发挥中国巨额外汇储备的延伸功能。

② 本书第二章已对主权财富基金经济效应进行梳理与分析。

2. 存量管理

(1) 满足传统需求的存量管理。

满足外汇储备传统需求的存量管理，本书是从降低传统需求方向展开的。其逻辑为：降低满足安全性、流动性和预防危机需求的外汇储备规模，就有更多的超额外汇储备行使外汇储备延伸性的功能。本书提出东亚高储备经济体共同管理部分外汇储备的构想。因为共同管理首先能降低东亚高储备经济体目前个人理性而集体非理性①的行为，减少攀比效应而带来的外汇储备的增长。更为重要的是，能促进东亚地区的经济与金融的合作，降低东亚经济体产业发展与经济增长对美国等发达经济体的依赖，有利于软化美元目前的国际本位货币的角色。换而言之，中国以及整个东亚高储备经济体发挥安全性、流动性、预防性传统外汇储备功能的需求量减少，且与此同时，巨大规模的外汇储备进一步助推改变目前美元本位货币的格局，提速人民币国际化进程，加快中国“外围”角色的毕业。这样中国内生性外汇储备增长也随之减退，外汇储备管理面临的“美元陷阱”困境也随之得到缓解。

(2) 直接改变美元本位的管理。

第一，具体思路。

外汇储备存量管理的核心是充分发挥中国庞大规模内生性外汇储备的延伸功能：即以“中心－外围”和福利经济学第二定理为理论依据，结合主权财富基金投资活动地产生的经济效应，内生性外汇储备发挥类似国际政府转移支付的功能，改善中国参与经济全球化的初始禀赋，实现帕累托改进。具体而言，运用大规模的外汇储备来助推中国在经济产业链条上降低对美国经济的依赖，如加大南南合作、采用人民币在国际贸易与投资中的计价与支付范围等等措施，为此达到提升中国在全球价值链上的控制与主控权，即发挥中国巨大规模内生性外汇储备促进人民币国际化和与此同时改变目前美元本位的世界经济格局的功能。最后中国内生性外汇储备的增长也得到缓解，其管理面临的“美元陷阱”困境也逐步得以消退。

第二，改变美元本位的可行性分析。

①外汇储备扮演的角色。众所周知，外汇储备是一国货币当局持有的外国货币以及其标价的资产，其用于对外支付、平衡国际收支以及维持本国货币币值稳定。所以，一般来说，一国持有外汇储备的规模越大，该国货币当

---

① 其指的是目前东亚高储备经济体储备攀比效应。

局具有越强的对外支付、外汇市场干预与抵抗外部冲击的能力。由此可以说，持有巨大规模的外汇储备有助于提升持有国本国货币的国际信心与信用的。

②国际货币的角色。国际货币指一国货币的各项基本职能[①]向世界范围的延伸，即在国际间贸易、国际间金融交易和在各国储备资产中被广泛使用[②]。国际货币与一般货币的区别在于：一般货币国内发挥货币职能，以国家信用保证其发行流通与被广泛持有，是政府强制要求的结果；而国际货币是在国际上被广泛流通与持有的，是世界各国基于对货币发行国的主权信用而主动选择的结果。由此，对货币发行国主权信用信心的大小决定货币国际化程度的大小。

③美元作为储备货币的表现。如前所述，外汇储备的主要功能就是提高本国货币的国际信心与信用。不过，该功能的发挥需要外汇储备资产的价值具有内在的稳定性。然而，在如今恢复的布雷顿森立体系中，长期以来，作为主要的储备货币发行国的美国只注重货币主权，忽视货币信用，导致非储备型经济体（中国）持有的外汇储备价值失去内在的稳定性，导致非储备型经济体（中国）的储备资产价值面临严重的汇率与通货膨胀双重风险。资料显示，2007 年美国次贷危机发生，美国为了进行危机救援与刺激经济，美联储采取非传统货币政策，实施四轮量化货币政策，导致美国财政赤字规模又刷新历史纪录。

由此，目前美国投放货币的行为与美元作为目前国际储备货币是极不相匹配的，这将促使世界各国对美元的信心将会大幅下降。而与此同时，对于高储备经济体（中国）通过发挥巨大规模外汇储备潜在功能，助推人民币的国际化[③]。这两个方向的力量将会提升人民币国际货币的地位，进而将改变中国在国际金融领域的位置，即意味着中国参与全球化的初始禀赋将得到改善。最后以此逐步实现中国外汇储备的最终有效管理：以外汇储备的流动性为目的而不是由于因持有外汇储备的成本巨大而被迫努力追求高收益性的目的的外汇储备管理，完全避免了“美元陷阱”的困局。

---

① 交易媒介、计价单位与价值储藏。

② 白钦先，张志文：《外汇储备规模与本币国际化：日元的经验研究》，《经济研究》2011 年第 10 期.

③ IMF（2013）调查报告显示全球主要央行都希望人民币纳入应急现金储备。

本章小结

目前包括中国在内的高储备的东亚经济体，与以美国等发达经济体形成的由美国财政部长萨默斯命名的“金融恐怖均衡”的均衡，其实质是克鲁格曼2009年提出的“美元陷阱”①。其中高储备中大国经济体中国这一困境更凸显，其表现为中国借鉴境外成功的外汇储备有效管理经验显得力不从心：一方面是外汇储备增长不具有可控性；另一方面是提高外汇储备存量投资收益性难度加大（在“中心－外围”这样的格局中，随着全球资本流动剧增与中国外汇储备规模也呈快速增长的同时并存的背景下，提高中国外汇储备收益性不太具有可行和持续性）。

本书以此为切入点，来探讨现阶段中国外汇储备有效管理新的内涵。先借助“中心－外围”理论诊断出中国外汇储备管理面临凸显困境实为中国“外围”角色的晚期症状（不适应）。随后本书提出中国现阶段外汇储备有效管理新内涵：

第一，根据“中心－外围”的理论，勾勒中国外汇储备管理战略，即助推中国从“外围”角色毕业。

第二，以福利经济学第二定理为理论依据，确定中国外汇储备管理的内容，即改变中国20世纪90年代参与全球化的既定的初始禀赋。

第三，依据对国家财富重新的解读，重塑中国外汇储备管理的目标，即其能助推中国在全球价值链获取更多的控制能力。

第四，充分发挥巨额外汇储备的延伸功能为其管理方式。

最后根据此新内涵从增量与存量视角构建如何缓解“美元陷阱”的思路，即围绕中国如何从“外围”角色毕业的战略管理，探讨如何发挥巨大规模内生性外汇储备延伸功能，以此来缓解中国凸显的“美元陷阱”（中国等高储备国家一方面被动增持外汇储备，但另一方面外汇储备投资空间受限，特别在金融危机发生之后外汇储备资产配置困难表现得更为突出）。

本书根据第二章和第三章已探讨的内容为理论依据，提出缓解中国外汇储备“美元陷阱”的大体思路：从外汇储备增量与存量两方面的管理来推进中国“外围”角色逐渐褪去，以此缓解在美元本位下中国外汇储备管理面临的“美

① “美元陷阱”的理论基础为2005年麦金农提出的“美元本位下高储蓄两难”。

元陷阱”的困境。本章提出的管理思路和本章内容结构如图 6.3 和图 6.4 所示。

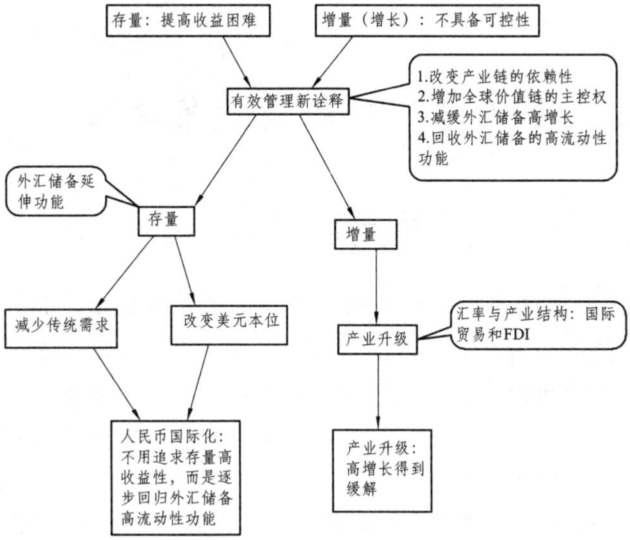

图 6.3　缓解中国外汇储备管理困境思路图

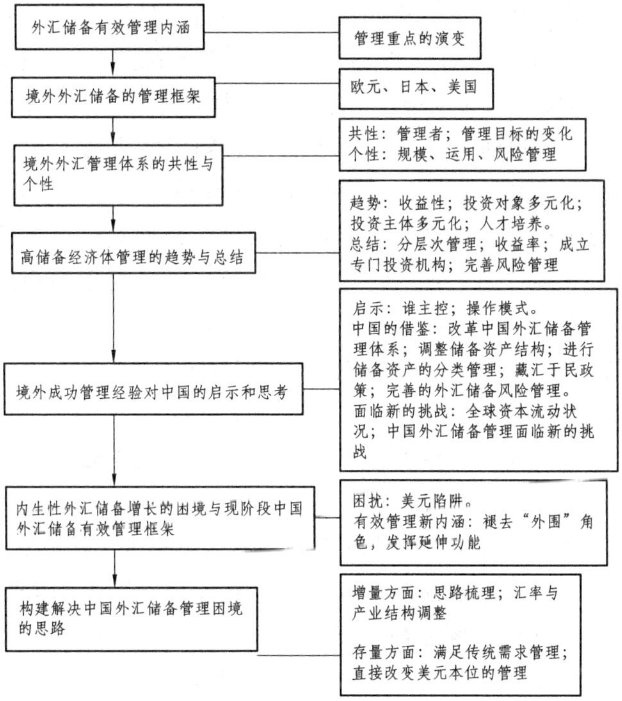

图 6.4　第六章内容结构图

第七章　结论及政策建议

第一节　结论

本书以缓解中国外汇储备管理面临凸显的“美元陷阱”困境作为探讨现阶段中国外汇储备如何有效管理的切入点，为了严谨、完整构建有效外汇储备管理内容，对此问题分解为三个问题进行探讨：管理面临困境的本质是什么，是如何形成的，该怎么办。本书借鉴美国经济学家斯蒂格利茨（2001）、麦金农（2005）、美国财政部长劳伦斯·萨默斯（2007）、克鲁格曼（2009）所提出“资本流动怪圈”“美元本位下高储蓄两难”“金融恐怖均衡”“美元陷阱”的变量关系来厘清东亚经济体高储备背后的内在机制，运用经济事实分析与博弈论分析对内在形成机制进行层层剖析，且结合“中心－外围”等理论，回答了中国外汇储备管理面临凸显“美元陷阱”困境的本质是——“外围”角色不匹配中国在全球经济中作用；从全球分工视角剖析了困境形成机制——东亚经济体追随者与美国领导者二者间经济金融共生关系由参与全球经济时初始资源禀赋决定得；运用福利经济学第二定理、“中心－外围”等理论构建现阶段中国外汇储备管理思路与内容：延伸规模巨大外汇储备功能——助推中国“外围”角色退去。文章分为七个篇章对中国现阶段有效外汇储备管理新诠释进行一一阐释。

第一章到第五章内容，主要围绕外汇储备的内生性、中国内生性外汇储备现状及其持续增长的经济效应这三大问题展开。

第一章为导论部分。介绍本文的选题依据与研究思路、篇章结构、本书的创新之处与未来进一步研究方向。

第二章为主要概念与和文献梳理部分。首先解释文书中的主要概念：“中心－外围”模式、复活布雷顿森林体系、美元陷阱、高储蓄两难、外汇储备、福利经济学第二定理、金融恐怖均衡、国家财富、主权财富基金、外汇储备管理、风险管理有关外汇储备管理、主权财富基金的经济效应、风险管理；其次，对外汇储备管理理论、主权财富基金的经济效应、风险管理的文献进行梳理。最终目的是通过梳理与评述已有的研究成果，厘清本书构建严谨外汇储备有效管理内容所需的理论依据：据“中心－外围”理论的理解，剖析出中国外汇储备管理的凸显困境的实质；其他理论与文献梳理为本书提出中国现阶段外汇储备有效管理新内涵提供理论支撑。

第三章为内生性外汇储备部分。内生性外汇储备为本文剖析中国外汇储备管理为什么面临凸显困境与中国现阶段外汇储备管理该怎么办这两大问题的主要载体。其本章内容安排为：第一，根据内生性变量的含义，归纳内生性变量的特征；第二，归纳东亚经济体外汇储备的直观表象，提出东亚经济体外汇储备具有内生性假；第三，采用博弈论的分析方法与基于全球产业分工视角来剖析东亚经济体与美国间“共生”的经济与金融关系，亦即验证出东亚经济体外汇储备内生于经济的假设；第四，提出东亚经济体高储备具有合理、必然、内生和阶段性的结论；第五，以制度经济学家青木昌彦（2003）在一篇名为《沿着均衡上演进的制度变迁》一文中提出：“制度是博弈规则，亦是博弈均衡，而这博弈的均衡或博弈的规则是具有内生性的”的这种均衡与内生的关系，文章提出内生性外汇储备的概念，其目的是为了更好刻画现阶段高储备经济体（中国）外汇储备管理面临的困境，且同时也本文提出中国现阶段有效外汇储备管理新的内涵指引方向；第六，本章在剖析东亚经济体外汇储备形成机制的同时，依据外汇储备功能演变的逻辑，以福利经济学第二定理等理论为理论依据，延伸了东亚经济体庞大规模外汇储备的功能——改变持有国参与经济全球化的初始禀赋，以期优化持有国在全球产业链与全球价值链上的帕累托配置。

第四章为中国外汇储备现状及其持续增长的经济效应部分。本书从中国外汇储备增量（增长）和存量两个视角来梳理与分析中国外汇储备的现状。其中，增量部分侧重于对其变动趋势、来源结构、内生性基本事实、内生性增长稳定性以及持续增长对经济的影响这几个方面进行分析；存量部分侧重于对中国外汇储备存量（资产）的结构演变、面临的外部的风险和所有外部风险的成因、美国减少财政赤字和债务的措施分析、美国主权信用风险对中国外汇储备资产影响的分析。

本章的结论为：中国外汇储备增长具有内生性，因此其增量不具有可控性，随着中国外汇储备的增长，其存量面临的外部风险在剧增，而且中国外汇储备资产面临的各种风险均来源于美国的主权信用风险①，且2007年的次

① 本书通过对美国主权信用风险的分析得出：美国主权信用风险其实是美元作为“中心”货币就一直存在，只是长时期以来以隐形的方式在违约。

贷危机之后，美国隐形形式的主权信用风险呈现逐渐暴露中，因为美国需要巨大的赤字和向外融资，根据财政稳定性的原理，这将会使美国的主权信用风险更是凸显；并且，通过分析经济体常用的三种减小债务和赤字的方法，美国采取美元贬值方向是具有很大可行性。可与此同时，根据美国财政部每年公布的数据显示，中国仍在继续增持美国国债，尤为突出的是在后危机背景下中国外汇储备存量中美国国债占比居高不下，这将会使中国外汇储备资产面临巨大的损失风险。看上去是一个不可思议的现象，这其实倒出了中国外汇储备管理的困境。因此本书认为现有境外成功的外汇储备管理经验运用于中国巨大外汇储备如何管理的状态是力不从心，需得用新的理论、新的视角去管理。

第五章为中国内生性外汇储备增长实证分析。主要采用协整分析、主成分与因子分析实证方法，提炼出长期影响中国外汇储备增长的共同因素。实证结果表明，经济规模公因子对中国外汇储备增长具有明显的促进作用，汇率公因子有减弱的趋势。因此，验证了本书前部分提出中国外汇储备是内生于经济的假设，并结合实证结果再次提出中国外汇储备增长内生于经济，且内生性在强化的结论。

第六章为构建解决中国内生性外汇储备管理困境的思路部分。第一，本章对外汇储备管理内容的演变进行梳理，剖析得出外汇储备管理内容随着国内外环境的变化，一国外汇储备管理内涵也在发生变迁的结论。第二，对境外尤其是高储备经济体的外汇储备管理的成功经验进行归纳，同时也梳理了中国目前正在借鉴他国成功经验的成效。数据显示，他国成功经验实施在今天中国，面临着许多挑战，其挑战的源头是充当储备货币的币值极不稳定与今天资本流动迅猛增加的并存。第三，通过归纳内生性外汇储备的困扰，结合相关理论，本书提出了中国现阶段外汇储备有效管理的新内涵。第四，依据本书提出的中国现阶段外汇储备有效管理新内涵，分别从增量和存量两个视角来构建缓解中国外汇储备管理面临“美元陷阱”困境的具体思路。

具体的逻辑思路：借助“中心－外围”理论诊断中国外汇储备管理困境是中国“外围”角色的晚期症状，即中国越来越不适应“外围”的角色。所以探讨如何有效的中国外汇储备管理就可以理解为如何更好地发挥庞大规模内生性外汇储备潜在的功能来助推中国从“外围”角色尽快毕业，以此来缓解中国外汇储备管理面临凸显的“美元陷阱”（一方面外汇储备高增长，但另一方面外汇储备投资空间受限的局面）。本书根据第二章和第三章已探讨内容为理论依据，从外汇储备增量与存量两方面来推进中国“外围”角色的褪去，以此缓解中国外汇储备管理面临的“美元陷阱”。

其中增量从外汇储备形成的“均衡”机制着手，即打破美国与中国“金融恐怖均衡”的“共生”关系，具体而言，放弃钉住美元制。以汇率与产业结构调整已有的研究为理论基础，提出放弃钉住美元制可以优化中国产业结构，进而减小中国经济增长对美国经济体依附性的结论；且结合本书实证结果：中国外汇储备内生性趋于强化，具体表现为中国外汇储备增长与汇率水平的关系减弱的实证结论。本书提出，这将更有利于中国通过打破美中的“均衡”来实现中国产业的进一步优化，助推中国“外围”角色毕业的结论。

存量管理分为传统需求和直接改变美元本位两个方向进行。第一，传统需求的管理思路：本书是从降低方向来展开的，其逻辑为：降低满足安全性、流动性和预防危机需求的外汇储备规模，就有更多的超额外汇储备行使外汇储备延伸性功能。本书提出东亚高储备经济体共同管理部分外汇储备的构想，这样首先能降低东亚高储备经济体目前个人理性而集体非理性①的行为，以此减少产生于攀比效应的外汇储备增长。更为重要的是，能促进东亚地区的经济与金融合作，降低东亚经济体经济增长对美国等发达经济体的依赖，有利于软化美元目前国际本位货币角色。由此最后的结果是中国以及整个东亚高储备经济体发挥安全性、流动性、预防性传统外汇储备功能的需求量减少，而且进一步减弱美元本位的格局，有利提速人民币国际化的进程，即中国“外围”逐渐褪去。中国“外围”角色的逐渐毕业，中国内生性外汇储备增长所带来外汇储备管理面临“美元陷阱”也随之减退。第二，直接改变美元本位的思路：依据本书提出的现阶段中国外汇储备有效管理新内涵，采用充分发挥中国巨额内生性外汇储备延伸功能的管理方式，且以“中心－外围”和福利经济学第二定理为理论依据，结合主权财富基金投资活动产生的经济效应和外汇储备与世界货币关系的研究文献，提出人民币国际化的思路，以此减弱美元本位的固有格局②，提升中国在全球价值链上的控制权，同时逐步降低中国内生性外汇储备的增长和“美元陷阱”的困扰，恢复外汇储备高流动性的管理内涵。

由此，根据全文的分析，本书得出结论：中国外汇储备增长是内生于经济的，且其内生性趋于强化，所以中国高增长、高存量的外汇储备状态是一

① 其指的是目前东亚高储备经济体储备攀比效应。

② 且同时分析了现阶段美元的状态与作为世界货币的不匹配。

个必然、合理、内生和阶段的经济现象。中国现在外汇储备管理面临凸显的“美元陷阱”，实为中国已经越来越不适应“外围”的角色。所以中国现阶段外汇储备有效管理应采用发挥中国巨额的内生性外汇储备延伸功能，来助推中国“外围”角色毕业，缓解中国外汇储备管理面临凸显的“美元陷阱”困境。

第二节　政策建议

从本书分析可知，现阶段外汇储备管理面临的“美元陷阱”源于庞大外汇储备增长的内生性。所以如何能缓解“美元陷阱”是也就是如何能减退中国外汇储备增长的内生性，亦为本书提出的现阶段中国外汇储备有效管理的内涵。由此，其具体的建议如下：

一、 产业结构升级

根据上述理论与实证结论，本书认为：在中国内生性外汇储备巨大规模基础上，且结合本书实证结果——中国汇率水平与外汇储备增长的“不相关”，本书认为现阶段应该是中国大步踏入产业结构调整的时机。

其政策建议的逻辑为：产业结构的升级，中国在全球产业链的角色将会发生改变，中国在全球价值链的位置也将随之提升，于是中国与美国间的“金融恐怖均衡”会逐渐变得不“均衡”，即不平稳。这代表着中国目前的“外围”角色将逐渐褪去而与此同时向“中心”角色靠拢。中国外汇储备增长的趋势也将得到降低，中国外汇储备管理目前面临的“美元陷阱”也将得到缓解，外汇储备管理最终转向高流动性的管理思路。

二、 加大南南合作

其投资区域的非美元化，将降低中国经济增长对美国经济的依赖，即意味着将淡化中国“外围”的角色。

三、 由财政部主管外汇储备管理

选择财政部来主控中国外汇储备管理，并负责汇率制度的制定，这将可以恢复人民银行货币政策的独立性，有助于中国产业升级。其逻辑为：财政部主控外汇储备管理是可以阻断外汇储备与基础货币供给之间紧密的关系，从而避免由于中央银行同时担负内外均衡职能而产生许多的矛盾，比如人民银行长期以来在货币供给的总量与结构两方面面临严峻的挑战，阻碍中国产业的调整与优化。财政部主管外汇储备管理将会规避以上的问题，有利于提高中国人民银行货币政策的独立性，将有助于中国产业升级与经济发展，进而提升中国经济在全球产业链与价值链的主控权。

四、 东亚高储备经济体共同管理超额外汇储备

共同管理首先能降低东亚高储备经济体目前个人理性而集体非理性行为，减少攀比效应而带来的外汇储备增长。更为重要的是，能促进东亚地区经济与金融合作，降低东亚经济体经济增长对美国等发达经济体的依赖，有利于软化美元目前的国际本位货币的角色。换而言之，中国以及整个东亚高储备经济体发挥安全性、流动性、预防性传统外汇储备功能的需求量减少；同时，巨大规模的内生性外汇储备将进一步助推改变目前美元本位的格局，加速人民币国际化进程，加快中国“外围”角色的毕业，中国内生性外汇储备增长与外汇储备管理困境也随之得到减缓。

五、 人民币国际化

随着人民币国际化推行，中国逐步变成储备型货币经济体，那么“外围”经济体所固有的高储备“美元陷阱”将褪去。目前中国外汇储备增长与汇率水平的弱相关性，意味着中国外汇储备增长不可控性再加强，所以本书提出应加快人民币国际化进程，减轻“货币错配”的程度，有利于中国企业、产业的竞争力提升，与此同时减缓中国外汇储备管理面临的困境。

总之，本书认为，对现阶段中国外汇储备有效管理就是要思考如何发挥目前巨大规模内生性外汇储备的延伸功能，以此来改变现阶段中国“外围”的角色，优化中国在全球生产链条上的位置，提升中国对全球价值的主控性。如果中国“外围”角色仍然在扮演，那么伴随经济增长的同时中国外汇储备也在高增长，“美元陷阱”将继续存在而且将扩大。

参考文献

[1] 国际货币基金组织. 国际收支手册 [M]. 5版. 北京：中国金融出版社，1993.

[2] 马洪，孙尚清. 经济社会管理知识全书 [M]. 北京：经济管理出版社，1994.

[3] 徐剑明. 我国适度外汇储备规模的模型分析 [J]. 数量经济技术经济研究，1999 (4)：21－23.

[4] 陈元，等. 国际金融百科全书 [M]. 北京：中央财政经济出版社，1994.

[5] 钟伟. 论中国国际储备的适度规模 [J]. 财经研究，1995 (7)：47－49.

[6] 范爱军. 台湾外汇储备过量增长的负效应 [J]. 当代亚太，1996 (4)：30－33.

[7] 伊特韦尔·新帕尔格雷夫经济学大辞典（第2卷）[M]. 北京：经济科学出版社，1996.

[8] 易江，李楚霖. 外汇储备最优组合的方法 [J]. 预测，1997 (2)：57－60.

[9] 朱孟楠. 外汇储备：质量与数量研究 [D]. 厦门：厦门大学，1997.

[10] 金艳平，唐国兴. 我国外汇储备币种结构探析[J]. 上海金融，1997(5)：12－14.

[11] 李江华. 中国外汇储备风险管理研究 [D]. 厦门：厦门大学，1997.

[12] 吴丽华. 我国适度外汇储备量的模型与外汇储备管理 [J]. 厦门大学学报，1997 (4)：18－21.

[13] 马克思，恩格斯. 马克思恩格斯全集（第12卷） [M]. 北京：人民出版社，1998.

[14] 马克思，恩格斯. 马克思恩格斯全集（第15卷） [M]. 北京：人民出版社，1998.

[15] 陈彪如，马之駰. 国际金融学 [M]. 成都：西南财经大学出版社，1999.

[16] 姜波克. 国际金融学 [M]. 北京：高等教育出版社，1999.

[17] 奚君羊. 国际储备研究 [M]. 北京：中国金融出版社，2000.

[18] 刘斌. 人民币自由兑换的外汇储备需求[J]. 财经研究，2000(11)：59－64.

[19] 何璋. 国际金融 [M]. 北京：中国金融出版社，2001.

[20] 马杰，任若恩，沈沛龙. 外汇储备结构调整的非线性规划数学模型 [J]. 信息与控制，2001 (8)：352－355.

[21] 宋铁波，陈建国. 我国外汇储备币种组合分析[J]. 南方金融，2001(4)：11－13

[22] 王秋石. 微观经济学原理 [M]. 北京：经济管理出版社，2001.

[23] 管十华. 论我国外汇储备的适度规模：兼谈我国外汇储备资料的统计口径错误 [J]. 统计研究. 2001 (1)：25－30.

[24] 许国栋，李心丹. 风险管理理论综述及发展［J］. 北方经贸，2001（9）.
[25] 许承明. 对我国外汇储备需求的实证分析［J］. 数量经济技术经济研究，2001（12）：101－103.
[26] 邢毓静. 差异多于一致：外汇储备管理政策的国际比较及借鉴［J］. 国际贸易. 2002（3）：48－52.
[27] 保罗·克鲁格曼. 国际经济学［M］. 北京：中国人民大学出版社，2002.
[28] 贾强，刘新军. 管理是金：有效管理全书［M］. 沈阳：沈阳出版社，2002.
[29] 刘红忠，熊庆东. 提高国际清偿力：国际储备管理与区域货币合作［J］. 中国外汇管理，2002（10）14－16.
[30]［美］艾克尔斯，等. 超越管理精髓［M］. 李新东，译. 北京：经济管理出版社，2003.
[31] 胡林龙. 现代管理学［M］. 北京：航空工业出版社，2003.
[32] 王丹，林楠. 我国外汇储备规模研究［J］. 当代财经，2003（2）：46－49.
[33] 王国林. 外汇储备的国际比较分析［J］. 国际金融研究，2003（7）：62－66.
[34]［美］达夫特. 管理学［M］. 韩经纶，等，译. 北京：机械工业出版社，2003.
[35] 剑平. 汇率波动与亚洲的经济增长［J］. 世界经济. 2003（7）：15－22.
[36] 黄达. 金融学：精编版［M］. 北京：中国人民大学出版社，2004.
[37] 成力为，赵越. 中国外汇储备资产管理的现状与对策［J］. 哈尔滨工业大学学报（社会科学版），2004（9）：103－106.
[38] 王丹，李海婴. 中国外汇储备规模实证检验研究［J］. 武汉理工大学学报（社会科学版），2004（4）：425－427.
[39] 魏晓琴，尤元宝. 对阿格沃尔模型的改进与运用［J］. 世界经济研究，2004，（8）：45－49.
[40] 时卫干. 对中央银行干预及冲销操作成本的研究［R］. 经济发展论坛工作论文，2005.
[41] 黄泽民. 中国外汇储备增长的结构性风险及对策［J］. 上海金融，2005（4）：4－8.
[42] 陈得胜，郭建伟，雷家啸. 对中国 1985－2004 年间的外汇储备适度规模的实证研究［J］. 当代经济管理，2005（12）：41－45.
[43] 王爱俭. 20 世纪国际金融理论研究：进展和评述［M］. 北京：中国金融出版社，2005.
[44]［美］麦金农，王信. 美元本位下的汇率：东亚高储蓄两难［M］. 何为，译. 北京：中国金融出版社，2005.
[45] 钟伟，唐欣. 重新审视－储备管理的国际比较及对中国的启示［J］. 国际贸易，2005（5）：24－28.
[46] 郑建明，曹龙骇. 人民币升值压力的货币化. 资产泡沫与宏观调控［J］. 国际金融研究，2005（8）：63－68.

[47] 李富有．国际金融学［M］．北京：科学出版社，2006.
[48] 李昌宝，李怀定．我国最优外汇储备规模的实证研究［J］．生产力研究，2006（8）：52－54.
[49] 李成，杜志斌．我国外汇储备币种结构的风险分析［J］．新金融，2006（5）：23－24.
[50] 刘昌黎．全球外汇储备迅速增加和东亚外汇储备过剩与运用问题［J］．世界经济研究，2006（3）：4－12.
[51] 裴平．国际金融学［M］．南京：南京大学出版社，2006.
[52] 徐明东.全球储备激增与管理策略的国际比较[J].新金融,2006(11):27－30.
[53] 滕听.我国外汇储备结构特征分析[J].商业经济研究,2006(32):58－59.
[54] 王国林，牛晓健．外汇储备币种结构分析［J］．上海金融，2006.
[55] 王元龙.中国外汇储备的安全性研究[J].广东金融学院学报,2006(3):41－51.
[56] 王珍．中国现阶段外汇储备管理研究［D］．西安：西安交通大学，2006.
[57] 陈立．能力储备：我国外汇储备管理转型的新选择［J］．上海金融，2006（3）：53－55.
[58] 陈定国．有效管理［M］．北京：东方出版社，2006.
[59] 谷彬．国家财富的概念及评价［J］．中国统计，2006（7）：56.
[60] 何帆，陈平．外汇储备的积极管理：新加坡、挪威的经验与启示［J］．国际金融研究，2006（60）：4－10.
[61] 郝洁．国际组织外汇储备管理规则及相关专家观点［J］．经济研究参考，2007（2）：39－45.
[62] 黄萍，陈建芸．我国外汇储备适度规模的动态分析［J］．淮海工学院学报（自然科学学版），2006（9）：77－80.
[63] 余维彬．资本高度流动时代的发展中国家最优国际储备［J］．国际金融研究，2006（11）：74－80.
[64] 孔立平.外汇储备管理体系的国际比较及对我国的借鉴[J].2006(9):30－32.
[65] 李扬，余维彬，曾刚．经济全球化背景下的中国外汇储备管理改革［J］．国际金融研究，2007（4）：4－12.
[66] 何帆，张明．中国的外汇投资公司会冲击国际金融市场吗？［J］．国际经评论，2007（5）：20－22.
[67] 滕听，李树民．基于径向神经网络的我国外汇储备规模预测［J］．太原理工大学学报．2007（12）：32－34.
[68] 朱孟楠，喻海燕．中国外汇储备高增长的有效管理及路径选择［J］，山西财经大学学报，2007（6）88－93.
[69] 王爱俭,林楠.中国外汇储备投资多样化研究[J],现代财经,2007(3):3－8.
[70] 杜晓蓉．后布雷顿森林体系下东亚东亚钉住汇率制度研究［D］．成都：四川大

学，2007.

[71] 朱孟楠，喻海燕. 中国外汇储备的风险集中与控制策略：基于中国外汇储备高速增长的思考 [J]. 厦门大学学报，2007 (3).

[72] 吴念鲁. 重新认识我国外汇储备的管理与经营[J]. 金融研究,2007(7):1-9.

[73] 杨胜刚，谭卓. 基于层次分析法的中国外汇储备货币结构管理研究 [J]. 财经理论与实践，2007 (3)：2-7.

[74] 严启发. 东南亚国家外汇储备管理模式及其借鉴 [J]. 经济前沿，2007 (1)：7-12.

[75] 朱孟楠，喻海燕. 中国外汇储备有效管理与现实选择 [J]. 财经理论与实践，2007 (5)：12-18.

[76] 宋玉华，方建春. 发展中经济体整体兴起与世界经济格局的动态演变 [J]. 国际问题研究，2007 (3).

[77] 魏本华. 外汇储备管理：机会与挑战 [J]. 中国国情国力，2007 (7)：4-5.

[78] 宋国友. 主权财富基金的兴起与美国金融霸权 [J]. 现代国际关系，2007 (9)：7-10

[79] 严复海,党星等. 风险管理发展历程和趋势综述[J]. 管理现代化,2007(2).

[80] 喻海燕. 中国外汇储备有效管理研究 [D]. 厦门：厦门大学，2008.

[81] 曾刚. 中国外汇储备管理改革简评 [J]. 中国金融，2008 (14)：52-54.

[82] 宋玉华，李锋. 主权财富基金的发展及对21世纪初世界经济的影响 [J]. 经济理论与经济管理，2008 (1)：27-33.

[83] 申宏丽. 我国外汇储备变动机理研究 [D]. 天津：天津财经大学，2009.

[84] 宋玉华，李锋. 主权财富基金的新型“国家资本主义”性质探析 [J]. 世界经济研究，2009 (4).

[85] 张海亮. 我国外汇储备的商品资产配置研究 [D]. 昆明：昆明理工大学，2009.

[86] 宋玉华,李锋. 主权财富基金的兴起及其对全球资产价格的影响——基于资产定价模型的估算[J]. 浙江大学学报(人文社会科学版),2009,39(4):129-139.

[87] 张博. 中国外汇储备管理优化研究 [D]. 辽宁：辽宁大学，2009.

[88] 宋玉华，李锋. 主权财富基金与世界经济失衡的互动关系探析 [J]. 经济理论与经济管理，2009 (6)：5-10.

[89] 托马斯 A 普格尔. 国际金融 [M]. 北京：中国人民大学出版社，2009.

[90] 袁恩泽. 中国的外汇储备管理研究 [D]. 上海：华东师范大学，2010.

[91] 李志传. 中国外汇储备增长与出口导向型经济结构 [D]. 北京：中国社会科学院研究院，2010.

[92] 杨权. 东亚外汇储备集体管理与区域福利增进 [J]. 厦门大学学报 (哲学社会科学版)，2010 (4).

[93] 谭洁. 中国主权财富基金风险管理研究 [D]. 长沙：中南大学，2010.

[94] 宋国友. 美元陷阱、债务武器与中美金融困境 [J]. 国际观察, 2010 (4).
[95] 赵晓玲. 主权财富基金研究述评 [J]. 技术经济与管理研究, 2011 (1).
[96] 钱学宁. 主权财富基金现象研究 [D]. 北京: 中国社会科学院研究生院, 2011.
[97] 李锋. 主权财富基金的经济效应研究 [D]. 杭州: 浙江大学, 2011.
[98] 戴序. 中国外汇储备资本化研究 [D]. 吉林: 吉林大学, 2011.
[99] 赵晓玲. 主权财富基金投资运营研究 [D]. 辽宁: 辽宁大学, 2011.
[100] 白钦先, 张志文. 外汇储备规模与本币国际化: 日元的经验研究 [J]. 经济研究, 2011 (10).
[101] 王晓钧. 后危机时代中国外汇储备结构优化问题研究 [D]. 东北师范大学, 2011.
[102] 朱孟楠, 胡潇. 我国主权财富基金投资: 风险识别与风险评估体系设 [J]. 经济学家, 2011 (11): 13-21.
[103] 范德胜. 主权财富基金的兴起、风险和中国的应对策略 [J]. 国际贸易, 2012 (10).
[104] 李妍, 周鑫. 外汇储备持续积累的原因分析及实证检验 [J]. 河北工业大学学报 (社会科学版), 2012 (3): 12-16.
[105] 潘成夫, 刘刚. 量化宽松、资本流动与国际间货币政策协调 [J]. 改革, 2012 (4): 81-91.
[106] 李利. 人民币汇率变动对我国产业结构调整的影响研究 [D]. 长沙: 湖南大学, 2012.
[107] 周兵, 靳玉英, 张志栋. 新兴市场国家外汇市场压力影响因素研究 [J]. 国际金融研究, 2012 (5).
[108] 范德胜. 主权财富基金的兴起、风险和中国的应对策略 [J]. 国际贸易, 2012 (10).
[109] 朱孟楠, 赵茜. 人民币汇率、外汇占款变动对通货膨胀的影响 [J]. 经济学动态, 2012 (1): 76-81.
[110] 陈奉先. 中国高额外汇储备: 成因、影响与数量管理 [D]. 成都: 西南财经大学, 2012.
[111] 张冬. 主权财富基金的政治经济分析 [D]. 北京: 中央民族大学, 2013.
[112] 李锋, 宋玉华. 中国主权财富基金的投资绩效研究 [J]. 经济理论与经济管理, 2012 (2).
[113] 陈建奇. 从外汇储备视角审视走出去战略[J]. 国际贸易,2013(9):19-25.
[114] 李裴培. 从央行资产负债表变动看风险[J]. 中国经济,2013(9):54-55.
[115] 闰宇闻,顾及. 不受欢迎的美元本位制[J]. 金融发展,2013(5):80-85.
[116] 朱孟楠. 国际金融学 [M]. 厦门: 厦门大学出版社, 2013.
[117] 杨艳林. 主权信用货币国际体系下对外资产低收益现象研究 [J]. 财贸研究,

2013 (1): 115 - 122.

[118] 罗纳德·麦金. 伯南克冲击: 2008—2012 年——利差、套息和热钱流动 [J]. 陈玉财, 译. 吉林金融研究, 2013 (4): 25 - 30.

[119] 姜波克, 任飞. 最优外汇储备规模理论的一个新探索 [J]. 复旦学报 (社会科学版), 2014 (4): 10 - 25.

[120] 吴念鲁,任康钰. 对外汇储备本质的探讨[J]. 国际金融研究,2013(5):15 - 23.

[121] 王永利. 对外汇储备问题的再认识 [J]. 专家论坛, 2013 (17): 24 - 27.

[122] 邱冬阳, 姚雅, 王全意. 基于 VECM 的中国外汇储备生成机理研究 [J]. 金融研究, 2013 (7): 15 - 25.

[123] 马放,陈伟忠. 主权财富基金研究评述[J]. 经济问题讨索,2013(5):173 - 184.

[124] 段洁新, 王志文. 我国外汇储备增长的影响因素分析 [J]. 金融理论与实践, 2013 (5): 77 - 79.

[125] 宋国友. 全球量化宽松、新兴经济体与金融风险[J]. 国际金融治理,2013(2).

[126] 段洁新, 王志文, 陈丹. 我国外汇储备规模的影响因素分析 [J]. 武汉金融. 2013 (8): 106 - 114.

[127] 殷剑峰. 储蓄不足、全球失衡与"中心—外围"模式 [J]. 世界经济导刊, 2013 (8).

[128] J M FLEMING. Gold and the dollar crisis[J]. Yale University Press, New Haven,1964.

[129] J. M. Flemming. IMF and international liquidity[J]. IMF Staff Paper, 1964, 7: 110 - 132.

[130] H R HELLER. Optimal international reserves[J]. The Economic Journal, 1966, 26: 296 - 311.

[131] PETER B CLARK. Demand for international reserves: a cross - country analysis[J]. The Canadian Journal of Economics, 1970, 3: 577 - 594.

[132] JACOB A FRENKEL. The demand for international reserves by developed and less - developed countries[J]. Economics New Series, 1974, 41: 14 - 24.

[133] H R HELLER, M KNIGHT. Reserve currency preferences of central banks[J]. Essays in International Finance No. 131. of International Money and Finance, 1978, 12: 36 - 42.

[134] AVRAHAM BEN - BASSAT. The optimal composition of foreign exchange reserves[J]. Journal of International Economics, 1980, 10: 285 - 295.

[135] SEBASTIAN EDWARDS. The demand for international reserves and monetary equilibrium: some evidence from developing countries[J]. The Review of Economics and Statistics, 1985, 66: 495 - 500.

[136] C A WILLIA JR R M HEMS. Risk management and insurance[M]. NewYork: McGraw - Hill, 1985.

[137] MICHAEL P DOOL. An Analysis of the management of the currency composition of reserve assets and external liabilities of developing countries [J]. IMF working paper, 1987.

[138] Michael P. Dooley, J. Saul Lizondo, Donald J. Mathieson. The currency composition of foreign reserves[J]. IMF Staff Papers, 1989, 36: 385 - 434.

[139] LANDELL MILLS, J. M. The demand for international reserves and their opportunity cost[J]. IMF Staff Papers, 1989, 36: 708 - 32.

[140] AVERHAM BEN - BASSAT, D. GOTTLIEB. Optimal international reserves and sovereign Risk[J]. Journal of Economics, 1992, 33: 112 - 122.

[141] PHILIPPE JORION. Value at risk: the new benchmark for controlling derivatives risk[M]. TheMcGraw - Hill Companies, lnc, 1997.

[142] IMF. Guidelines for foreign exchange reserve management[s]. http://www. imf. org/external/np/mae/ferm/eng/index. htm, September 20, 2001.

[143] SRICHANDER. Reserve currency allocation: an alternative methodology[J]. BIS Working Paper, 2000, 72.

[144] FLOOD, ROBERT, NANCY MARION. Holding international reserves in an era of high capital mobility[J]. IMF Working Paper, 2002(2).

[145] TAKATOSHI ITO. Is foreign exchange intervention effective: the Japanese experiences in the 1990s[J]. NBER Working Paper, 2002.

[146] Ogawa, Eiji, Takatoshi Ito. On the desirability of a regional basket currency arrangement[J]. Journal of the japanese and international economies, 2002(16): 317 - 334.

[147] IMF. Guidelines for foreign exchange reserve management: accompanying document[s]. http://www. imf. org/external/np/mae/ferm/2003/eng/index. htm, March 26, 2003.

[148] RAJAN, R. SIREGAR, G. BIRD. Examining the case for reserve pooling in east Asia: empirical analysis[J]. CIES Discussion paperm, 2003.

[149] AIZENMAN, N. P. MARION. The high demand for international reserves in the far east[J]. IMF working paper, 2003.

[150] GARCIA. PABLO, CLAUDIO SOTO. Large holdings of international reserves: are they worth it?[J]. Central bank of chile working paper, 2004.

[151] EICHENGREEN. Global imbalances and the lessons of bretton woods[J]. working paper, 2004.

[152] LEV DYNKIN, JAY HYMAN. Multi - factor risk analysis of bond portfolios[R]. European Central Bank, 2004, A pril.

[153] PIERRE CARDON, JOACHIM COCHE. Strategic asset allcation for foreign exchange reserves[R]. European Central Bank, 2004, April.

[154] JOSHUA AIZENMAN, YEONHO LEE, YEONGSEOP RHEE. International reserves management and capital mobility in a volatile world: Policy considerations and a case

study of Korea[J] . Department of Economics,2004.

[155]DOOLEY, MICHAEL, DAVID FOLKERTS - LANDAU,PETER GARBER. The revived bretton woods system[J]. International Journal of Finance and Economics,2004. 9:307 - 313.

[156]JOSHUA AIZENMAN, NANCY MARION. International Reserve Holding with Sovereign Risk and Costly Tax Collection[J]. The Economic Journal,2004,7:569 - 591.

[157]CHEUNG, YIN - WONG, QIAN, XINGWANG. Hoarding of international reserves: Mrs Machlup's wardrobe and the joneses[J]. Working Paper,2005.

[158]ANDREW ROZANOV. Who Holds Wealth of Nations[J]. Central Bank,2005.

[159]BLANCHARD, OLIVIER, FRANCESCO GIAVAZZI, FILIPA SA. International investors, the U. S account, and the dollar[J]. Brookings Papers on Economic Activity, 2005,2005:1 - 49.

[160]BORDO. Keeping capital flowing: the role of the IMF[J]. Internatinal fiance,2005.

[161]AIZENMAN, JOSHUA, JAEWOO LEE. International reserves precautionary versus mercantilist views: theory and evidence[J]. IMF Working Paper,2005,198.

[162]AIZENMAN, JOSHUA, JAEWOO LEE. Financial versus monetary mercantilism: long - run view of large international reserves hoarding [J]. IMF Working Paper No, 2006,280.

[163]JEANNE, OLIVIER, ROMAIN RANCIERE. The Optimal level of international reserves for emerging market countries: formulas and application[H]. IMF Working Paper,2006, 229.

[164]ELIAS PAPAIOANNOU, RICHARD PORTES, GREGORIOS SIOUROUNIS. Optimal currency shares in international reserves: the impact of the euro and the prospect for the dollar[J]. NBER Working Paper,2006,12333.

[165]AIZENMAN, JOSHUA, DANIEL RIERA - CRICHTON. Real exchange rate and international reserves in the era of growing financial and trade integration[J]. NBERWorking Paper,2007,12363

[166]OLIVIERJEANNE, OMAIN RANCIÈRE. The optimal level of international reserves for emerging market countries: formulas and applications[J]. IMF working paper,2007.

[167]AIZENMAN, JOSHUA, LEE, JAEWOO. Financial versus monetary mercantilism: Long-run view of large international reserves hoarding[J]. Working Papers,2007.

[168]CHANGKYU CHOI, SEUNG - GWAN BAEK. exchange - rate regimes and international reserves[Z].

[169]LOWERY. Sovereign wealth funds and the international financial system [A]. the Federal Reserve Bank of San Francisco: US Treasury,2007.

[170]JEN. Tracking the tectonic shift in foreign reserves and swfs [R]. Morgan Stanley Research Global,2007.

[171] CALBALLERO. A framework for integrated risk management in international business[J]. Journal of International Business Studies,2008. 23:311 - 331.

[172] JOSHUA AIZENMAN, JAEWOO LEE. Financial versus monetary mercantilism: long - run view of large international reserves hoarding[J]. The World Economy,2008.

[173] MAURICE OBSTFELD, JAY C. SHAMBAUGH, ALAN M. TAYLOR. Financial stability, the trilemma, and international reserves[J]. NBER working paper,2008(8)

[174] JOSHUA AIZENMAN. Large hoarding of international reserves and the emerging global ecnomic architecture[R]. The Manchester School,2008,76(5).

[175] KATHRYN M. E. DOMINGUEZ, International reserves and underdeveloped capital markets[R]. NBER International Seminar on Macroeconomics,2009.

[176] JOSÉ ANTONIO OCAMPO. Reforming the global reserve system[R]. Initiative for Policy Dialogue Working Paper Series,2009.

[177] DIEGO BASTOURRE, JORGE CARRERA, JAVIER IBARLUCIA. What is driving reserve accumulation? a dynamic panel data approach[J]. Review of International Economics,2009.

[178] JOSHUA AIZENMAN. On the paradox of prudential regulations in the globalized economy: internatinal reserves and the crisis a ressement[J]. Nber Working Paper Seres,2010(4).

[179] DONGHYUN PARK, GEMMA ESTHER. Does developing asia have too much foreign exchange reserves an empirical examination [J]. The Jounal of the Koran Economy,2010.

[180] FRANKLIN ALLEN. Why are there large foreign exchange reserves the case of south korea[J]. Korean Social Science Journal,2011, 38(2):1 - 33.

[181] JOSHUA AIZENMAN, YOTHIN JINJARAK, DONGHYUN PARK. International reserves and swap lines: substitutes or complements[J]. International Review of Economics and Finance,2011:5 - 18.

[182] KATHRYN M. E. DOMINGUEZ, YUKO HASHIMOTO, TAKATOSHI ITO. International reserves and the globalfinancial crisis [J]. Journal of International Economics, 2012 (88):388 - 406.

[183] JOSHUA AIZENMAN, YI SUN. The financial crisis and sizable international[J]. International Review of Economics and Finance 2012,24 ,250 - 269.

[184] YOTHIN ,JINJARAK. Optimal versus adequate level of international reserves: evidence for turkey[J]. Applied economics, Vol. 8,2012,8:1120 - 1142.

[185] OLIVIER JEANNE, ROMAIN RANCI. The optimal level of internatioanl reserves for emerging market coutries: a new formula and some application[J]. The Economic Journal,2012,(12) 905 - 930.

[186] LINDA GOLDBERG, CINDY E HULL, SARAH STEIN. Do industrialized countries hold the right foreign exchange reserves[J]. Current Issue,2013.

攻读博士期间科研成果

1. 人民币价值悖论的国内研究综述．生产力研究，CN14－1145/F，2013－6，二类核心．
2. 人民币汇率水平合理性探讨——中国外汇市场压力测算与影响因素分析．生产力研究，CN14－1145/F，2013－9，二类核心。
3. 美元本位下的思考——量化宽松政策对中国经济溢出效应实证分析．生产力研究，CN14－1145/F，2013－11，二类核心。
4. 参与导师教育部重大课题攻关项目：我国外汇储备的科学管理及运用战略问题研究（12JZD027），本人负责外汇储备形成机制与最优规模测算。
5. 参与导师国家社科基金项目结题：中国外汇储备风险测度与管理研究（07BJY157），且项目评定为优，本人负责外汇储备最优规模测算。